바람이
그물망을
빠져나가듯이

바람이
그물망을
빠져나가듯이

초판 1쇄 발행 2024. 9. 30.

지은이 임용재
펴낸이 김병호
펴낸곳 주식회사 바른북스

편집진행 황금주
디자인 김민지

등록 2019년 4월 3일 제2019-000040호
주소 서울시 성동구 연무장5길 9-16, 301호 (성수동2가, 블루스톤타워)
대표전화 070-7857-9719 | **경영지원** 02-3409-9719 | **팩스** 070-7610-9820

•바른북스는 여러분의 다양한 아이디어와 원고 투고를 설레는 마음으로 기다리고 있습니다.

이메일 barunbooks21@naver.com | **원고투고** barunbooks21@naver.com
홈페이지 www.barunbooks.com | **공식 블로그** blog.naver.com/barunbooks7
공식 포스트 post.naver.com/barunbooks7 | **페이스북** facebook.com/barunbooks7

ⓒ 임용재, 2024
ISBN 979-11-7263-156-7 03810

•파본이나 잘못된 책은 구입하신 곳에서 교환해드립니다.
•이 책은 저작권법에 따라 보호를 받는 저작물이므로 무단전재 및 복제를 금지하며,
이 책 내용의 전부 및 일부를 이용하려면 반드시 저작권자와 도서출판 바른북스의 서면동의를 받아야 합니다.

사랑하는 사람들에게 남겨주고 싶은 이야기
눈을 크게 뜨고 조금 길게 보면 우리네 삶은
어쩌면 바람 같기도 하고 구름 같은지도 모른다.

책을 내면서

　　나는 그동안 《인생은 아름다워 바람 따라 구름 따라》와, 《달콤한 인생 나를 살리는 한마디》 등 2권의 수필집을 출간했다. 어느 날 수필집 2권을 일본에 있는 한국 총영사관에서 근무 중인 후배에게 심심풀이로 읽어주면 고맙겠다면서 우송했다. 그러자 후배는 나에게 "책은 한번 집필하면 3권은 써야 한다."면서 1권 더 쓰면 어떻겠냐고 농담을 건네왔다. 사실 나는 처음부터 수필 쓰기를 계획했던 것은 아니었다. 단지 내가 70평생을 살아오면서 체험하고 느꼈던 인생살이를 정리해 자식들에게 전해주면 도움이 되지 않을까? 해서 시작했다. 그런데 수필집 2권을 출간하고도 원고가 남았었다. 마침, 남은 원고를 어떻게 처리할까? 하고 이리저리 방법을 궁리하고 있던 차였다.

삶이란 끊임없이 무언가를 원하고 찾고, 구하고, 하나하나 이루어 나가는 과정이긴 하지만, '처음' 가볍게 생각했던 것과는 다르게 세 번째 수필 쓰기는 힘들었다. 과연 나는 어디까지 해나갈 수 있을까? 하고 자문도 했다. 세 번째 수필 원고 때문에 때아닌 눈병까지 겹쳐 실컷 고생했고, 눈병은 지금도 진행 중이다. 역시 '처음' 생각했던 대로 중지하고 앞으로 더 나가지 말았어야 했을까? 집필활동을 중지했으면 후회하지 않을 자신은 있었던 것일까? 정답은 없다. 어쨌든 나는 병원 치료를 받으면서 '초심'을 무시한 대가를 톡톡히 치렀다. 무리하면 몸에 후과(後果)가 따른다는 점을 잊지 말아야 했었는데…

노자는《도덕경》에서 "천망회회 소이불실(天網恢恢 疎而不失), 하늘의 그물은 크고 넓어 엉성하게 보이지만 결코 그 그물을 빠져나가지는 못한다. 설령 운이 좋아 빠져나간다 해도 반드시 뒷날 동티가 난다."고 말했다. 인간이 아무리 숨기고 빠져나가려고 해도 다 알게 되며, 그 잘못에 대해서는 벌(책임)이 따른다는 사실을 설명하고 있는 말씀들이다. 나도 괜한 욕심을 부리다 고생을 빡세게 했고 눈병까지 얻게 되었다. 전북 고창에 있는 선운사에 가면 선운교 앞에 비석 하나가 서 있다. 예전에 그 비석에 새겨진 말씀을 한동안 물끄러미 바라보며 나의 삶을 돌아본 적이 있다. 부처님의 맨 처음 가르침인 경전《숫타니파타》의 내용인데 "진리의 말씀"이라는 내용으로 적혀 있다.

> 홀로 행하고 게으르지 말며
> 비난이나 칭찬에 흔들리지 마라
> 소리에 놀라지 않는 사자와 같이
> 그물에 걸리지 않는 바람과 같이
> 흙탕물에 더럽히지 않는 연꽃과 같이
> 무소의 뿔처럼 혼자 가라

 분명 하늘의 그물은 크고 넓어 보이지만 인간은 결코 그물을 빠져나가지 못한다. 인생 전반기, 나는 두려움 없이 현재의 나를 챙기는 데 머무르지 않고 아직 존재하지 않는 나, 아직 알지 못하는 나를 발견하고 무언가를 이루기 위해 최선을 다해왔다. 인생 후반기, 앞으로 남은 인생은 어떻게 살아야 하는 걸까? 하고 수없이 물었다. 그 답은 "그물에 걸리지 않는 바람처럼 사는 것"이었다. 버릴 것 버리고, 내려놓을 것은 내려놓고 새로운 나를 찾으며 평온하게 사는 것이다. 자유로운 영혼이 되어 어른답게 살아가는 것이다. 어떤 일을 하든 항상 '처음 생각했던 소박한 마음'으로, 초심을 잊지 말자. 지금까지 살아오면서 채우고 또 채우려고 노력해 왔던 그릇을 이젠 비워야 한다. 인간을 둘러싼 모든 고뇌는 집착에서 비롯된다. 제행무상(諸行無常), 그런데도 사람들은 무언가를 더 많이 잡으려고 하고, 소유하려고 집착한다. 집착하는 순간 괴로움은 스멀스멀 싹트고 자라난다. 그물에 걸리지 않는 바람처럼 새롭게 살아가는 법을 배워야 한다.

    이 책은 지나온 삶을 돌아보고 앞으로의 삶을 어떻게 하면 평온하고 건강하게 유지하며 살 수 있을까를 생각하면서 가족을 비롯해 사랑하는 사람들에게 남겨주고 싶은 이야기, 삶의 지혜, 가족의 소중함 등을 정리한 것이다. 명심보감에는 자식을 위한다고 서책이나 재물(돈)을 남겨줄 생각 하지 말고 서책을 읽는 습관, 검소한 생활 습관, 그리고 노력하는 습관을 물려주기 위해 힘쓰라는 말이 있다. 나는 여기(명심보감)에 삶의 지혜를 더 추가해서 가족에게 남겨주고 싶다. 원고를 집필하는 동안 눈이 아프고 건강이 좋지 않았음에도 끝까지 격려를 아끼지 않은 아내와 두 딸, 그리고 든든한 사위, 언제나 나에게 즐거움이자 활력소가 되어주는 사랑하는 손녀에게 고마움을 전하고 싶다.

목차

책을 내면서

1부
진정한 자아(自我)를 찾아서

작은 즐거움, 소소한 행복	14
보지 않고도 믿는 사람은 행복하다 - 믿음과 신뢰	22
인간관계 관리를 위해 시간을 내어보자	28
나의 삶, 나의 인생	36
자화상, 80세 때 나의 모습	44
마음(心)이란 무엇일까?	52
마음(心)을 어떻게 다스릴 것인가?	60
사람의 첫인상, 선입관, 판단의 한계	65
아무것도 하지 않으면 아무 일도 일어나지 않는다	70
아픔과 시련, 받아들이면 행복이고 희망이다	75
두려워하지 말고 용기를 내자, 그리고 후회하지 말자	83
효도, 기다려 주지 않는다	91

셋을 세고 심호흡을 해보자	97
품위 있는 말, 품격 있는 삶과 사회	103
인내(忍耐)와 그 한계(限界)	111
네잎클로버, 행운을 가져오는 걸까?	121
세상은 보고 싶은 대로 생각하는 대로만 존재하는 것일까?	129
폭염 속에서 다가온 가을의 소리, 가을바람	135
짧고 쓸쓸한 가을	140
사람의 미래는 알 수 없다, 인생의 낭비를 없애자	147
소중한 장인정신(匠人精神), 진정한 직업의식	153
가야 할 길, 가지 말아야 할 길	161
아직도 희망은 있다	169
어떻게 하면 인생을 잘 살아갈 수 있을까?	178

2부
사랑하는 가족과 추억 쌓기

세월의 '아픔'	186
삶의 안식처 '둥지'	194
추억 여행, 산토끼몰이	198
허무한 일출, 일몰 감상	206
계묘년 새해를 맞이하며	213
행복한 사람	221
겨울 끝자락 추억 쌓기(1)	227
겨울 끝자락 추억 쌓기(2)	235
벚꽃이 피던 날	245
나의 소확행(버킷리스트) - 조용필 콘서트	255
우리 집 화단	265
나의 작은 소망이 이루어진 날	270

내장산 단풍 구경	277
담양 죽녹원을 다녀와서	282
어머님을 생각하며	289
가을꽃 구경	302
눈을 크게 뜨고 멀리 보자	310
품격 있는 승부, WBC 야구 한일전	320

맺는말

1부

진정한 자아(自我)를 찾아서

삶이란 끊임없이 무언가를 원하고 찾아보고 구해나가는 과정이다.

인생 전반기, 나는 두려움 없이, 현재의 나를 챙기는 데 머무르지 않고 아직 존재하지 않는 나, 아직 알지 못하는 나를 발견하고 창조하기 위해 노력했다.

인생 후반기, 나는 또 하나의 새로운 나를 찾으며 그물에 걸리지 않는 바람처럼 내려놓고 천천히 평온하게 살고 싶다.

작은 즐거움,
소소한 행복

인생을 살다 보면 많은 시련과 아픔, 그리고 고통이 따르게 된다. 어쩌면 인생의 반은, 아니 얼마간은 어둠이고 나머지는 빛인지도 모른다. 우리는 그 속에서 작은 즐거움과 소소한 행복을 찾으며 살아간다. 작은 즐거움과 소소한 행복들은 내 주변에 있기도 하고, 때로는 나 자신의 노력으로 만들어 낼 수도 있다. 일상을 살아가면서 행복하지 않다고 말하기 이전에, 평소 생각해 왔던 행복의 기준을 조금만 낮추어 보면 어떨까? 어떤 일을 하든 기준치를 크고 높게 설정하면, 오히려 리스크는 커지고 마음도 불안해진다. 작은 즐거움과 작은 행복이 쌓이면 얼마든지 큰 즐거움과 큰 행복이 될 수 있다. 작은 것이 처음부터 작았던 것은 아니다.

나는 올해 가을과 겨울을 어떻게 보낼까 생각하다가 화원에 들러 화분을 몇 개 사기로 했다. 집안 분위기도 살리고 아내가 좋아하는 베란다 화단도 조금 풍성하게 꾸며 기존에 있던 화분들과 조화를 이루면 마음도 밝아지고 꽃을 감상하는 즐거움도 조금은 있지 않을까? 하고 생각했다. 또 일상을 통해 주변에서 소소하면서도 작은 즐거움을 찾아보는 것도 삶의 묘미가 아닐까? 하고 생각하면서…

꽃과 나
정호승

꽃이 나를 바라봅니다
나도 꽃을 바라봅니다

꽃이 나를 보고 웃음을 띠웁니다
나도 꽃을 보고 웃음을 띠웁니다

아침부터 햇살이 눈부십니다

꽃은 아마
내가 꽃인 줄 아나 봅니다

이 세상에 못난 꽃도 없고 화난 모습을 한 꽃도 없다. 꽃을 보면 사람들 대부분은 마음이 편안해지고 얼굴이 밝아진다. 꽃을 보고 찡그린 얼굴을 하거나 불쾌함을 표시하는 사람은 거의 없다. 정호승 시인의 말처럼 꽃이 나를 보고 웃고, 나도 꽃을 보고 웃기 때문이다. 꽃은 한번 피면 진다. 꽃나무는 왜 꽃을 피우는 것일까? 꽃나무는 꽃 피우기를 즐거워하는 것일까? 괴로워하는 것일까? 별별 생각을 다 해본다. 꽃망울이나 봉우리가 맺혀 꽃을 피울 때가 되면 꽃나무는 대체로 윤기가 넘치고 싱싱해진다. 그리고 꽃망울과 봉우리는 탱글탱글하고 만지면 터질 듯해서 너무도 조심스럽다. 우리 인생도 유년기, 청장년기를 지나며 꽃처럼 만개한다. 모두가 젊음을 부러워하고 청춘이 아름답다고 노래한다. 청춘은 그만큼 싱싱하고 생명과 희망이 넘치기 때문이다. 그리고 인생은 노년기가 되면 서서히 그리고 말없이 인생 무대 전면에서 사라져 간다.

어느 날 아내가 나에게 베란다 화단을 보며 제라늄이 꽃 피울 시기도 아닌데 꽃망울을 많이 맺었다고 말했다. 겨울인데도 이상고온이 계속되면서 가끔 아파트 주변 양지쪽에 때아닌 철쭉꽃이 한두 송이씩 피어 있는 것을 볼 수 있다. 사람들은 꽃이 피고 지는 것을 보면서 무엇을 배우고 있을까? 곰곰이 생각해 보면 정말 배울 점이 하나둘이 아니라고 생각된다. 대부분 정상적인 꽃들은 자기들만의 리듬에 맞추어 계절에 따라 차례로 피고 진다. 절대로 자신이 먼저 피겠다고 싸우지도 않는다. 세월을 앞서가지도 않고 더 오랫동안 남아 있겠다고 고집하지도, 궤변을 남발하지도 않는다. 또 같은 종류의 식물이라도 꽃 피는 시기가 다소간의 차이는 있을지언정 특별히 게으르지도 않고 부지런하지도 않다. 꽃은 자연의 이치에 따라 세월이 흘러가면 흘러가는 대로 따라간다. 질서를 위반하려고 억지를 부리지도 않는다. 그러면서 나름대로 자기만의 향기와 빛깔을 가지고 뽐낸다. 꽃은 각자의 개성을 뽐내면서 살아간다. 꽃들의 움직임과 변화는 모든 것이 철저하고 공정한 경쟁이다.

어쨌든 우리 집 제라늄은 자연의 흐름에 아랑곳하지 않고 꽃을 피우겠다고 하고 있었다. 심지어 베란다는 다소 추운 편이다. 처음엔 그러려니 하고 보아 넘기다 어느 날 물을 주며 자세히 살펴보니 꽃망울이 하나둘이 아니었다. 제라늄은 그동안 관심을 받지 못한 탓인지 볼품도 없고, 한마디로 초라한 모습이었다. 마치 사람이 나이가 들어 관심과 주목에서 벗어나면 어깨도 처지고 어쩐지 좀 짠한 모습이 되어가는 것과 닮은 것 같았다. 제라늄의 모습이 70이 넘은 나의 신세 같기도 해서 아내에게 넌지시 화원에 가서 영양제라도 사다 주어야 좋지 않겠느냐고 되물었다. 그러나 아내는 다 시기가 있는 것이라면서 반응이 별로 좋지 않았다. 제라늄이 혼신을 다해 자신의 마지막을 불사르려고 하고 있었다. 그러면서 내(제라늄)가 이렇게 주인님을 위해 노력하고 있는데 그래도 모르는 척할 것이냐고 따지는 듯했다. 제라늄은 꽃을 세 송이나 피웠다. 핑크인데 정말 예쁘게 피었다. 아내와 나는 조심스럽게 꽃송이를 만져보고 향기가 나는지 손바닥으로 부채질하며 냄새를 맡아보는 등 잠시 조그만 소동을 벌였다. 갑자기 화단이 밝아졌고 분위기도 달라졌다.

  지금까지의 화단은 수국과의 꽃이 끊임없이 피면서 지켜왔었다. 수국은 시간이 지나면서 마술을 부리듯 색깔이 연두색-연분홍-하얀색-파란색 등 계속 변한다. 온갖 귀여움과 잔재주를 부렸다. 수국이 수명을 다하고 시들해지자 뜻하지 않게 제라늄이 몸을 던져 대타로 나선 것이다. 우리 집 화단은 바야흐로 제라늄의 시대가 도래한 것일까? 그러나 제라늄만으로는 어딘지 모르게 서운하고 부족하다는 느낌이 들었다. 나와 아내는 화원에 가서 가을 국화와 서양란을 사다 꽃을 가꾸면 더 좋겠다고 의기투합했다. 꽃을 가꾸다 보면 왠지 즐거울 것 같은 생각이 들었다. 나는 아내와 함께 흰색, 노란색, 남색 등 세 종류의 국화를 골랐다. 그리고 서양란을 보았는데 역시 많은 종류의 서양란이 화려함의 극치를 이루고 있었다. 서양란도 화분 2개를 선택, 하나는 둘째 딸에게 집안 분위기도 바꾸고 꽃을 보며 즐겁게 지내라는 의미로 주었다. 베란다 화단이 국화꽃이 입장하자 더욱 화려하고 밝아졌다. 지금까지는 베란다 쪽에 하루에 시선을 한두 번 주었는데 국화꽃이 등장하면서 더욱 관심이 높아졌다. 아침에 일어나면 문을 열고 꽃들과 인사를 교환한다. 꽃들과 함께하는 생활이 본격화된 것이다. 물끄러미 국화꽃의 아름다움을 바라보면서 서정주 시인의 〈국화 옆에서〉라는 시가 생각났다.

  국화꽃의 아름다움을 처음 느낀 것은 내가 아내와 결혼하면서

부터다. 작고하신 장인은 수석과 분재에 관한 한 일가견을 가지신 분이었다. 매년 가을이 되면 장인이 사시던 옥상은 샛노란 국화 분재가 일품이었다. 베란다의 노란 국화꽃을 보면서 잠시 장인의 생전 모습이 떠오르기도 했다. 옆에 있는 제라늄이 나에게 말했다. 내가 이렇게 예쁘고 귀여운데 이 정도는 부족한 것이냐?… 자태를 마음껏 뽐내고 싶은데 웬 국화인 거야?… 제라늄 눈빛이 샘이 난 것 같기도 하다. 국화꽃은 만개한 것도 있지만, 곧 터질 것 같은 망울도 많고 싱싱하다. 앞으로 상당 기간 아내와 나를 즐겁게 해주는 데 부족함이 없을 듯 보였다.

국화꽃이 베란다 화단에 등장하자 제라늄의 꽃망울이 여기저기서 훨씬 더 많이 올라왔다. 인간 세상처럼 꽃들도 경쟁하는 것일까? 제라늄이 꽃 피울 준비를 하니까 국화꽃들도 망울이 터지고 더 화려하고 싱싱해졌다. 안방 창문을 열고 하루하루 꽃들이 변하는 모습을 바라보고 있으니 왠지 마음이 편안해지고 기분도 좋아졌다. 그러면서 나도 모르게 안방의 온기가 베란다로 전달될 수 있도록 창문을 수시로 열어놓기 시작했다. 아내는 문이 열려 있으면 난방비가 많이 나간다며 말없이 닫아버린다. 그러면 나는 안방 환기가 필요하다는 핑계를 대며 슬그머니 다시 열어놓는다. 하루에도 여러 번 이런 일이 반복된다.

제라늄과 국화꽃이 서로 꽃 피우기를 경쟁하는 사이에 새로운 손님이 등장했다. 아내가 화분에 적당히 꽂아두었던 선인장들이 하나둘 자신들도 여기 있다면서 선홍색 꽃망울을 맺기 시작했다. 꽃망울이 귀여워 한번 슬쩍 쓰다듬어 주었다. 드디어 여기저기서 붉은 선홍색 꽃들이 피기 시작했다. 제라늄은 핑크 꽃을 탐스럽게 일곱 송이나 피워 마치 북두칠성처럼 그럴듯하게 자리를 잡았다. 17세기 네덜란드에서는 튤립 한 송이가 집 한 채만큼 값이 비쌌다고 한다. 그래서 많은 사람이 튤립을 보고 싶어 했는데 이를 충족시켜 주기 위해 화가들이 열심히 튤립 정물화를 그렸다고 한다. 미술사에 있어 정물화의 시작이다. 장사꾼들은 이 튤립 정물화를 복사해서까지 판매했는데 그것도 상당히 고가로 팔렸다고 한다. 꽃과 인간, 꽃이 인간에게 주는 기쁨과 만족, 행복은 어쩌면 무한한지도 모른다.

이른 새벽, 잠에서 깨어 침대에서 뒹굴다가 거실에 나와 소파에 앉았다. 불을 켜보니 지난번 화원에서 사 왔던 서양란이 나에게 잠을 자야 할 시간인데 무슨 일이냐면서 나를 바라보면서 웃고 있지 않은가? 그래 네(서양란)가 우리 집에 온 지 벌써 한 달이 되어가는데 나는 그동안 좀 무심했던 것 같다. 서양란에 바짝 다가가 보았다. 처음 사 왔을 때도 귀엽고 사랑스럽다고 생각했지만, 자세히 보니 색깔이 정말 아름답고 티끌 하나 없이 순수하고 매끄럽다. 거실 창문을 통해 밖을 보니 대설주의보가 내려서 그런지 눈발이 제법 강하게 날리고 있다. 바로 눈 아래 공개공지에 있는 소나무 꼭대기에 눈과 얼음꽃이 온통 송이송이 맺혀 있다. 밖에는 눈보라와 얼음 꽃망울, 안에는 만개한 서양란, 베란다에는 형형색색 꽃, 우리 집은 한바탕 꽃들의 향연이 펼쳐지고 있다. 나는 잠시 눈을 감고 꽃들이 가능한 오랫동안 버텨주길 소망했다. 그리고 서양란에게 말했다. 네가 자취를 감추게 되면 나는 화원에 가서 새로운 너의 동생을 데려올 것이라고… 그런 다음 나는 남겨놓은 잠을 청하기 위해 다시 방으로 향했다.

　말도 많던 한 해가 저물어 가고 있다. 연말이 다가와서 그런지, 겨울 추위 탓인지 사람들의 발걸음도 빨라지고 있다. 거실 창가 양지쪽 안락 소파에 비스듬히 누워 어젯밤 내린 눈 덮인 설경을 물끄러미 바라보다 베란다에 있는 꽃들을 보러 갔다. 그러면서 내가 한 해를 어떻게 보내는지 잘 지켜봐 달라고 다시 한번 부탁했다. 왠지 꽃들이 빨리 시들거나 떨어지면 마음이 아프고 쓸쓸할 것만 같았기 때문이다. 아내와 나는 꽃이 시들기 시작하면 화원에서 새로운 친구들을 데려오기로 했다. 꽃 가꾸기가 언제까지 계속될지 모르겠지만 올해는 늦가을부터 눈 내리는 겨울, 그리고 엄동설한에도 꽃들 덕택에 소소한 즐거움을 느끼며 살고 있다.

보지 않고도 믿는 사람은 행복하다

- 믿음과 신뢰

    오늘날 우리는 어쩌면 불신(不信)의 시대에 살고 있다고 해도 과언이 아닐지 모른다. 보지 않고도 믿는 사람은 행복하다고 했는데 우리는 일상생활에서 상대방이나 어떤 사실들을 얼마나 믿고 살아가고 있을까? 사회가 복잡해지고 극단적인 대립의 시대가 되면 될수록 불신의 벽은 두꺼워지고 골은 깊어만 가는 것 같다. 거짓말, 사기, 보이스 피싱, 금융 범죄, 편 가르기 등등… 왜 사람들은 성장할수록 처음 가지고 있던 순수함을 잃어버리고 불신의 싹을 점점 크게만 키워가는 것일까? 일이 순조롭게 잘 진행되면 서로 죽고 못 사는 것처럼 믿음과 신뢰가 강하다. 마치 어린 아기가 엄마에게 보내는 무한한 신뢰, 믿음과 같다. 그런데 무언가 조금이라도 꼬이고 잘못되기 시작하면 오해와 불신, 시기와 질투가 싹튼다. 욕심이 솟아나며, 언제 믿었느냐는 듯 신뢰심은 사라진다. 사람이 어떤 사실이나 사람의 말을 확인하지 않고도 온전히 믿는다는 것은 정말 어려운 일인 모양이다.

성경에 보면 "보지 않고도 믿는 사람은 행복하다."는 말씀이 나온다. 제자들과 예수님을 따르던 많은 사람은 예수님이 십자가에 못 박혀 돌아가시고 나서 "부활하실 것이다."라는 말씀을 믿지 못했다. 그러자 예수님은 제자들이 모여 있는 장소에 직접 나타나시어 자신이 '부활'했음을 알렸다. 그런데 제자 중 한 사람인 '토마스'는 끝까지 "직접 보지 않았기 때문에 부활을 믿을 수 없다."고 주장한다. 그 후, 예수님은 '토마스'도 함께 있던 제자 모임에 다시 나타나 "의심을 버리고 믿어라, 너는 나를 보고서야 믿느냐?"고 말씀하신다. 그리고 "보지 않고도 믿는 사람은 행복하다."라고 말씀하신다. 의심과 불신 속에서 살아가는 제자들과 사람들에게 울려주는 경종(警鐘)의 말씀이다.

초등학교에 입학한 어린이가 세례를 받았다. 어느 날 이 어린이가 귀가하는 승용차 속에서 엄마에게 "나는 누구의 자식이야!"하고 물었다. 그러자 엄마는 무슨 뚱딴지같은 질문이냐고 의아해하면서 "당연히 너는 엄마, 아빠의 자식이지."하고 시큰둥하게 대답했다고 한다. 그랬더니 이번엔 아이가 "아니야! 나는 하느님의 자식이야, 하느님은 나를 엄청, 사랑하신대."라고 설명했다고 한다. 아이는 성당에 설치된 주일학교에서 담당 신부가 "우리는 모두

하느님의 자식이다. 아버지 하느님을 잘 믿어야지!"라고 이야기한 말을 그대로 받아들인 것이다. 아이는 신부의 말을 한 점 의혹도 없이 그대로 받아들인 것이다. 얼마나 티 없이 깨끗하고 맑은 마음이며 절대적인 믿음인가? 세상살이에 젖은 나에게는 아이의 마음이 부럽게만 느껴졌다. 마음이 순수하면 영혼이 맑아지고 정신도 깨끗해진다. 그런데 사람들은 자꾸만 반대로 생각하고 행동하려고 한다.

나는 어렸을 때부터 중이염을 앓았다. 농촌인 데다 의료진도 변변치 못해 제대로 치료하지 못했다. 그래서 지금도 조금만 주의하지 않으면 문제를 일으킨다. 나는 수영을 상당히 좋아하는 편이다. 어쩌면 나의 건강을 지키기 위해서 내가 스스로 '수영이 가장 좋다.'고 판단해서 일부러 좋아하는 척하는 것인지도 모른다. 어느 날 이비인후과에 갔더니 의사가 "나이도 있고 한데, 한번 문제가 되면 심각한 사태로 발전할 가능성이 있다. 귀 수술은 머리를 건드리는 일이다. 뇌 신경과도 관계가 있으니 큰 병원엘 가서 상담받는 것이 좋겠다."고 하고 소위 서울에 있는 Big 5 병원 유명 선생을 소개해 주었다. 나를 소개한 의사도 Big 5 병원 그 선생은 잘 모르고 소문만 들었다고 했다. 집에 돌아오자마자 망설임 없이 그 대형병원에 예약했다. 나는 동네 의원의 선생님 이야기만 믿고 무조건 예약했을 뿐이다. 동네 이비인후과 선생의 말을 왜 전폭적으로 신뢰했는지 나는 모른다. 어쨌든 믿은 것이다.

드디어 내가 대형병원에 가는 날(월요일)이 다가왔다. 주일미사에 참석했는데 우연인지 어쩐지 주임신부의 강론 요지가 바로 "보지 않고도 믿는 사람은 행복하다."였다. 나는 미사 참석 시간 내내 성당 중앙에 걸려 있는 십자가상을 응시하면서 생각해 보았다. 과연 내일(월요일) 서울에 있는 대형병원 의사는 나에게 어떤 진찰 결과를 말해줄까? 나는 지금 의사로부터 어떤 이야기를 듣길 원하는가? 작은 수술 또는 큰 수술, 비수술, 아니면 어떤 방법? 아무리 생각해도 진찰 결과를 들으면 머리가 아플 것만 같았다. 그래서 나는 '하느님 뜻대로 해주세요. 무조건 따르겠습니다.'라고 기도했다. 그러자 마음도 기분도 훨씬 좋아졌다. 그동안 어떻게 해달라고 하는 것이 가장 좋을지 고민했던 일들이 홀가분해졌다. 진찰 결과는 수술도 필요 없으며 관리만 잘하면 된다고 했다. 최상의 진찰 결과였다. 나는 의사의 말을 무슨 하느님의 목소리인 양 아무런 의심 없이 무조건적으로 받아들였다. 결국 나는 보지 않고 믿어서 좋은 결과를 얻은 것일까? 자꾸만 "보지 않고도 믿는 사람은 행복하다."라는 성경 말씀이 귓가를 스쳤다.

중국 고대국가 주(周)나라 '문왕'은 태공망(太公望)으로 알려진 강상(姜尙, 별칭 여상)을 스승으로 모셨으며, 후일 재상으로 등용하고 절대적으로 신뢰하였다. 강상은 '주'나라의 기초를 철저하게 다지고, 문왕의 아들 무왕이 천하를 통치하는 데도 큰 역할을 하였다. 강상은 우리에게는 강태공으로 잘 알려진 인물이다. 문왕은 어느 날 사냥하고 귀가하던 중 강가에서 낚시하고 있던 강태공을 만났다. 그(문왕)는 강태공에게 "낚시를 즐겨 하시는 모양입니다."하고 물었다. 그러자 강태공은 "물고기를 낚고 있는 것이 아니라, 세월을 낚고 있습니다."라고 말했다. 또 "군자는 자신의 이상이 실현됨을 기뻐하고 소인은 눈앞의 일이 이루어짐을 기뻐합니다. 지금 제가 낚시질하는 것은, 그것과 매우 유사합니다."고 설명했다. 문왕이 다시 어떻게 하면 천하 백성들의 민심을 얻을 수 있는지를 물었다. 그러자 강태공은 "천하는 군주 한 사람의 천하가 아니라 만백성의 천하이다. 천하 이익을 백성들과 함께 나누려는 마음을 가진 군주는 천하를 얻을 수 있고, 천하 이익을 혼자 독점하려는 자는 반드시 천하를 잃는다."며 치국의 도리를 설명했다. 문왕이나 무왕은 눈앞에 강태공이 존재하기만 해도 행복하고 좋아했다고 한다. 문왕과 무왕 그리고 강태공 사이에는 보통 사람들이 쉽게 상상할 수 없는 무한한 믿음이, 신뢰가 존재한 것이다.

농부들은 농사지을 때 많은 종류의 씨앗을 뿌린다. 나도 조그만 텃밭 농사(주말농장)를 짓는데, 씨앗을 뿌릴 때 싹이 잘 나지 않을 것이라고는 생각지 않는다. 무조건 잘 나겠지 하고 뿌린다. 이 또한 믿음이다. 만약에 씨앗이 잘 자랄지, 자라지 못할지 의심하기 시작하면 고민은 한도 끝도 없다. 여행할 때 비행기를 탄다. 우리는 비행기가 무조건 우리를 여행 목적지에 데려다줄 것이라고 믿는다. 중간에 어떤 항공사고가 발생할 거라고는 전혀 의심하지 않는다. 또 착륙할 때 이륙할 때 절대적으로 조종사의 조종기술을 신뢰하고 믿는다. 우리는 보지 않고도 절대적인 신뢰와 믿음을 가진다. 자세히 살펴보면 주변에도 보지 않고도 믿는 일은 너무도 많은 것 같다. 일상에서 우리는 수없이 많은 경험을 하고 있는 것이다.

  특히 오늘날처럼 인간관계와 사회가 복잡하게 얽혀 돌아가고 있는 상황에서 누굴 믿는다는 것은 더더욱 어려운 일인지도 모른다. "돌다리도 두들겨 보고 걷는다."는 속담이 있지만, 이제는 그 돌다리도 한두 번 두들겨 보는 것이 아니고 요리조리 보아가며 두들겨 보고 걷는 세상이 되었다. 슬픈 현실이지만 어쩔 수 없는 것 같다. 믿음과 신뢰가 좀 더 자리를 잡고 더욱 빛을 발하는 사회가 될 수 있으면 좋을 터인데 불신의 만연은 끝이 없는 듯하다. 좀 더 정직한 사회, 깨끗하고 순수한 사회, 맑은 사회가 되기란 정말 어려운 것일까? 사회를 그렇게 만들어 보려고 노력하는 사람도 움직임도 보이지 않아 안타깝기만 하다. 모두가 극과 극으로 달리며 치열하기만 하다. 보지 않고도 믿는 사람은 행복하다고 한 예수님의 말씀이 가슴속 깊이 느껴지는 봄날이다.

인간관계 관리를 위해
시간을 내어보자

 2024년 3월 말, 모처럼 가족들이 한가한 주말을 맞이했다. 나는 큰딸에게 세상 살아가는 이야기를 하던 중 인간관계의 소중함을 강조했다. 사람들도 대부분 어떤 이야기를 하면 바빠서 시간이 없다고들 말한다. 사회가 복잡·다양해지고 환경이 급변하면서 너도나도 시간에 쫓기고, 바빠지고 있는 듯하다. 나는 퇴직해서 16년째이다. 생활에 쫓기고 시간적인 여유 없이 정말 바쁘게 지냈던 것은, 어쩌면 내가 직장생활 할 때가 더 심했으면 더 했지, 덜하지는 않았을 터인데도 그렇다. 젊은 시절 나는 아침 일찍부터 저녁 늦게까지 토요일도 없고 일요일도 없이 직장에서 부르면 나가서 일만 하고 살았던 것 같다. 나는 요즈음 젊은 사람들이 왜 "바쁘다.", "시간 없다."고 습관처럼 말하는지 솔직히 그 이유를 잘 모르겠다.

어쨌든 우리 사회의 기본은 인간관계이다. 인간관계는 사람이 살아가는 데 있어, 필요한 중요한 '끈'이다. 자신이 필요하든, 필요하지 않든 우리는 사람들과 어떤 관계, 즉 끈으로 연결되어 살아간다. 관계를 새롭게 맺기도 하지만 때론 맺었던 관계를 단절해 버리는 경우도 있다. 어쨌든 사람은 종으로 횡으로, 때로는 종횡 그리고 더 변화무쌍하게 관계를 맺으면서 살아가고 있다. 중요한 것은, 사정이 있어 관계를 단절하는 것은, 어쩔 수 없다 하더라도, 시간이 없다 또는 바쁘다는 핑계로 관계를 소홀히 하여, 필요할 때 관계가 긴밀하지 못했음을 후회하거나 아쉬워해서는 안 된다. 또 새로운 관계를 맺는 일을 소홀히 하여 필요할 때 인연이 없다거나 끈이 없음을 후회해서도 안 된다.

내가 인간관계의 중요성을 이야기하자 딸은 "요즘같이 바쁘고 할 일도 많은데 언제 사람 만나서 관계를 맺고 유지할 수 있겠는가? 나 자신만 바쁜 것이 아니라, 상대방도 바빠서 어려운 일이 될 것이다. 아버지 시대는 가능했는지 몰라도 지금은 아니다."라고 하면서 핀잔을 주듯 말했다. 나는 일순 나 자신이 시대에 뒤떨어진 생각을 한 것인가? 하고 조금 겸연쩍기도 했지만, 딸에게 다시 한번 인간관계의 중요성을 설명했다. 우리 일상의 모든 일은 사람과 사람의 관계 속에서 일어났다 사라져 간다. 관계가 폭넓고 조화롭게 잘 이루어지면 개인적인 발전도 도모할 수 있다. 일본 아사히 맥주 전 회장인 히구치 히로타로는 "물은 어떤 그릇에 담느냐에 따라 모양이 달라지지만, 사람은 어떤 친구 또는 어떤 사람과 관계를 맺느냐에 따라 운명이 달라진다."고 하면서 인간관계의 중요성을 역설하였다. 좋은 인간관계는 가정, 사회, 기업, 국가 등 각종 조직의 기능도 순기능적으로 잘 돌아가게 해준다. 더 이상의 개인적 일탈이나 극단적인 대립, 사회적 물의 야기 또는 극단적인 사건들도 줄어들게 해준다.

옛날에는 아파트의 층간소음이나 주차장 문제를 둘러싸고 살인 등 극단적인 사건이나 충돌은 거의 없었다. 아니 구조적으로 일어날 수가 없었다. 왜냐하면 이사하면 이웃에 떡을 돌리기도 하고 적절한 인사를 하기도 했다. 그리고 주민 상호 간에 반상회 등을 통해 인간관계가 어느 정도 형성되어 있어 모든 문제가 대화를 통해 조용하고 원만하게 해결될 수가 있었기 때문이다. 그러나 지금은 어떤가? 심지어 옆집에 누가 사는지도 잘 모르고 지내는 경우가 있다. 이웃 간에 정도 없고 이웃 간에 대화 한번 제대로 없다. 그저 남남이고 타인일 뿐이다. 그러면서 '프라이버시'를 거론하며 모두가 시간에 쫓기고, 바쁘다면서 살아가고 있다. 우리 공동체는 더욱더 사막화의 길을 걷고 있지만, 심각성을 계속 지적하면서 개선 노력을 강조하지 않는다. 사건이 나면 그때그때 반짝하고 이슈화될 뿐이다.

사람은 결코 혼자서 살아갈 수 없는 사회적·정치적 동물이라는 점에 동의하면서도 시간을 투자해서 새로운 어떤 관계를 맺어나가는 데 인색하다. 사회적으로 나 홀로 세대가 늘어나면서 아예 시도조차 하지 않는 경향이 점점 늘어나고 있다. 젊은이들에게 있어 특히 심한 편이다. 개인주의적 사고와 행동, 이기적인 생각들이 더욱 기승을 부리고 사회적으로 만연되고 있다. 삶이 힘들고 사회가 복잡해질수록 인간관계의 끈을 강화하고 놓치지 않으려고 노력해야 하는데, 그럴 시간이 있으면 오히려 게임을 하거나 개인적인 일에 투자해 버린다. 자기 자신을 오히려 자꾸만 고립시키고 사회적·집단적 환경으로부터 고립시켜 나간다.

인간관계를 맺고 유지해 나가는 데 있어서 잊지 말아야 할 것이 있다. "Give and Take"이다. 내가 무언가 한 가지 도움을 주었으면 반드시 나도 상대로부터 무언가를 한 가지 받아야 한다는 것이다. 물론 이런 행동 패턴이 잘 지켜진다면 얼마나 좋겠는가? 그러나 불행하게도 우리가 맺는 모든 관계는 그렇지 못하다. 개인마다 모두 성격과 생각이 다르기 때문이다. 그러므로 100% 대등하게 1:1 주고받기 원칙이 성립되어야 한다고 생각하면 안 된다. 때로는 다소 득을 보기도 하고 때로는 다소 손실을 보기도 하는 것이 관계의 특성임을 인정해야 한다. 어떤 사람은 다른 사람으로부터 2개를 받고 싶으면 4개를 먼저 주고, 4개를 받고 싶으면 8개를 주라고 이야기한다. 한마디로 관계의 중요성을 잘 관리·유지해 나가기 위해서는 그만큼 신경을 더 쓰고 배려해 주라는 의미인 것 같다. 두 배로 잘해주는데도 싫어할 사람은 없기 때문이다. Give and Take만을 너무 고집하거나, 역지사지(易地思之)하는 자세, 그리고 이해와 배려, 나눔과 인내하는 정신이 없으면, 상대와 생각을 공유할 수도 없으며, 진정한 인간관계, 깊은 인간관계 형성은 기대할 수도 없다.

또 하나 인간관계를 형성해 나가는 과정과 관련 참고가 될 만한 이야기가 있다. 사람은 세 번 정도 만나면 대체로 기억에서 잊히지 않고, 여섯 번 정도 만나면 마음의 문을 연다고 한다. 그리고 아홉 번 정도 만나면 친근감을 느끼게 된다고 한다. 여섯 번 그리고 아홉 번 정도 만나려면 상당한 시간 투자와 노력이 있어야 하며 무엇보다도 마음이 움직여야 한다. 사람이 진정한 인간관계를 맺어간다는 것이 얼마나 어려운 일인지를 잘 보여주는 것 같다. 옥스퍼드대학교 문화인류학 교수인 로빈 던바는 '프렌즈'라는 연구 결과에서 "그냥 아는 사람의 관계가 가벼운 친구가 되려면 45시간 정도는 함께해야 하며, 유의미한 친구가 되려면 100시간은 함께해야 한다."고 주장했다. 45시간은 하루 8시간 함께 행동한다고 가정했을 때 거의 1주일이 걸리고 100시간은 거의 2주일이 되는 것이다.

예일대학교 교수였던 마리사 킹은 인생을 바꾸는 인간관계의 힘을 역설하면서 얼마나 많은 사람과 인간관계를 맺을 것인가를 두고 세 가지 타입으로 분류했다. 하나는 '소집자' 형이다. 소수의 사람과 좁고 깊은 관계를 맺는 것을 편안하게 생각하는 타입이다. 두 번째는 '중개자' 형이다. 다양한 배경의 사람들과 연결되기를 선호하며, 이를 즐기는 사람이다. 세 번째는 '마당발' 형이다. 다수와 폭넓게 친분을 쌓기를 좋아하는 형태이다. 마리사 킹 교수는 어떤 형이 가장 좋은 형태인지는 말하지 않았다. 그런데 아무리 마당발 형이라고 해도 최대 150명 정도라고 했다. 킹 교수는 호주와 뉴질랜드 원시 부족들의 생활을 연구한 결과 대체로 150명을 넘지는 않았다고 부언했다. 킹 교수의 150명 이론은 오늘날 조직을 효과적으로 관리할 수 있는 조직 적정인원 규모 판단의 기준이 되고 있기도 하다.

스포츠를 활용한 인간관계 조성 관련 일화가 있다. 일본에서 70년대 2기에 걸쳐 총리를 역임한 다나카 가쿠에이 관련 이야기다. 다나카는 시골(니가타현 가시와자키) 고졸(高卒) 출신으로 정치에 입문, 총리를 역임했다. 당시 고졸자가 총리가 된다는 것은 사회적으로 있을 수 없는 일이었다. 그는 파벌정치의 진수를 보여준 입지전적 인물이었지만 한편으로는 파벌정치의 폐단, 부정부패 등 부정적 이미지도 강했다. 다나카는 70~80년대 일본경제 부흥과 중국과의 국교 정상화를 이루는 등 대내외적 치적 또한 만만치 않다. 그의 보스 기질과 사나이다움은 한때 사람들로부터 높은 지지를 받기도 했다.

다나카는 당시 일본에서 인기가 높았던 골프에 대해 시간 낭비 등 비효율적인 운동이라고 하면서 주변 사람들이 골프하는 것을 못마땅하게 생각하는 등 매우 비판적인 태도를 취했다. 그러던 그가 어느 날 골프 라운딩을 한 후 골프 예찬론자로 180도 바뀌었다. 골프야말로 같은 멤버와 함께 식사하고 목욕하는 등 하루를 지낼 수 있어 인간관계를 돈독히 할 수 있는 최고의 운동이라고 극찬했고 수시로 골프를 즐겼다. 이외에 다나카는 "골프는 진검승부(眞劍勝負)"라는 등 골프 관련 에피소드와 어록을 많이 남기기도 했다. 나는 해외 생활 중 사람들과 교제를 할 때 비교적 골프를 많이 활용했다. 집에 초대하거나 분위기 있는 바에서 한잔하며 교제하는 것도 좋은 방법이긴 하나 여러 가지 제약이 따랐다. 경제적 부담이 있긴 하나 사방이 확 트인 골프장에서 종일 같이 시간을 보내는 것만큼 능률적이고 효과적이지는 못하다. 5시간 이상 운동하고, 옷을 벗고, 같은 목욕탕에서 목욕을 같이하고, 식사를 하고, 저녁에 술까지 가볍게 한잔할 수 있는 풀코스 교제는 골프밖에 없다. 나는 지금도 골프 운동이야말로 인간관계를 가장 단시간에 가장 밀도 있게 발전시킬 수 있는 최고의 방법이라고 생각한다.

인간관계를 잘 유지해 뜻하지 않게 목숨을 구한 경우도 많다. 세상이 어지럽던 옛날 고대사회는 물론 근대 심지어 현대사회에서도 많이 있다. 물론 인간관계를 맺을 때 처음부터 어떤 특정한 경우를 가정해서 하지는 않지만, 결과적으로 그렇게 되어버리는 것이다. 내가 아는 사람도 전쟁터에서 친구 덕분에, 친구의 진정한 도움으로 생사의 갈림길에서 구사일생했다. 요즈음엔 장기기

증 등 사회적 분위기를 즐겁고 기쁘게 해주는 뉴스도 많다. 특히 인간관계를 맺은 사람들이 뜻하지 않게 서로 도움을 주고받는 경우가 더욱 광범위하게 많아지고 있다. 우리는 살아 있는 동안 서로 얽히고설키면서도 사회생활을 계속해 나갈 수밖에 없다. 시간이 없다고, 바쁘다고 해서 사회생활을 포기할 수 없듯이 인간관계 또한 안 할 수가 없는 것이다. 아무리 바빠도 시간은 만들면 시간이고 여유가 생겨난다. 불필요한 일이나 즐거움을 위한 시간을 조금만 줄이면 얼마든지 인간관계를 새로 맺고 유지해 나갈 수 있다. 소중한 사람을 더 많이 얻기 위해서는 시간을 더 많이 만들어야 한다. 귀중한 사람일수록 진심을 충분히 전할 수 있도록 시간을 충분히 마련해야 한다. 시간을 함께 많이 사용하지 않으면 누구도 나에게 소중한 사람이 될 수 없다는 사실을 깊이 새겨야 하겠다.

나의 삶,
나의 인생

어느 날 새벽 일찍 눈을 떴다. 아무래도 아침까지는 시간이 많이 남은 듯했다. 한동안 멍하니 허공을 보다가 다시 눈을 감았다. 그러나 어쩐 일인지 잠이 오질 않아 아픈 팔뚝(엘보)과 허리 상태를 점검하고 마사지를 조금 해주었다. 한 해가 지나면 지날수록, 또 하루가 멀다 하지 않고 내 몸의 훈장은 하나씩 늘어났다 사라지기를 반복한다. 눈을 뜨면 습관처럼 몸을 향해 "친구야, 어때? 오늘 하루 잘 지내보자."하고 문안 인사부터 한다. 나의 삶도 어차피 무언가와의 끝없는 싸움이었는지도 모른다. 내가 세운 목표나 욕구를 달성하기 위해서였는지, 아니면 스스로 생각하는 벽을 허물고 자존(또는 존엄)을 세우기 위함이었는지 나 자신도 잘 모른다.

차원이 다른 이야기지만, 몸이 힘들고 마음이 어지러워지면 가끔 안중근 의사가 여순감옥에서 죽음을 앞두고 쓴 글 승피백운지우제향의(乘彼白雲至于帝鄉矣: 저 하늘 흰 구름을 타고 하늘나라에 이르리)처럼 나의 마음속에도 이런 '깔끔함과 담대함'이 있었으면 좋겠다고 생각해 보곤 한다. 병원에 가서 어렵고 힘든 상황이 되면 삼국지에서 나오는 장군 관우가 독화살을 맞고 어깨 수술을 받는 장면을 떠올린다. 당대 명의 화타가 관우의 어깨뼈를 긁어내는데 관우는 눈 하나 꿈쩍하지 않고 시종일관 웃으며 바둑을 두었다. 지켜보던 주변 사람도, 수술하던 화타도 관우의 담대함에 모두가 놀랐다. 안중근이나 관우의 담대함은 언감생심이긴 하지만 나도 언젠가부터 웬만한 일은 '이 정도쯤이야.'하고 의식적으로 담대한 척하면서 참아낸다. 잠시 살아온 생활을 뒤돌아보며 많은 생각이 머릿속에서 맴돌았다. 피식 웃음이 나며 부실한 몸으로 용케도 여기까지 잘 견디며 살아왔다는 생각조차 들었다.

나는 올해 봄 파크골프 동호인 형님의 권유로 수차 경북 김천에 골프를 다녀왔다. 형님 친구 및 선배 모임인데 골프를 하면서 그분들로부터 건강관리와 인생관 등에 대해 많이 배웠다. 역시 사람은 죽을 때까지 배울 것이 있는 모양이다. 한번은 골프 모임이 끝나고 박정희 대통령의 첫 번째 부인이 기거했던 직지사를 찾았다. 동네 형님은 젊은 시절 김천에서 공무원 생활을 하면서 직지사 입구 정비 및 경관 조성 등에 관여했다고 말했다. 형님의 안내로 직지사 경내를 들러본 후 경내 찻집에 들렀는데 고려 공민

왕의 스승으로 중국에서도 이름을 날렸던 나옹선사가 썼다는 시 〈청산가〉가 벽에 걸려 있었다.

청산가
나옹선사

청산은 나를 보고 말없이 살라 하고
창공은 나를 보고 티 없이 살라 하네
노여움도 내려놓고 아쉬움도 내려놓고
물같이 바람같이 살다 가라 하네

한참 동안 찻집에 앉아 차를 마시며 〈청산가〉를 음미해 보았다. 나는 지금까지 어떤 삶을 살아왔을까? 나 같은 필부가 모든 욕구와 세상사를 초월하고 경지에 이른 나옹선사의 깊고 깊은 뜻을 어찌 헤아릴 수 있단 말인가? 나옹선사의 시를 바라보고 있으니 마음도 맑아지고 기분도 새로워졌다. 나옹선사의 경지는 요즈음 세상에서는 꿈같은 이야기인지도 모른다. 그래도 조금이라도 가까이 가기 위해 노력해 보는 것이 우리 인생의 목표이고 삶인지도 모른다.

공자는 15세에 지학(志學)하고 30이 되면 이립(而立), 40이면 불혹(不惑)한다고 했다. 그리고 50이 되면 지천명(知天命), 60이면 이순(耳順), 70에는 종심(從心)한다고 했다. 내 나이 벌써 73이다. 과연 나는 공자의 가르침대로 살았을까? 50에는 하늘의 뜻을 알았을까? 60에는 들으면 세상의 이치를 스스로 깨달았을까? 70이 넘은 지금은 어떤가? 과연 마음이 하고자 하는 바를 따르면서도 법도를 지키고 있을까? 이전에도 잠시 잠깐 여유가 생겼을 때 문득문득 나의 지나온 인생을 반추해 본 적은 있지만 아무리 생각해도 한마디로 산전수전 파란만장이다.

인생이 곡예사의 곡예 같기도 하고, 외줄 타기같이 정말 아슬아슬한 경우도 많았구나, 하는 생각이 들었다. 마음이 아프고 쓰라려도 이를 달래면서 달려왔다. 실패하더라도 포기하지 않았으며, 실망이 아무리 크다고 해도 끝까지 희망의 끈은 놓지 않았다. 나를 쓰러뜨리지 못하는 실패는 나를 그만큼 더 강인하게 했는지도 모른다. 내가 설정한 인생 목표는 수없이 수정·보완되면서 때론 그냥 목표가 되었고 때론 진짜 목표가 되어 달성되기도 했다. 어쩌면 나는 내가 걸어가는 길이 올바른 방향인지도 모른 채, 누군가에 의해서 주어진 길을, 선택의 여지 없이 숙명적이라고 생각하고 그냥 그 길을 달려왔는지도 모른다. 나는 내 인생길을 얼마의 속도로 달려왔는지, 과속했는지 아니면 지연되었는지 알 수도 없다. 심지어 걸어온 속도 또한 어쩌면 누군가 정해준 대로 달려왔는지 모른다.

나에게

임용재

이른 새벽, 잠에서 깨어 허공을 바라보다,
나에게 물었다
짧지 않은 인생 어떻게 살아왔는지
아침 햇살에 커튼 너머로 창문이 붉게 물들 무렵
나에게 물었다
오늘 하루 어떻게 살 것인지
어두운 밤 잠자리에 누워 천장을 바라보다,
나에게 물었다
오늘 하루 빛과 어둠 어느 쪽이 많았는지
그리고 힘을 내어 다시 한번 물었다
앞으로 남은 인생 어떻게 살아갈 것인지

그동안 나의 좌우명, 신조, 인생관은 무엇이었을까? 눈을 지그시 감고 생각해 보았다. 나의 젊은 날, 직장생활 중에는 항상 성실, 집념, 아이디어라는 단어가 살아 움직였던 것 같다. 우선 무엇을 하든 성실하고 열심히 했다. 사람이 일을 잘하고 못하는 것은 재능에도 달려 있지만, 나는 그보다도 중요한 것은 성실함이라고 생각했었다. 성실하게 생활하다 보면 부족한 재능을 보완해 줄 지혜도 생겨난다. 사람이 성실하지 못하면 있는 지혜도 흐려지거나 사라지고 만다. 사람이 성실하면 남 탓을 하거나, 궤변을 늘어놓을 일도 없다. 또 남을 무시 또는 괄시할 필요도 없다. 집념은 어떤 일을 하겠다는 강한 의지, 열정이다. 집념이 있어야 강한 추진력이 나온다. 집념은 일의 완성도 또는 성취도를 높여준다.

내가 가지고 있던 마지막 좌우명은 아이디어다. 그동안 가지고 있었던 고정관념의 굴레에서 벗어나고, 전례를 답습하고 싶은 습관과 나태한 마음의 껍질을 벗어던지고 유연한 사고와 행동으로 새롭게 대응해 나가는 것이다. 가능한 나만의 고유한 방식으로 접근해서 해결하려고 노력해 왔다. 물론 예전 방식이 리스크를 줄일 수는 있지만, 생존경쟁이 치열해지면서 모든 문제를 둘러싸고 있는 환경이 과거와는 달라지고 훨씬 신속한 대응이 필요하게 되었기 때문이다. 새로운 나만의 아이디어로 승부하기 위해선 훨씬 더 많은 연구와 노력, 간절함이 필요하다. 나는 새로움에 대한 간절함, 진정성이 극에 달하고 노력하면 하늘도 감동한다고 믿는다. 나는 아직도 어떤 행동을 하다가 '음! 나의 성질은 아직도 변하지 않았군.'하고 혼자 웃음 지을 때가 있다. 벌써 잊었어야 함에도, 마음속 어딘가에 습성이 남아 있는 것 같다.

중국 고사성어에 "수즉다욕(壽則多辱)"이라는 말이 있다. 오래 살면 욕먹을 일이 많으니 항상 분수를 지키고 조심스럽게 행동해야 한다는 의미다. 중국 유학자 장자의 천지편(天地篇)에 나오는 이야기다. 요 임금이 어느 날 '화'라는 지방 순시를 갔다. 요 임금을 맞이한 관리가 임금에게 오래오래 살면서 복을 누리고 자식도 많이 낳아 잘되시길 바란다고 칭송했다. 그러자 요 임금은 "오래 살면 욕먹을 일만 많아지고, 재물이 많아지면 일만 많아지며, 자식이 많으면 걱정거리만 늘어난다면서 이런 일들은 덕을 쌓고 살아야 할 자신에게는 필요 없는 일"이라고 답했다고 한다. 옛날 왕조시대에는 왕들은 절대권력을 향유하고 즐기기 위해 무탈하게 오래 살기를 바랐다. 한마디로 천수를 누리기를 원했다. 그리고 끝없이 많은 재물을 원했으며 왕권 강화를 위해 자손들을 많이 두는 것을 기본임무로 알았다. 그러나 요 임금은 생각이 달랐던 모양이다. 모든 권세와 명예욕을 버리고 재물욕에서 벗어나 오직 수신(修身)과 덕(德)을 쌓고 베푸는 일에만 관심을 가졌던 것 같다. 가장 이상적인 군주의 모습인지도 모른다. 그래서 후세 사람들이 요순시대를 칭송하는지도 모른다. 요 임금이니 뭐니 하기 이전에 그러면 나는 지금 어떻게 살고 있는 것일까?

"지족상락 능인자안(知足常樂 能忍自安)", 노자의 《도덕경》에서 "만족할 줄 알면 항상 즐겁고 행복하다. 능히 참으면 스스로 편안하다."고 했다. 인생, 만족할 줄 아는 사람이 사실 제일 부자인 셈이다. 경북 김천에 있는 직지사에 갔을 때 돌 우물에 "오유지족(吾唯知足)"이라는 글자가 쓰여 있었다. 입구(口) 자를 가운데 두고 좌우 상하에 글자가 모여 각각 한 개의 글자를 이루고 있는데 무슨 의미일까 하고 한참을 생각했다. 불교 《유교경(遺教經)》에 나오는데 부처님이 열반에 들어가기 전에 제자들에게 마지막으로 준 가르침이다. 부질없는 욕심을 버리고 현재 가진 것에 만족하라는 이야기다. 분명 자기가 원하는 것을 얻었는데도 주위를 돌아보며 만족할 줄 모르는 사람이 많은데 과연 나는 어떤가? 고개를 숙일 때가 지났는데도 고개를 숙이지 못하고 겸손하지 못한 것은 아닌지? 가진 것에 감사하고 베풀고 나눌 것을 생각하는 삶을 살아야 하는데도 아직도 정신 차리지 못하고 있는 것은 아닌지? 나옹선사의 〈청산가〉처럼 내려놓아야 하는데도 나는 아직도 말뿐인 것 같다.

우리 삶이란 한마디로 훅! 하고 불면 언제 꺼져버릴지 모르는 촛불과 같은데… 정말 어느 날 아침 훅! 하고 사라질지도 모르는 허무한 존재이다. 부실한 몸을 다독이고 어루만지며 긍정적으로 내려놓고 낮은 자세로 살아야 한다. 앞으로는 머리로 생각하고 머리가 먼저 작동하기 전에 마음으로 생각하고 마음으로 행동하는 습관을 길러야 한다. 크리스마스 날 신부님이 말씀하셨다. "서로 사랑하고 나누고 용서하고 화해하는 삶을, 말이 아닌 행동으로 실천하면서 살도록 노력하라…"

자화상,
80세 때 나의 모습

　여름이 가을 문턱을 넘지 못하고 문 앞에서 계속 서성이고 있다. 무슨 미련 때문에 훌쩍 떠나지 못하고 마치 어린아이가 엄마 치맛자락을 붙잡고 늘어지듯 생떼를 부리고 있는 것일까? 어젯밤도 어김없이 열대야! 듣기만 해도 만만치 않은 녀석이다. 떠나지 못하는 늦여름에 대해 세월은 처서를 알렸다. 여름내 극성을 부리던 모기도 찬바람에 입이 비뚤어지고 논과 밭두렁의 풀도 자라지 않는다는 처서가 지났다. 빨리 떠나라고 말한 지 꽤 지났는데도 절기가 바뀌는 것도 잊은 채 여름은 꿈쩍도 하지 않는다. 샤워실에 들어가 거울을 보았다. 어딘지 모르게 나이가 들었다는 느낌을 지울 수 없어 각도를 달리해서 여러 표정을 지어보았다. 거울에게 나이가 어느 정도로 보이느냐고 물었다. 아직 50대라면서, 생각이나 행동은 별로 변한 것이 없다고… 그러자 거울은 말했다. 그것은 주인님 생각일 뿐이라고… 거울 속의 나는 분명 작년과는 다르게 변하고 있었다.

거실에서 집 앞 청사 쪽을 바라보고 있는데 할아버지 한 분이 BRT(버스 전용) 도로를 향해 힘겹게 걷고 계셨다. 보기엔 80은 훌쩍 넘은 듯하다. 불과 10여 미터 도로를 건너자마자 힘에 겨운지 지팡이에 의지해 하늘 한 번, 주변 한 번, 땅 한 번씩 바라보며 호흡을 가다듬는다. 할아버지는 지금 무슨 생각을 하고 계실까? 힘차게 지나가는 사람들을 바라보며 '나도 젊은 날 좋은 한때가 있었다.'고 하시는 걸까? 아니면 '앞으로 가야 할 길을 언제 가지.'하면서 걱정하고 계시는 걸까? 할아버지의 걷는 모습을 보니 자꾸만 과거 젊은 시절 고생하던 생각이 떠오르면서 앞으로 수년 후 나는 어떤 모습일까 하는 생각이 떠나지 않았다. 할아버지와 같은 모습은 되지 말아야 할 터인데 미래는 아무도 알 수 없는 법이다. 어떻게든 지나온 삶에서 해왔듯이 현재도 그리고 앞으로도 즐겁게 살면서 몸을 잘 관리해 나가는 수밖에 없다고 다시 다짐했다. 사람은 늙어서 삶을 즐기지 못하는 게 아니라 나이를 핑계로 삶을 즐기려는 생각이 점점 없어지기 때문에, 늙는지도 모른다. 갑자기 100세가 넘어서도 강연과 집필활동 등을 젊은이 못지않게 왕성하게 하면서 인생을 즐기고 있는 철학자 김형석 교수의 모습이 머릿속을 스쳐 지나갔다.

할아버지는 휴식을 취하길 반복하면서 어딘가를 향해 가고 계셨다. 저렇게 힘들어하면서 몸도 불편한데 보호자도 없이 혼자서 어딜 가시는 걸까? 아파트 맞은편 중앙타운 건물에 있는 병원에 가시는 걸까? 할아버지 모습을 보니 너무 안쓰럽고 위험스럽게만 느껴졌다. 나는 나 자신이 건강에 취약점이 많아서 그런지 다른 사람보다 특별히 건강에 관심이 많은 편이다. 그래서 나보다 연장자들을 만나면 건강관리나 생활에 대해 거의 빠짐 없이 질문을 한다. 오전이 다 지나갈 무렵 그 할아버지가 다시 쉬엄쉬엄 숨을 몰아쉬며 이번엔 아파트 쪽으로 걸어오고 계셨다. 도대체 어딜 갔다 오시는 걸까? 할아버지가 아파트 쪽으로 걸어오시는 길은 나지막한 오르막길의 연속이다. 우리 집 앞 10여 미터 횡단보도를 건너온 다음, 꽤 오랜 시간을 멍하니 서서 여기저기를 바라보고 계셨다. 어린 병아리가 물 한 모금 먹고 하늘 한 번 바라보듯 한동안 똑같은 동작을 계속했다. 한참 시간 지난 후 다시 걷기 시작했다. 집 앞 모퉁이를 돌아 커뮤니티 쪽으로 방향을 잡으면 역시 여기도 나지막한 언덕길이다. 할아버지는 정말 힘겹게 10여 미터 걷다가 돌 위에 아예 주저앉았다. 그리고 내가 다른 일을 보고 돌아와 보니 할아버지는 나의 시야에서 사라졌다.

며칠 후, 아파트 헬스장 앞에서 할아버지와 마주쳤다. 나는 용기를 내어 할아버지에게 다가가 인사를 했다. 그리고 내가 거의 매일 거실에서 할아버지가 출타하는 모습을 지켜보았는데 너무 힘들어하시는 것 같아 사실 걱정이 많이 되었다고 말했다. 힘들어 보이셨는데 어딜 그렇게 매일 다니시느냐고 물었다. 할아버지는 거의 80이 되었다면서 시내버스를 타고 조치원에서 친구를 만나고, 볼일도 보고 온다고 했다. 나는 할아버지의 몸놀림과 얼굴을 보고 깜짝 놀랐다. 할아버지는 예상외로 너무 연로하신 모습이고 기력도 눈에 띄게 저하되어 있었다. 겉모습이나 언행은 최소한 80대 중반은 넘은 것 같았다. 너무도 생기가 없어 보여 마음이 아팠다. 가족들은 왜 할아버지 산책에 함께하지 않을까? 할아버지가 산책길에 아내 되시는 분이나 자녀 중 한 분이라도 동행하면 산책이 훨씬 재미있고 즐거울 터인데… 할아버지 혼자서 힘겹게 걷는 모습이 너무 외롭고 쓸쓸해 보였다.

내가 취미생활을 하는 파크골프 모임에는 80대 회원이 많이 있다. 그들은 너무도 건강하고 오히려 70대인 내가 부끄러울 정도이다. 월례회에 나가면 80세가 훌쩍 넘었는데도 최저타로 항상 우승하시는 분이 계신다. 나는 몇 달 전부터 동네 연배와 같이 김천시로 골프를 간다. 골프 멤버 대부분이 70대 중반을 넘겼다. 언젠가 77세 되신 분과 함께 라운딩했는데 스코어가 80대로 나왔다. 나는 깜짝 놀라 프로 중 프로라고 치켜올린 다음 어떻게 된 일이냐고 물었다. 그랬더니 자신은 여기저기 골프대회에 나가면 우승하지 않으면 안 된다고 자신만만했다. 그렇다, 이분은 좋아하는 골프를 하며 인생을 즐기고 있다. 그러다 보니 생각도 몸도 모두 젊어지는 것이다. 나의 롤모델이 여기에 있었다. 뜻대로 될지 안 될지 잘 모르겠지만, 세월이 가더라도 이렇게 생활해야 한다고 마음을 다졌다.

　겨울이 되면 헬스장 앞 각종 정원수 들이 낙엽을 떨군다. 나목(裸木)이 된다. 모든 것을 벗어 던지고 몸을 가볍게 한다. 그래서 그런지 나목을 보면 왠지 쓸쓸하고 우울해진다. 할아버지 모습이 모든 것을 내려놓은 듯, 아니 얼마간 포기한 듯, 무언가 말할 수 없는 우수에 젖어 있는 듯 완전히 벌거벗은 나목처럼 느껴져 서글퍼졌다. 언젠가 나도 저 할아버지처럼 체력도 떨어지고 기력도 쇠잔해질 것이다. 그러나 나는 80세 시절 나의 아버지나 지금 동네 할아버지는 될 수는 없다고 생각했다. 비록 내가 난치병의 여러 가지 부작용으로 잔잔한 괴로움을 가지고 살고 있지만, 나는 최소한 80세에 주변의 동정이나 측은지심을 유발하는 모습으로 살 수는 없다고 생각했다. 80세가 되었을 때, 나는 훨씬 건강하고 당당한 모습으로 살아야 한다. 동네 할아버지는 언제나 같은 복장(중절모에 검은색 계통의 양복 정장)인데 나는 더 멋있고 화려한 모습으로 살 것이다. 동네 할아버지는 요즈음 무슨 생각을 하면서 생활하고 계실까? 할아버지는 여름이 가고 가을이 다가오는 계절의 변화를 어떻게 받아들이고 있을까? 할아버지는 처음엔 나를 의아하게 대했으나 헤어질 때는 천천히 "걱정해 주어 고맙다."고 말했다. 그러나 말할 힘조차 없어 보여 가슴이 아렸다. 나는 할아버지에게 "조치원 가실 때마다 잘 지켜보겠다며 항상 조심하셔야 한다."고 거듭거듭 당부드렸다.

세월이 가면

임용재

세월이 가면 모든 것이 흐려지고 무상해지거늘
세월이 가면 기억 속에서 잊히고 사라지고 마는 것을
세월이 가면 각박하게 살아왔던 것에 대한 회한만 쌓이고
세월이 가면 아쉬워하고 부끄러워해야 할 일들뿐

세월이 가면 세상은 잠시 쉬어가는 곳임을 알게 될 터
세월이 가면 다시 보고 싶고 그립고 생각날 사람들
세월이 가면 괜찮아! 그럴 수도 있다! 라는 말들만 생각나고
세월이 가면 너도 가고 나도 가고 떠나야 할 인생

원로 정치인 권노갑은 93세에 외국어대학 박사과정에 지원했다. 83세 때 석사를 했고 지금도 골프를 하는데 200m를 날린다고 한다. 권노갑은 자신보다 30~40세 젊은 사람보다 비거리가 많다고 한다. 지금도 역기를 들고 달리기, 자전거 타기로 몸을 단련하고 있다고 한다. 그는 지금도 영어 문장을 보면 외워버리고 싶으며, 배운다는 것이 그렇게 즐거울 수가 없다고 한다. 정치인 김한길은 폐암 4기를 극복했다고 한다. 한때 체중이 20kg이나 줄었으나 회복하였고, 지금은 한쪽 폐만 가지고 수영을 하면서 건강을 관리하고 있다고 한다. 열정과 의지만 있으면 얼마든지 웬만한 어려움은 극복할 수 있는 것이다. 미국의 민속화가 그랜드마 모제스는 101세로 타계할 때까지 1,600여 점의 작품을 남겼

다. 그녀는 평범한 농부의 아내로 생활하다 남편이 세상을 떠나자 75세부터 그림을 그리기 시작했다. 관절염으로 손가락이 아파 고통스러웠으나 극복해 냈다. 노화의 과학을 35년간 연구한 미국인 로즈 엔 케니 박사는《노화의 정복》에서 노화 요인은 복합적이지만 80%는 어느 정도까지는 극복할 수 있다고 했다. 태도가 중요한데 자신이 젊다고 느끼는 만큼 생물학적 나이도 젊어진다고 주장했다. 또 나는 늙었다고 자주 말하면 실제로 노화 시계는 빨리 돌아간다고 했다. 어떤 생각을 하고, 어떻게 행동하는가에 따라 몸과 마음은 그대로 흘러간다고 한다. 노화에 대해 긍정적으로 생각하는 사람은 대체로 평균수명이 7.5년 더 길다고 한다. 노화 방지를 위해서는 근력을 키우기 위한 적절한 운동, 긍정적인 생각, 낙관적인 태도, 목적 있는 삶, 취미생활과 열정, 친구나 이웃과의 원만한 교류 등이 중요하다고 한다. 내 생활에서 다시 생각해야 할 일들이 너무도 많은 것 같다.

나를 괴롭히던 더위는 꼬리를 내리고, 높고 푸른 하늘에 구름이 점점이 떠가고 가을바람이 살랑살랑 불어온다. 눈을 크게 뜨고 조금 길게 보면 우리네 삶은 어쩌면 바람 같기도 하고 뜬구름 같은지도 모른다. 바람은 바람 같은 존재이니 가볍게 살아야 한다고 가르친다. 구름은 구름 같은 인생이니 비우고 살라고 가르친다. 물 같은 존재이니 부드럽고 낮은 자세로 살아야 한다. 나이가 들면 지혜가 자라고 깨달음도 깊어진다고 한다. 과연 나는 지혜롭게 살고 있는 것일까? 나의 삶은 어떻게 변하고 있는 것일까?

내 나이 73, 아름답고 멋있는 80을 맞이하기 위한 노력을 계속해 보자.

마음(心)이란 무엇일까?

우리는 주변에서 마음을 올바르게 쓰지 않아 사건 사고에 휘말리기도 하고 마음의 병에 걸려 고통받고 있는 사람들을 많이 본다. 마음은 인간의 내면에서 작용하여 사람이 어떤 행위나 행동을 하게 하는 원동력이라고 말할 수 있다. 마음은 물과 같아서 깨끗하고 맑게 잘 유지하면 몸도 평안해진다. 그런데 마음에 돌을 던져 파문을 일으키거나 흐리게 하면 특히 흘러가는 대로 자연스럽게 놓고 잘 다스리지 못하면 모든 화흉(禍凶)의 근원이 된다. 한때 모든 길은 로마로 통한다는 말이 유행한 적이 있다. 그렇다. 사람의 생각과 행동, 모든 삶은 어쩌면 마음으로 통하는지도 모른다. 소설가이자 시인인 박경리는 그의 시(詩) 〈마음〉에서 이렇게 표현했다.

마음

박경리

마음이 바르게 서면
세상이 다 보인다
빨아서 풀 먹인 모시 적삼같이
사물은 싱그럽다

마음이 욕망으로 일그러졌을 때
진실은 눈멀고
해와 달이 없는 벌판
세상은 캄캄해질 것이다

먹어도 먹어도 배가 고픈 욕망
무간지옥이 따로 있는가
권세와 명리와 재물을 좇는 자
세상은 그래서 피비린내가 난다

 우리가 삶을 살아가면서 어떤 마음가짐을 가져야 하는지 너무도 사실적으로 잘 표현해 준 시가 아닐까 생각된다. 마음이 바르면 세상이 다 보이는데도 아집과 독선에 사로잡혀 짐짓 모른 척 하면서 엉뚱한 마음을 먹는 사람이 있다. 그렇게 되면 무간지옥(無間地獄, 불교에서 가장 고통이 극심한 지옥)에 떨어지며, 명예도 권력도 건강도 재물도 예외 없이 모두 모두 순간에 사라져 버리는데도… 정상적인 사람의 장기는 오장육부다. 그런데 여기에 시기와 질투를 부채질하는 놀부의 심술보가 더해지면 안 된다. 일상에서 공정과 정의를 무시하지 말고, 겸손과 겸양, 이해와 배려의 자세로 마음의 문을 활짝 열어야 하겠다. 그리고 흔히 말하는 놀부의 심술, 심보가 자리 잡지 않도록 노력해야 한다. 놀부의 심술이 곁눈질하여 자리 잡게 되면 행운이 찾아오지도 않거니와 운명도 등을 돌리고 만다.

사람들은 어떤 사람에 대해 "마음이 바다처럼 넓고 속이 깊다."고 평가한다. 우리 속담에 "열 길 물속은 알아도 한 길(사람의 키), 사람 속(마음)은 모른다.", "사람 속(마음)은 천 길 물속이라."는 말이 있다. 사람 마음을 헤아리는 것이 그만큼 어렵고 힘들다는 의미일 것이다. 때론 "소갈머리 좁기가 자라 콧구멍 같다.", "밴댕이(그물에 걸리는 순간 스트레스를 이기지 못하고 몸을 비틀며 바르르 떨다 죽음) 소갈딱지만도 못하다."고 하거나 "벽창호처럼 앞뒤가 꽉 막힌 사람이다."라고 말하면서 마음의 문을 열라고 말하기도 한다. 우리는 주변에서 가끔 어떤 일을 하다 "내 마음 나도 모른다."라고 말하는 사람을 가끔 본다. 참 재미있는 말이긴 하지만 본인이 본인 마음을 알지 못한다고 말하면 과연 누가 안다는 것일까?

나는 골프를 상당히 좋아하는 편이다. 30대에 해외 근무를 시작하면서 골프에 입문, 현재 70대이다. 지금도 매번 티박스에 올라가 클럽을 잡으면 생각이 많아진다. 샷을 할 때마다 생각도 마음도 달라지고 있음을 느낀다. 골프를 하면서 하는 농담이 있다. 고수(高手)는 공을 치기 전 자신의 공이 어떤 궤적을 그릴 것인지, 착지점은 어디가 될 것인지? 어떤 기술(드로, 페이드, 백스핀 등)을 걸 것인지, 등을 이미지 한 후 공을 친다고 한다. 이런 과정을 거치면 공은 대부분 자신이 이미지 한 대로, 보아둔 목표지점으로 날아 간다고 한다. 그런데 중간수준의 기술을 가진 사람은 자신의 목표지점을 본 후 공을 친다고 한다. 그러면 공은 클럽을 휘두른 대로 날아간다고 한다. 그런데 하수(下手)는 골프클럽을 잡는 순간부터 마음이 복잡해지기 시작한다. 그러면서 가지 말아야 할 곳(OB 지역, 워터해저드, 풀이 길게 자라거나 나무 숲속 등), 피하고 싶은 곳을 바라보고, 의식하기 시작한다고 한다. 그런 상태에서 샷을 하면 공은 대부분 그 지역으로 날아간다. 참으로 희한하다. 사람들은 무심타법(無心打法), 무념무상(無念無想)을 외치며 클럽을 휘두르기도 한다. 그런데 역시 마음은 다른 데에 가 있는 경우가 많다.

맹자는 성선설을 주장하면서 마음을 핵심에 두었던 대표적인 사람이다. 사람은 몸과 마음으로 구성되어 있는데 몸은 육체적 요소이고, 마음은 정신적 요소이며 두뇌의 반응이기도 하다고 했다. 몸은 마음을 담는 그릇이고 마음은 몸을 제어하는 주재자(主宰者)이며, 감성적 측면과 지성적 측면을 가지고 있는데, 몸과 마음은 일체(一體)의 양면 관계라고 말했다. 맹자는 '마음공부'의 중요성을 강조하면서 "학문지도무타, 구기방심이기의(學問之道無他, 求其放心而已矣)"라고 했다. "학문의 방도는 다른 것이 없다. 그 놓아두었던 마음을 구하는 것이다."라는 것이다. 인간은 마음을 통해 학문을 하고, 그 학문을 통해 마음을 밝히며, 그 밝아진 마음으로 세상을 제대로 보고 행동할 수 있다는 것이다. 맹자는 마음을 기르고 다스리는 데는 욕심을 적게 하는 것보다 좋은 방법은 없다고 했다. 마음공부는 머리로 하는 것만 아니라 몸에 체득되어 본연의 순수한 마음이 자연스럽게 발휘될 수 있도록 해야 한다고 했다. 이를 위해 수신(修身), 수양(修養)이 중요함을 강조했다. 맹자가 살던 시대는 오늘날과 같이 무한경쟁이 펼쳐지는 시대는 아니었다. 그러나 학문을 연마하면서 수신, 수양해서 올바른 마음을 가지려고 노력해야 한다는 점을 강조한 것은, 되새겨 볼 필요가 있지 않을까?

순수한 마음이 체득되어 자연스럽게 나타나도록 해야 한다는 것은 일견 정신분석학자 프로이트의 '잠재의식론'과 통하는 면이 있는 것 같기도 하다. 프로이트는 인간의 마음, 즉 심리 상태를 의식(意識), 전의식(前意識), 잠재의식(潛在意識)의 세 가지로 분류할 수 있으며, 그 비율을 보면 의식과 전의식은 5% 정도이고 대부분(95%)은 잠재의식이라고 했다. 사실상 우리가 살아가면서 나타나는 각종 모습은 모두 자신의 잠재의식이 발로된 것이라고 보면 된다는 이야기다. 다만 우리는 그 잠재의식이 워낙 우리 마음속 깊은 곳에 있기에 잘 느끼지 못하고 있을 뿐이라고 했다. 의식은 잠재의식이 발로된 다음 이루어지는, 소위 말하는 2차적인 현상으로, 잠재의식이 없으면 아예 의식이란 존재는 이야기조차 할 수 없다는 것이다. 어떤 일을 할 때 잠재의식 속에 긍정적인 면이 많이 자리 잡고 있으면 긍정적인 효과로 나타나게 되어 있고(결과물을 긍정적이라고 '의식'), 부정적이거나 두려워하면 그렇게 나타날 수밖에 없다는 것이다. 우리가 어떤 이야기를 듣고 잠재의식이 두렵고 불안해하면 바로 우리는 두렵고 불안해하는 행동이나 행태를 보이게 된다고 한다. 우리가 어떤 행동을 하기 전에 어떤 마음가짐, 즉 잠재의식을 가질 수 있도록 노력해야 하는지 한 번쯤은 생각해 보도록 하는 이야기인 것 같다.

우리는 삶 속에서 각종 희로애락(喜怒哀樂)을 느끼고 산다. 그런데 마음이란 존재는 다른 사람의 희로애락을 느끼면서 우리로 하여금 자신도 모르게 그 사람과 같은 공간으로 들어가 똑같은 감정을 갖게 만들기도 한다. 마음이란 존재는 우리를 자유자재로 지배하고 조종하는 마법사의 요술 지팡이인지도 모른다. 중국 선종(禪宗)의 창시자인 달마대사가 소림사에서 9년간 면벽좌선(面壁坐禪)을 하고 깨달은 것은 "본래 사람의 마음은 청정하다."는 것이었다. 마치 맹자의 '성선설'과도 통하는 듯한 말이기도 하다. 어느 날 달마대사의 제자 혜가(慧可) 스님이 질문했다. "스승님, 제 마음에 걱정이 가득한 것 같습니다. 편안히 하려면 어떻게 하면 되겠습니까?" 달마대사가 말했다. 그러면 너의 마음을 가져오너라. 스승의 말에 혜가 스님은 자신의 걱정스러운 마음의 본체가 어디에 있는지 열심히 찾았다. 그러나 아무리 찾아도 찾을 수가 없었다. 그래서 스승에게 "아무리 마음을 찾아도 보이지 않습니다."하고 말했다. 달마대사는 "그럴 것이다. 마음이란 따로 있는 게 아니고 네가 그렇게 생각하면 그것이 곧 네 마음이란다. 편하다는 생각을 갖고 세상을 바라보면 걱정도 사라지고 마음도 편해질 것이다."라고 설명했다. 그렇다. 세상의 모든 일은 각자가 스스로 마음먹기 여하에 따라 전혀 다르게 보이는 것이다. 중국 명(明)나라 말 홍자성이 지은 채근담에 나오는 이야기다.

불교《능엄경》에 "일수사견(一水四見)"이란 말이 나온다. 똑같은 물인데 천상에 살고 있는 천인(天人)이 보면 맑은 유리 보석으로 보이고, 세상 사람들에겐 그저 단순히 먹고 씻는 것으로 보인다. 또 물고기들에 있어서는 그들이 사는 집이며, 아귀(귀신)들에겐 그저 피고름으로 보일 뿐이라고 했다. 신라 원효 스님이 당나라 유학길에 산속 어두운 곳에서 기진맥진하여 휴식을 취하던 중 물을 맛있게 마셨다고 한다. 물맛이 너무 좋아 아침에 눈을 뜨자마자 어젯밤에 마신 물이 생각나 그곳으로 확인하러 갔다. 그 물은 해골바가지에서 흘러나온 물이었다. 원효 스님은 여기에서 깨달음을 얻었다고 한다. 세상사 모든 것은 마음가짐에 달렸다는 것을…

우리 말에 "마음을 다스리다."라는 말이 있다. 고도의 수양과 높은 인성을 갖지 않으면 참으로 실천하기 어려운 말이다. 그래서 사람들은 어찌할 수 없는 마음을 잘 다스리고 달래기 위해 종교시설을 찾기도 한다. 숙연해지고 경건해지면서 마음이 편안해져 좋기 때문이다. 기독교든 불교든 기본은 '믿음'이다. 그 '믿음'

은 마음에서 시작된다고 할 수 있다. 예수님의 가르침 중 가장 으뜸은 사랑(愛)이다. '사랑 애(愛)'라는 글자에는 '마음 심(心)'이 들어 있다. 모든 사랑은 마음이 움직이지 않으면 이루어질 수 없고 존재할 수도 없다. 그리고 용서, 화해, 배려 등도 '마음'이 움직여야 가능하다.

불교는 자비(慈悲)와 지혜(智慧)의 종교이다. 자비와 지혜에는 마음 심(心)이 들어 있다. 불자들은 성불(成佛)하기 위해 참선(參禪)을 한다. 참선은 고요히 마음을 닦아 선정(禪定, 흐트러짐이 없이 정신이 집중된 경지)의 경지에 들어가, 바른 지혜를 얻어 불도를 깨닫기 위한 수행 방법이다. '선(禪)'은 어지러운 마음을 가라앉히고 마음의 고요를 찾고 마음을 닦는 것이다. 해인사에 보관돼 있는 팔만대장경의 수많은 경전을 한마디로 함축하면 마음 심(心)자 하나로 표현할 수 있다고 한다. 그러는 의미에서 불교는 마음에 대한 탐구를 위한 종교인지도 모른다. 불교《법구경》,〈쌍서품〉에 "마음이 모든 것의 근본 성품이다. 마음이 절대자고 마음이 모든 일을 시킨다. 마음속에 나쁜 생각을 하면 악한 말과 악한 행동을 하게 된다. 마음속에 좋은 생각을 하게 되면 좋은 말과 좋은 행동을 하게 된다."는 구절이 있다. 마음과 행동은 어쩌면 사람과 그림자와 같은 관계인지도 모른다. 기차는 사람들이 깔아놓은 철로 위만 달릴 수 있다. 우리는 항상 '좋은' 마음의 철로를, 그것도 기차가 마음 놓고 신나게 달릴 수 있게끔 튼튼하고 좋은 마음의 길을, 반듯하게 잘 닦아서 유지하려고 노력해야겠다.

마음(心)을
어떻게 다스릴 것인가?

  90년대 중반 나는 동경 한국대사관 근무 중 갑자기 건강이 악화하여 귀국한 적이 있다. 그리고 직장을 10개월 동안 휴직하면서 건강 회복에 집중했다. 어느 날 장인께서 동양란이 그려진 동양화 액자 한 점과 마음 심(心)자 새겨진 수석 한 점을 가지고 우리 집에 오셨다. 장인은 분재와 수석 애호가로 전문가들이 모인 협회에서도 활동하셨다. 당시 장인께서 왜 하필 '마음 심(心)' 자가 새겨진 수석을 우리 집에 가지고 오셨는지 그 이유는 모른다. 다만 내가 젊은 나이에 건강을 해쳐 "의기소침하고 좌절하면 안 된다."라고 격려하기 위해 가져오신 것이 아닐까? 하고 어렴풋이 추측만 할 뿐이다. 돌아가신 친부모님은 내가 힘들다고 불평불만 하면 "어려운 일이 닥칠수록 심기를 단단하게 해야 한다."고 말씀하신 적이 있다. 가끔 TV 사극을 보면 왕이나 왕족, 귀족들이 몸이 불편하거나 어려움에 직면하면 아랫사람들이 "이런 때일수록 심기를 굳건히 하십시오."라고 이야기하는 장면이 나온다. 우리 부모님들이 자식들을 격려하고 용기를 불어넣어 주는 모습과 꼭 닮았다고 할 수 있을 것 같다.

내가 처가에 가면 장인은 항상, 심(心) 자가 새겨진 수석을 쓰다듬고 손질하시는 등 대견하게 바라보면서 정말 애지중지하셨다. 나는 젊었을 때는 물론 퇴직 후에도 항상 수석을 우리 집 거실에서 가장 잘 보이는 곳에 놓고 눈길을 주고 있다. 결국 수석은 내가 예상한 대로 건강이 잘 회복되지 않아 고민과 실의, 좌절에 빠졌을 때 항상 나를 지켜주는 마음의 대들보 노릇을 톡톡히 해냈다. 내가 복직한 후에도 마음이 나약해지거나 흔들리거나 괴롭고 화날 때 등 내가 심적으로 흔들릴 때면 나는 '심' 자 수석을 바라보고 마음을 고쳐 잡고 의욕을 되찾았다. 이런 행동은 내 나이 어느덧 70이 넘어서도 계속되고 있다. 수석을 바라보고 있으면 장인어른의 '피식하며 가볍게 웃는 얼굴'이 생생하게 떠오른다. 장인께서는 내가 해외 생활 중일 때 몇 번인가 우리 집에 오신 적이 있는데 왠지 그때마다 대접이 부족하고 소홀했었다. 지금 생각하면 좀 더 잘 모셨어야 했는데 하는 아쉬움과 후회만 남아 있다. 장인은 소지하고 있던 많은 수석 중 왜 '심' 자 수석을 선택했을까? 사위인 내 속마음을 꿰뚫어 보신 것일까? 이 수석이야말로 나약하고 어리석은 사위의 흔들리는 마음을 잡아주고 다스리는데 최고의 명약이요, 보약이 될 것이라고…

　수석은 길이 40cm 폭 15cm 정도 크기로, 크지도 작지도 않은 모양으로 좌우 상하 보기 좋게 조금씩 여백을 남겨놓은 상태이다. 명인 서예가가 그야말로 물 흐르듯 거침없이 일필휘지로 심(心) 자를 선명하게 휘갈겨 써놓은 것처럼 멋지다. 자연의 걸작이다. 자연은 수백 년 동안 심(心) 자를 돌 전면에 새겨넣기 위해 하루도 쉼 없이 강물과 자갈 및 모래를 흘려보내며 작업했을 것이다. 심(心) 자를 바라보고 있으면 부드러우면서도 넘치는 힘, 강렬함에 그저 신기하다고밖에 달리 표현할 수가 없다. 장인께서는 어느 날 강가에서 작업하고 있는 인부들을 발견하고 종일 굴착기 작업을 지켜보다가 이 수석을 발견하셨다고 했다. 수석을 발견한 그날 보물을 발견한 것처럼 기분이 좋으셨다고 했다. 수석에 문외한인 내가 보아도 충분히 흥분시킬 만큼 걸작이다. 지금 생각해 보면 장인은 나에게 내 인생의 나침반이자 항상 중심을 잡아 줄 평생의 귀중한 보물을 남겨주신 것 같다.

　마음을 잘 다스리려면 어떻게 해야 할까? 신라시대 원효대사는 말했다. 어떤 상황이나 사물에 대해 나와 동일하게 인식하고 있는 생명체는 지구상 어느 공간에도 존재하지 않는다고 했다. 곰곰이 생각해 보면 원효대사의 말씀은 정말 지당한 말씀인 것 같다. 오늘날처럼 인간관계가 복잡하고 각종 위험과 사건과 사고가 도처에 도사리고 있는 시대에는 말할 필요도 없는 것이 아닐까? 마음을 다스리는 방법을 일률적으로 구체화할 수는 없다. 일반적으로 명상과 묵상을 통해 자신을 돌아보며 마음을 수련하면서 마음의 소리를 듣고 이에 순응하는 수밖에 없지 않을까? 때론 종교시설에서 조용히 혼자 기도하며 마음을 가다듬고 달래는 것도 한 방법일 수 있다. 다른 사람에 대한 사랑과 자비심, 용서와 포용, 나눔, 절제와 인내 등을 잠재의식 속에 끊임없이 주입시켜 우리가 하는 행동이나 행위에 자연스럽게 녹아 나타나도록 노력해야 하지 않을까? 넓은 호수에 돌멩이를 던져 파문이 일면 금방 잔잔해진다. 일상에서 다른 사람들로부터 마음의 상처를 받으면 넓은 호수와 같은 마음으로 받아들이고, 그 상처를 금방 없애버리겠다는 생각을 가져야 하지 않을까? 그리고 마음의 등불을 밝게 밝히고, 가능한 일상생활 속에서 항상 긍정적인 마인드를 갖도록 노력하면, 마음을 다스리고 치유하는 데 훨씬 효과적이지 않을까? 즐거운 마음을 가지고 행동하면 즐거운 일만 생긴다고 하지 않는가?

마음이 병들지 않고 아프지 않은 사람이 가장 행복한 사람이다. 마음을 잘 다스리면 행복 시작이고 성공한 인생이 된다. 그러나 잘못 다스리면 불행과 파멸의 시작, 그리고 실패한 인생이 된다. 우리 인생은 훅 불면 꺼져버리는 호롱불 같은 것이라고 했다. 그러나 아무리 호롱불 같은 인생이라고 하더라도, 나약하고 곧 사라질 존재라고 하더라도 우리는 엄청난 경쟁 속에서 누구나 축복받고 태어났다. 살아 있는 한, 우리는 인생을 재미있고 즐겁게 살아갈 권리와 그렇게 해야 할 책임, 의무가 있다. 우리에게 주어진 오늘의 1분 1초는 반복되는 똑같은 1분 1초가 아니다. 과거도 내일도 '오늘' 이 순간이 있어야 존재하는 개념이다. 뱀은 허물을 벗어내지 않으면 독에 의해 죽게 된다. 우리도 마음의 허물을 벗어 던지고 '참된 나(眞我)'가 원하는 마음을 가지려고, 찾으려고 노력해야 한다. 남을 의식한, 주변을 의식한 보기 좋게 보이는 겉치레 옷은 버려야 한다. 참된 '나', 진정한 나를 위해, 마음의 평안과 고요를 갖기 위해 행동하려고 의식적으로 노력해야 한다. 세상이 나를 마음껏 흔들게 내버려두기보다는, 스스로 마음을 잘 컨트롤하고 다스려서, 우리 자신이 세상을 마음껏 춤추고 뛰놀 수 있는 무대로 만들어야 하지 않겠는가?

사람의 첫인상, 선입관, 판단의 한계

5월 하순, 온 세상을 화려하고 밝게 수놓았던 꽃들의 한바탕 잔치가 끝나고 녹음이 날로 짙어지고 있다. 봄은 아직 가기 싫다고 하는데 낮은 벌써 한여름처럼 햇살이 따갑고 후덥지근하다. 오늘도 어김없이 우리 집 앞은 분주하다. 4차로 도로 가득 어디론가 쌩쌩 달려가는 차량 행렬, 정부 청사로 출근하는 공무원, 등교하는 중고등학교 학생, 거기에 어린이집에 가는 미래의 우리나라 주역들까지 모두가 바쁘고 바쁘다. 역시 사람은 사회적 동물인 모양이다. 우리 일상은 이렇게 뒤섞이고 얽히고설키면서 사람과의 관계 속에서 이루어지고 있다.

사람은 항상 누군가를 만나고 그 사람에 대해 평가와 판단을 내린다. 마음에 든다든지 또는 안 든다든지, 좋은 사람, 나쁜 사람 등등. 그 사람에 대한 평가나 판단은 첫인상을 중심으로 하거나 아니면 선입관이나 주관 그리고 자의적 판단이 중심이 된다. 그러나 사람이 사람을 정확하게 판단하고 평가하기란 정말 어려운 일이기도 하다. "물은 건너보아야 알고 뚝배기보다는 장맛이다."는 말이 있다. 사람을 평가하는 데 있어 첫인상이나 선입관에 너무 의지하면 안 된다는 말이기도 하다. 세계적인 유명 여배우 메릴린 먼로는 처음엔 모델이 되고 싶어 모델 에이전시를 찾아다녔는데 "비서나 가정부 같다는 인상" 때문에, 계속 퇴짜를 맞았다고 한다.

레오나르도 다빈치는 '최후의 만찬' 그림을 완성하는 데 7년이나 걸렸다. 그림에 등장하는 인물들도 모두 당시 사람들을 모델로 해서 그렸다. 다빈치는 맨 처음 예수 모델을 골랐다. 수많은 청년 중 무죄함과 아름다움을 동시에 겸비하고, 죄를 지었으나 찌들어진 모습이 전혀 없는 그런 얼굴을 찾으려고 애썼다. 그리하여 19세의 젊은 청년이 예수 모델로 선정되었다. 6개월 동안 전력을 다했고 그 후에도 계속 노력하여 6년 동안 11명의 제자 모델을 그려나갔다. 그런데 유다 모습은 그릴 수 없어 그 공간만 남겨놓았다. 다빈치는 유다의 모습 모델로 범죄적이고 사납고 탐욕으로 얼룩진 배반자 얼굴을 찾았다. 그렇지만 적합한 인물을 발견할 수 없었다. 극심한 실망에 빠져 있던 중 로마 감옥으로부터 사형수 한 명이 있는데 아주 잘 어울릴 것 같다는 연락이 왔다. 로

마 황제로부터 특별 허락을 받아 죄수를 만났다. 그리고 정해진 시간에 감옥을 방문해 그림을 그렸다. 그림을 마무리한 후, 간수가 죄수를 끌고 나가려는 순간 죄수가 말했다. "다빈치여 내 얼굴을 보시오." 다빈치는 당황한 나머지 죄수에게 "나는 일생 동안 당신을 한 번도 본 적이 없소."라고 대답했다. 그러자 죄수는 하늘을 쳐다보며 "오 하느님! 내가 어찌하여 이런 모습으로 전락하고 말았나이까? 다빈치여, 내 얼굴을 좀 더 자세히 한 번 더 보아주세요. 내가 바로 당신이 7년 전 예수 모습을 그릴 때 바로 그 예수 모델이요."라고 말했다. 이 이야기는 '최후의 만찬' 그림에 얽힌 실화라고 한다. 예수 모델 주인공 모습이 7년의 세월이 흘렀고 감옥생활을 하고 있어 다소 다를 수는 있다. 그러나 동일인인지조차 알 수 없을 정도로 바뀌지는 않았을 것이다. 다만 사람이 갖고 있는 선입관이나 편견이 깊게 자리 잡게 되면 이런 현상도 일어날 수가 있는 것이다.

사람이 선입관이나 편견을 갖게 되는 원인은 여러 가지가 있을 수 있다. 선천적일 수도 있고, 성장하면서 후천적 요인이 작용하여 영향을 미칠 수도 있다. 미국 프린스턴대학교의 알렉산더 토도로프 교수는 사람의 첫인상 형성에 대해 인간의 뇌는 0.017초라는 짧은 순간에 상대방에 대한 호감이나 신뢰, 공격성을 판단한다고 했다. 다트머스대학교의 뇌 과학자 폴 왈렌은 첫인상을 형성하는 데 걸리는 시간이 1,000분의 17초, 즉 0.017초라는 사실을 실험을 통해 입증하기도 했다. 사람들은 상대방을 평가하는 데 있어 자신들이 대단히 탁월하고 우수한 능력을 가지고 있는 듯 이야기하지만, 사실은 0.017초라는 짧은 순간적인 판단이 대부분인 것이다. 어찌 보면 대단히 위험하고 비합리적인 결정이 되는 셈이다.

캘리포니아대학교의 알버트 메라비안 교수는 사람의 첫인상은 언어적인 요소가 7%, 외표나 표정, 태도 등 시각적인 요인이 55%, 목소리 등 청각적인 요인이 38%라고 했다. 메라비안 교수의 분석도 우리가 얼마나 어떤 특정요소에 좌우되어 버리는지를 잘 보여주고 있다. 또한 사람이 상대방의 능력을 평가하는 것도 사실은 그 사람이 가지고 있는 능력의 8%밖에 작용하지 않는다고 한다. 사람들 대부분의 능력의 92%는 잘 나타나지 않고 잠재해 있는 경우가 많다. 그리고 평소에는 자기가 잘하는 면, 하고 싶어 하는 능력만을 보여주려고 하고, 싫어하거나 위험하다고 생각하면 아예 시도조차 하지 않아 버린다고 한다. 그런데 문제는 상대를 평가하는 주체 역시 자기가 좋아하고 보고 싶어 하는 측면만을 부각해서 보려고 한다는 사실이다. 사람의 진정한 능력은 아무도 모른다. 우리 자신 개개인이 어떤 능력, 얼마만큼 그릇 크기로 능력을 부여받고 태어났는지는 아무도 모른다. 나 자신도 살아오면서 느끼는 일이긴 하지만 주위에서도 가끔 "자신이 그런 능력을 가지고 있는지 몰랐다. 자신이 어떻게 그런 일을 했는지 자신도 놀랐다."라고 말하는 사람들이 있다. 정말 우연한 기회에 자신이 고정관념 속에 가두어 둔 자신의 숨겨진 능력을 발견한 셈이다. 우리는 자신의 능력에 대해 '이 만큼이야.' 또는 '이 정도야.'라고 미리 선을 그어놓는 그런 고정관념을 버려야 한다.

세상은 날이 갈수록 복잡해지고 변화의 속도는 빨라지고 있다. 그러나 사회가 아무리 빠르게 변하더라도 인간관계, 상대방에 대한 판단은 선입관이나 편견을 갖지 않도록 좀 더 신중하고 조심하는 사회가 되었으면 좋겠다. 사람을 판단할 때 "하나를 보면 열을 알 수 있다."라는 자세보다는 "볼수록 진국이야!", "강물은 건너봐야 알 수 있다."라는 생각과 마음의 자세를 갖고 살아가면 어떨까? 그리고 우리 자신이 가지고 있는 92%의 잠재적인 능력, 숨겨진 능력을 발휘할 수 있도록 노력하면서 살아가면 어떨까? 짧다면 짧고 길다면 긴 것이 인생이다. 여러 가지 생각이 많이 드는 아침이다.

아무것도 하지 않으면
아무 일도 일어나지 않는다

　내가 다니던 성당 신부는 신학대학에서 교수를 하시다 오신 분이다. 그래서 그런지 어딘지 모르게 학자적인 모습이 많았었다. 신부는 매주 발행되는 주보(성당 소식지)에 성경 해설을 비롯해 신자로서 가져야 할 기독교 상식, 매너와 예절 등을 다양하게 게재하였다. 나는 신부의 말씀에 공감하면서도 처음엔 그저 그러려니 하고, 크게 관심을 두지 않았다. 그런데 언젠가부터 주보에 게재된 신부의 글을 하나도 빠짐없이 보려고 노력하고 있는 나를 발견했다. 나는 차제에 성경 말씀 등에 대해 제대로 공부 좀 해보아야겠다고 결심하고 노트도 새로 구매했다. 어느 일요일 주일미사가 끝난 후 갑자기 신부가 신자들에게 "아무것도 하지 않으면 아무 일도 일어나지 않는다."고 말하면서, 성경 공부의 중요성을 강조하였다. 매일 핑계를 대며 차일피일 미루지 말고 오늘 당장 성경 쓰기 공부라도 해보라고 강하게 말씀하였다.

성당에서는 1년 내내 일정을 정해서 신도들에게 구약과 신약 완독을 권장한다. 나는 수년 전 심장부정맥으로 고생하면서도 매일 성당에서 정해준 일정표대로 성경 읽기를 시작하여 처음으로 신·구약을 완독했다. 신약은 여러 번 완독한 적이 있지만 신·구약을 한꺼번에 완독한 것은 처음이었다. 속된 말로 나도 성경을 완독한 사람의 반열에 당당히 올라섰다. 정말 가슴 벅차고 기분이 좋았다. 그것도 심장부정맥이 시도 때도 없이 극성을 부리며 정신 차리지 못할 정도로 나를 괴롭힐 때여서 기쁨은 이루 말할 수 없었다. 나는 세종시에 이사 오기 전 서울 강남 수서동 성당에 다닌 적이 있다. 연말이 되면 신·구약 성경 필사를 완성한 분들에게 주임신부가 한 사람 한 사람 직접 호명하며 표창했는데 80대도 있었다. 당시 나는 80대 연배분을 정말 존경했다. 여기저기 아프고 불편한 곳이 많을 터인데 성경을 처음부터 끝까지 빠짐없이 필사했다는 것은 정말 대단한 일이라고 말하지 않을 수 없었다. 아마도 그 할아버지도 처음에는 자신이 완성할 수 있으리라고 생각하지 않았을는지 모른다. 그 할아버지도 어쩌면 '아무것도 하지 않으면 아무 일도 일어나지 않는다. 나도 무언가를 해보겠다는 성취욕과 함께 한 구절 한 구절을 써 내려갈 때 큰 은혜를 입을 수 있을 것이다.'라고 생각하고 성경 필사에 도전했는지도 모른다. 인간에게 있어 도전은 역시 아름답다.

한 유력 정치인이 정치 현실 관련 발언을 하자 다른 정치인이 "가만히 있으면 중간이라도 갈 터인데 분수도 모르고 나타나 아예 매를 사서 벌고 있다."면서 "조용히 숨만 쉬고 있으라."고 일갈했다. 그러자 처음 발언했던 정치인이 "조용히 숨죽이고 있으면 아무 일도 일어나지 않는다. 아무것도 하지 않는 것보다는 다소 물의가 있더라도 적극적으로 일은 해야 하는 법이다. 아무것도 하지 않으면 아무 일도 일어나지 않기 때문이다."라고 바로 역공을 가했다. 그렇다. 우리는 무언가를 해야 한다. 모든 생물체는 자세히 살펴보면 살아 있는 동안에는 무언가를 하고 있다. 삶을 포기하지 않는 한, 사람은 무언가를 하고, 또는 하기 위해 부단히 움직이고 있다. 아무것도 하지 않았는데 결과물이 저절로 만들어지는 법은 없다. 유사 이래 사람들은 실패를 거듭하면서도 계속 도전을 해왔다. 그래서 새로운 발견을 하고, 발전하고, 새로운 발명품을 만들어 내고, 새로운 문명을 창조해 왔다. 실패를 두려워하고, 미리부터 겁먹고 걱정해서 도전, 시도조차 하지 않았다면, 인류 문명은 발전할 수 없었을 것이다. 개인의 경우도 마찬가지다. 실패를 두려워하지 않고 과감하게 도전하는 사람, 열심히 노력하는 사람은 무언가를 이루어 낸다. 사람은 무언가를 시작해야 한다. 감나무 밑에서 입을 벌리고 홍시가 저절로 떨어질 때까지 기다리고 있을 수만은 없다.

나는 수필을 쓰는 일에 대해 처음에는 엄두조차 내지 못했다. 나는 전문 작가도 아니고 어떤 이야기를 어떻게 전개해 나갈지 전혀 감도 생각도 나지 않았다. 그래서 몇 번인가 컴퓨터 앞에 앉아 글쓰기를 시도하다 중지하고 말았다. 그러던 중 책상 서랍을 정리하다 현직에 있을 때 시간 날 때마다 조금씩 메모해 둔 메모지를 발견했다. 그리고 딸들에게 편지 형식으로 몇 자씩 적어놓았던 노트도 찾았다. 드디어 노력하다 보니 글을 쓰기 위한 단서를 확보한 것이다. 내가 귀찮다고 생각하고 아무런 노력도 하지 않았다면 나는 아무것도 이룰 수 없었을 것이다. 나는 많은 시행착오를 거치면서 드디어 내 생에 불가능하리라고 생각했던 수필집을 완성했다. 나는 《인생은 아름다워 바람 따라 구름 따라》와 《달콤한 인생 나를 살리는 한마디》 등을 출간하고 나서 여러 번 놀랐다.

옛말에 "호랑이는 죽어서 가죽을 남기고 사람은 죽어서 이름을 남긴다."고 했다. 한 사람이 세상에 나와 흔적을 남기는 방법은 다양하다. 물론 '나'는 공직에 오래 있었기 때문에 여기저기에 그런대로 흔적이 많이 남아 있다고 말할 수 있다. 그러나 세상 많은 사람에게, '나'라는 존재와 흔적을 남길 방법은 사실상 많지 않다. 나는 정말 뜻하지 않은 기회에 수필을 쓰고 책을 출간하면서 뜻하지 않은 기쁨을 맛보았고, 뜻하지 않은 기록을 남길 수 있게 되었다. 우리 삶은 바람처럼 왔다가 바람처럼 별다른 흔적도 기억도 없이 사라져 간다. 그런 점에서 매 순간 최선을 다하고 아깝고 귀중하게 생각하며 살아야 한다는 것은 틀림없는 것 같다. 다시 돌아오지 않는 귀중한 시간이고, 같은 날은 하루도 없다. 사람은 끝없이 편안함을 추구하고 싶어진다. 편안함은 나태와 무력감의 원인이 된다. 주어진 인생, 무언가를 시도하면서 가능한 한 바쁘게, 활력 있게 살아야 한다. 우리는 평소 소질이나 재능이 없다고 생각한 일까지도, 의욕을 가지고 도전해 보아야 한다. 사람들은 자신을 잘 안다고 말하지만 어쩌면 제일 잘 모르는 것이 자신일지도 모른다.

내가 좋아하는 성경 구절에 "구하라, 그러면 받을 것이다. 찾아라, 그러면 찾을 것이다. 문을 두드려라, 그러면 열릴 것이다."라는 말이 있다. 청소년 시절 정말 많이 들었던 명언이다. 우리는 끊임없이 찾고, 구하고, 두드리며 살도록 노력해야 한다. 적극적이고 긍정적인 사고와 행동, 열린 마음을 가지고 세상을 바라보고 대하면 어려운 일도 쉽게 해결될 수 있고, 불가능하게 보였던 일도, 잘될 수 있다. 무언지 모르게 바쁘고 짧은 인생이지만 "아무 것도 하지 않으면 아무 일도 일어나지 않는다."라는 사실을 마음속에 새기고 살아보면 어떨까?

아픔과 시련, 받아들이면 행복이고 희망이다

우리는 인생을 살아가면서 크고 작은 많은 아픔을 겪게 된다. 몸이 아프고 잘 낫지 않고 길어지면 마음의 상처도 깊어진다. 우리 몸의 아픔은 처음 가벼웠던 것도, 조금만 게을리해 치료를 실기(失機)하면, 무거운 아픔으로 돌변하거나 평생을 고통스럽게 한다. 심지어 생명을 위협하기도 한다. 몸에서 일어나는 아픔은 무엇이든 항상 무겁게 받아들이면서도 신중하게 대응해야 한다. 냉정하고 이성적으로 생각해 잘 대응해야 한다.

나는 젊은 시절부터 여러 가지 아픔으로 고생과 시련을 겪은 탓인지 몸이 조금만 좋지 않아도 다른 사람에 비해 비교적 예민하게 반응하는 편이다. 나는 여러 아픔을 겪으면서 쉽게 극복하지 못하는 몇 가지 트라우마를 갖고 있다. 몸에 이상이 생기기만 하면 마음과 행동이 갑자기 달라지기 시작한다. 마음은 느긋한 것 같은데도 머리는 이미 한참 앞으로 달려가 벌써 행동으로 표현하고 있다. 마음속으로는 여유를 가져야지 하면서도 행동은 그렇지 못한 것이다. 너무 조급하게 생각하지 말고 과민해지지 말자고 하면서도 조금 시간이 지난 뒤 생각해 보면 모든 행동은 '과(過)'한 쪽으로 이미 한참 기울어져 있음을 깨닫게 된다.

    2023년 11월부터 왼쪽 팔에 엘보가 왔다. 점차 악화되는가 싶더니 어깨까지 영향이 나타나기 시작했다. 처음엔 대수롭지 않게 생각했지만 호전되지 않고 점차 더 나빠지자 걱정이 앞서기 시작했다. 정형외과에서 하루도 빠지지 않고 물리치료를 열심히 받았지만, 효과는 없었다. 새해가 되자 엘보의 마사지 효과를 기대하고 나는 단지 내 사우나를 열심히 이용했다. 그러자 이번에는 사우나에서 코로나에 감염되었다. 코로나로 한동안 고생했다. 코로나로 기침이 심해지면서 나도 모르게 강하게 하다 보니 허리 근육에 이상이 왔다. 우리 몸은 정말 신기할 만큼 상호 유기적인 관계를 맺고 있음을 다시 한번 알게 되었다. 코로나 증상이 계속되었지만, 허리 통증 완화를 위해 걷기라도 해야 했다. 분명 걷기를 열심히 하면 허리 통증은 완화되었다. 코로나와 허리 통증이 조금 호전된 듯해서 수영장에 갔다. 수영장에서 부주의했는지 귀에 물이 들어간 모양이었다. 한동안 치료받고 귀에 통증이 좀 진정되는가 싶더니 이번엔 오른쪽 발바닥에 신경성 족염이 생겨서 걸을 수 없게 되었다. 허리 통증을 완화해 보겠다고 열심히 걸었던 것이 말썽이 난 모양이다.

2024년 새해가 되어서도 여기저기서 증상은 계속되었다. "가랑비에 옷 젖는다."고, 가벼운 증상들이지만 몸과 마음이 지치고 피곤해지는 것은 마찬가지였다. 나보다 큰 병에 걸려 치료를 곧바로 받아야 하는데도 예약이 어려워 고생하는 사람들이 많다고 생각하면서 마음의 위로를 얻어보려고 노력했다. 그러나 그것도 잠시이고 일시적일 뿐이었다. 이러는 과정에서 서서히 마음의 상처는 깊어지고 도대체 왜 나에게 이런 일이 끊임없이 계속되는 것인지, 도대체 나의 건강관리에 무엇이 문제였는지, 어떻게 하라는 뜻인지, 앞으로 나의 건강은 어떻게 된다는 것인지, 정말 마음이 산란하고 어지러웠다. 누구에겐가 하소연을 실컷 하고 해결책을 묻고 싶어졌다. 어쩌면 마음속 저 밑에는 장래 불안에 대한 두려움도 서서히 싹트고 있었는지 모른다.

2012년경 제작된 리암 니슨 주연 〈더 그레이〉라는 생존술을 다룬 영화가 있다. 영화 전편을 통해 상상할 수 있는 모든 재난이 한꺼번에 닥쳐오며 "두려워 마라(Don't be afraid)."라는 메시지를 던지고 있다. 알래스카 석유추출공과 작업자들을 보호하기 위해 투입된 대원들이 임무를 마치고 귀환하던 중 비행기가 설원에 추락하면서 겪는 재난을 극복하는 내용이다. 비행기 추락 당시 대원들은 설원을 넘어 귀환하면서 불의의 사고, 재난, 늑대의 습격 등으로 한 사람 한 사람씩 차례로 사망하고 마지막에 주인공만 남는다. 그런데 주인공 리암이 무릎 부상으로 지친 몸과 외로움 속에서 설원을 헤매다 찾아간 곳이 하필이면 늑대소굴이었다. 주인공은 하늘을 향해 "구경만 하지 말고 어떻게 해보라. 제발 어떻게 해보라. 나중에 말고 지금 당장 도와주면 죽을 때까지 잊지 않고 믿겠다."고 울부짖는다. 인간의 솔직한 모습, 재난과 위기 앞에 한없이 나약해진 인간의 모습을 보이면서 하느님, 즉 '신(神)'을 찾는다. 그는 늑대무리 대장과 한판 승부를 결심하고 노려본다. 그러면서 어렸을 적에 자신의 아버지가 벽에 써놓았던 시(詩) "싸우자, 한판 폼 나게 싸우자, 죽든 살든 싸우자."와 아내의 말 "두려워하지 마라(Don't be afraid)."를 계속 떠올린다.

성경에 "하느님은 고통과 시련을 주시더라도 그것을 견뎌낼 수 있을 만큼만 주신다."고 했는데 과연 벗어날 수 있는 길을 마련해 주시는 걸까? 고락상평(苦樂常平), 괴로움과 즐거움은 일상에 항상 있다고 했다. 고락은 앞서거니 뒤서거니 한다는 것이다. 삼국지를 보면 유비가 요충지 한중전투에서 조조에게 대승하자 부하들이 유비를 왕에 추대하고 모두 기쁨을 만끽한다. 그러자 이를 지켜본 제갈공명은 측근에 기쁨과 즐거움 뒤에는 반드시 화(위험)가 따라오는 법인데 어떤 화(위험)가 닥쳐올는지 걱정이라고 말한다 (한중전투 승리 후, 관우가 사망하고 이어서 장비도 사망, 유비는 이들의 원수를 갚겠다고 대규모 군사를 일으켰다 참패한 후 사망). 중국 사람들 사이에서는 옛날부터 복(福)은 항상 화(禍)와 함께 오고 화(禍)도 항상 복

(福)과 함께 온다는 말이 전해 내려온다고 한다. 제갈공명은 이를 이야기한 것일까? 채근담(菜根譚)에도 괴로움과 즐거움을 함께 맛본 후에 얻은 행복이 오래간다고 했다(일고일락 상마련 련극이성복자 기복시: 一苦一樂 相磨練, 練極而成福者 其福始).

 조선 말 실학자로 한때 출세 가도를 달렸던 다산 정약용은 "즐거움은 괴로움에서 나오니 괴로움은 즐거움의 뿌리다(낙생어고 고자낙지근야: 樂生於苦 苦者樂之根也)."라고 했다. 정약용의 말대로 괴로움(시련)이 즐거움의 뿌리라면 고통과 괴로움이 희망을 준다는 성경의 말씀도 성립할 수 있을 것 같은 생각이 들었다. 불교에서는 세상을 고해(苦海)라고 한다. 한마디로 세상사란 하나하나 모두 쉬운 일이 없다는 전제가 있는 것 같다. 사람들은 고통받고 있는 가운데 삶을 이어가고 있다는 인식이 저변에 있는 것이 아닌가 생각된다. 고통과 괴로움(苦)의 반대말은 즐거움(樂)이 아니라 '평안'이라고 했다. 마음이 평안해야 즐거움이 찾아오기 때문이라고 한다. "생 우환, 사 안락(生 憂患, 死 安樂)"이란 말이 있다. 우환이 있으면 사람은 더욱 생기를 띠게 되고, 안락하면 쉽게 죽음이 따른다는 말이다. 국가와 사회도 편안함과 즐거움만 추구하면 결국 소멸한다. 동물도 천적이 많으면 살아남기 위해 그만큼 주의하고 강해지는데 천적이 없으면 오래 살 것 같지만, 오히려 빨리 죽는다. 고통과 아픔을 깔끔하게 받아들이고 인정하면 더 좋은 치유 방법을 찾을 수 있고 편안해질 터인데도…

셰익스피어는 "아플 때 우는 것은 삼류고, 참는 것은 이류고, 아픔을 즐기는 것은 일류 인생이다."고 말했다. 말이 그렇지 아픔을 즐긴다는 것은 정말 대단한 경지에 도달한 사람이 아닌 한 어려운 이야기다. 사람들은 아프면 울고, 하소연하고 때로는 조상님을 찾기도 하고, 심지어는 하느님을 원망하기도 한다. 그러면서 이래도 저래도 안 되면 '죽었다.' 생각하고 포기할 듯 말 듯, 참고 지내는 것이 일반적이다. 셰익스피어가 어떤 아픔을 안고 살았는지는 알 수 없지만, 아픔을 겪는 사람들이 쉽게 받아들일 수 없는 이야기임은 분명하다. 예술가들이 종종 하는 이야기가 있다. 아픔을 겪어봐야 아름다움을 알 수 있고 맛볼 수 있다고, 지금 아픈 것은 더욱 아름다워지고 성숙하기 위함이라고… 아이러니하게도 불후의 명작을 남긴 예술가 중에는 질병과 신체적 정신적 장애로 고통과 시련, 아픔을 겪은 사람들이 많다. 아픔을 겪어야만 진정한 인간애와 순수성이 나타나는 것일까? 어떤 스님이 말했다. 산사에 있는 종소리가 아름답게 더 멀리 더 넓게 울려 퍼지기 위해서는 종이 더 많이 아파야 한다고… 참으로 깊게 새겨볼 이야기임에는 분명하지만, 나는 이런 이야기들에 대해 "지금 자신이 아프고 괴로운데 무슨 공자님 같은 이야기들이야, 환자에겐 모름지기 아픔이 치료되고 병세가 호전되어야 희망이 있든 아름답든, 깨달음이 있든 하는 것이지."하고 코웃음을 쳤다.

성경 말씀과 셰익스피어의 이야기, 예술가들의 말들은 분명 괜히 생긴 이야기는 아닐 것이다. 나름 인생을 살아오면서 직접 경험하고 느낀 삶의 중요한 흔적들이기 때문이다. 아픔이 치유되고 일상으로 돌아온 다음 곰곰이 생각해 보면, 분명 아픔 속에, 시련과 고통 속에 분명 무언가 교훈이 있고 가르침이 있다. 인간은 이런 과정을 거치면서 더욱 정신적으로 육체적으로 침착해지고 강건해지게 되는 것일까? 그런 점에서 아픔이 반드시 불행이고 고통이고 시련만은 아닐지도 모른다. 독일의 철학자 쇼펜하우어는 인생에 대해 다소 비관주의적인 생각을 많이 한 사람이다. 힌두교와 불교를 공부하고 동양철학과 사상을 공부한 탓인지 인생을 논하면서 '고통'에 비중을 둔 것 같다. 물론 고통의 원인은 다양하지만 어쨌든 그는 고통 없는 인생은 없다고 했다. 고통을 회피하기보다는 그것을 극복하려고 노력한다면 더 큰 성장과 발전이 있을 것이라고 했다. 성공과 실패도 그렇고 모든 일은 우리가 어떻게 받아들이느냐에 따라 긍정과 부정이라는 양극단으로 달라져 버림을 알 수 있다.

아픔과 고통 그 자체의 단면만 보려고 하지 말고, 쓸데없이 과도하게 괴로워하지 말자. 아픔이라는 단면에 집착하다 보면 숲이라는 인생 전체가 불행해진다. 때론 영화 〈더 그레이〉의 주인공처럼 불굴의 자세로 두려워하지 말고 힘껏, 폼 나게 싸워보면 되지 않을까? 우리 삶은 어쩌면 살아간다기보다는 닥쳐오는 문제를 하나하나 풀고 극복하면서 앞으로 나아가는 과정인지도 모른다. 사람은 태어나는 순간부터 자신이 가지고 있는 어떤 그릇, 그릇이 큰지 작은지 잘 모르지만, 그 빈 그릇에 무언가를 하나씩 채워 넣기 위해 끊임없이 노력한다. 빈 그릇 속에 계속 채워 넣는 것이, 구체적으로 무엇인지는 자신도 모른다. 오직 신(神)만이 알 따름이다. 그 빈 그릇을 채워가면서 많은 아픔과 시련도 경험한다. 그리고 아픔과 시련을 겪은 사람만이 진정으로 다른 사람의 아픔을 이해하고 가슴에 품을 수 있게 된다. 나 자신도 앞으로는 아픔과 고통이 몰려와도 조급한 마음에 우왕좌왕하지 않고 받아들이면서 좀 더 침착하고 냉정하게 행동해야겠다. 그리고 좀 더 성숙해져야겠다고 다짐해 본다. 어차피 아픔과 시련도 내가 이 세상에 나올 때 가지고 나왔던 빈 그릇을 채우면서 살아가듯 세월과 함께 지나갈 터이니까…

두려워하지 말고 용기를 내자, 그리고 후회하지 말자

나는 학창 시절 나 자신에게 "하루하루 후회가 남지 않도록 살아보자."라는 말을 자주 하곤 했다. 그런데 사회생활이 시작되면서 느낀 것은 '후회 없이 산다.'라는 것이 참으로 어렵다는 사실을 알았다. 학창 시절은 혈기 왕성한 시기인 데다, '나'만을 생각하고, '나'만 최선을 다하면 되었다. 그러나 세월이 지나면 지날수록 나를 둘러싼 환경은 복잡해지고 내가 관심을 가져야 할 일도 많아졌다. 때로는 생각지도 않은 어려움에 직면하여 어찌할 바를 모르고 당황하여 앞이 캄캄해지는 경우도 생겨났다. 또 어떤 일에 도전할 때는 미리부터 두려워하며 주저하다 끝내는 '아! 그때가 좋았었는데.'하면서 시도조차 하지 못했던 것을 후회하기도 했다.

내가 다니던 성당 주임신부가 2월 중순 어느 날 2024년도 성당의 사목 지표를 설정했다면서 발표했다. 성경《마태복음》에 나와 있는 "두려워하지 마라, 용기를 내어라."였다. 성경에는 "두려워하지 마라, 무서워하지 마라, 진실로 진실로 말하노니…" 등의 구절이 많이 나온다. 제자들과 신자들이 예수님의 말씀과 부활 등을 믿으려 하지 않기 때문이다. 제발 용기를 내어 불신의 마음을 버리고 확신과 믿음을 가지라고 강조하는 부분이다. 주임신부는 약 1개월 전 성당에 부임했다. 우리 성당에 맞는 사목 지표를 정하기 위해 밤을 새우며 여러 날 고민했다고 했다. 우리 성당이 좀 더 발전하기 위해서라고 강조하면서 성당 내 각급 조직 운영과 신자들의 신앙생활에 있어 두려움 없는 혁신과 용기를 강조하였다. 사람들은 편안함을 추구하기 때문에 대체로 변화를 두려워하고 현실에 안주하려고 한다. 변화는 새로운 적응을 요구한다. 잘 적응하기 위해선 그만큼 노력이 필요하다. 그리고 변화는 불안정을 동반하기 때문에 성공에 대한 보장도 없다. 그래서 변화를 추구하는 데는 용기가 필요하다. 변화가 필요할 때 그 기회를 놓치고 안주하면 조직이든 개인이든 퇴보하고 사라져 간다. 주임신부의 혁신, 변화 드라이브가 어떤 형태로 전개되어 나갈지 알 수는 없지만 성공하길 기대해 본다.

내가 현직에 있을 때이다. 나는 주변 사람들과 꽤 잘 어울렸고, 한마디로 잘 놀고 지냈다. 도쿄 대사관 근무 명령을 받고 출국 준비를 하던 중 어느 날 갑자기 '폐' 기능 검진을 받고 싶어졌다. 스스로 흡연을 많이 했다고 생각된 데다, 이번 해외 근무를 나가면 수년 동안 건강 체크도 어려울 것 같다는 생각이 들었기 때문이다. 더욱이 일본의 경우 외교관은 의료보험도 되지 않아 만약 건강상 무슨 일이라도 생기면 경제적으로 부담이 만만치 않았다. 그리고 한편으로는 나중에 진짜 아파서 후회하지 말고 예방 차원에서 점검을 한번 받아보는 것도 괜찮을 것 같았다. 그런데 날짜가 잡히자 정작 검진을 받기가 싫어졌다. 폐 기능에 이상이 있다고 하면 어찌 될 것인가? 등을 생각하니 두려워졌다. 암 중에서 폐암 생존율이 가장 낮다는 것은, 주지의 사실이다. 그리고 좀 안 좋은 부분이 있다고 하면 어떻게 할까? 등등을 생각하니 괜한 짓을 했다는 생각까지 들었다.

나는 용기를 내었다. 검진을 마치고 결과를 청취하러 갔다. 내가 담당 의사 방에 들어가자 의사들이 모여서 무언가 이야기를 하다 나를 보자 중단했다. 담당 의사가 한참 동안 말없이 나를 바라보더니 심각한 얼굴로 폐암 소견이 있다는 것이다. 폐암이라는 말을 듣는 순간 갑자기 온몸에서 기운이 쭉 빠지고 얼굴이 창백해졌다. 나는 순간 담당 의사에게 방사선과 등 관련과의 의견을 다시 한번 확인해 주길 요청하고 진료실을 겨우 빠져나와 밖에 있던 대기 의자에 누워버렸다. 도저히 몸을 지탱할 힘이 없었다. 정신이 멍해졌다. 그리고 왜 그리 흡연을 많이 했는지를 후회했다. 시간이 지난 후 나는 다시 검토 결과를 듣기 위해 진료실로 들어갔다. 그런데 불과 3~4m밖에 안 되는 그 진료실 들어가는 길이 왜 이렇게 길고 멀게만 느껴지는지… 영상 재검토 결과 결국 나는 폐암이 아니라 일부 사람들에게 나타나는 폐 섬유질이 석회화된 것으로 밝혀졌다. 한마디로 나는 지옥에서 다시 살아난 기분이었다. 일진광풍, 엄청난 태풍이 지나갔지만 그래도 두려워하지 않고 용기를 내어 검진을 받았기 때문에, 나는 그 이후에도 건강에 자신감을 가지고 해외 근무를 무난하게 할 수 있었다. 그리고 흡연에 대한 경각심도 더 가질 수 있었다. 만약 그때 검진을 받지 않았더라면 후회를 했을 것이다. 그리고 찜찜한 기분도 계속되었을 것이다. 더욱 중요한 것은 그런 일이 있고 나서 흡연에 대한 경각심도 더 많이 갖게 되었다는 사실이다. 그런 일이 없었다면 나는 흡연을 많이 해서 정말 나빠졌을지도 모른다. 인생에 있어 필요하다면 다소 위험이 따를지라도 두려워하지 말고 과감하게 용기를 내어 도전해 보는 것도 필요한 것 같다.

　도전하고 용기를 내어야 하는 일은 너무도 많고 다양하다. 의도적으로 어떤 일을 하다 발생하기도 하지만 때로는 자신의 의지와는 전혀 관계없이 운명처럼 닥쳐와서 과감하게 맞서야 하는 경우도 많다. 위기가 갑자기 바닷물이 몰려오듯, 태풍처럼 불어닥치면 사람들 대부분은 두려움에 떨게 되고 당황하면서 감히 도전할 의욕조차 상실한다. 사람은 그럴 때 더욱 냉정해지고 용기를 내야 한다. 그렇게 노력해서 극복하면 더욱 강해지고 웬만한 외풍도 잘 견뎌낼 수 있게 된다. 프랑스 시인 폴 발레리는 13세 때부터 시를 썼다. 21살 때 제네바를 여행하던 중 갑자기 뭐라 말할 수 없는 막막함에 실의에 빠져 엄청난 고난을 겪었다. 이때 남긴 작품이 《해변의 묘지》이다. 헤어날 수 없는 실망과 절망, 두려움 속에서 벗어나기 위해 용기를 내고 작품을 돌파구로 택했다.

> 바람이 분다!… 살아봐야겠다.
> 세찬 바람은 내 책을 여닫고,
> 파도는 분말로 바위에서 마구 솟구치나니!
> 날아라, 온통 눈부신 책장들이여!
> 부숴라, 파도여! 뛰노는 물살로 부숴버려라.

절체절명의 순간에도 실의에 빠져 허우적거리지 않고, 두려움에도 떨지 않고 용기를 내어 한 줄 한 줄 써 내려간 폴 발레리의 마음과 기분을 조금이나마 엿볼 수 있을 것 같다.

우크라이나는 러시아와 2년째 전쟁 중이다. 국지전도 아니고 전면전이다. 전문가들은 러시아의 대규모 군사력과 최신장비 앞에 우크라이나가 1개월도 못 버티고 항복할 것으로 전망했다. 그러나 완전히 예상이 빗나갔다. 우크라이나는 지도자와 온 국민이 혼연일체가 되어 러시아를 두려워하지 않고 용기를 내어 저항했다. 물론 서방의 지원 덕택도 있었다. 그러나 기본적으로 지원은 지원일 뿐이다. 우크라이나 국민의 꺾이지 않는 불굴의 용기와 각오, 애국심이 있기에 가능한 일이다. 나라를 지켜내겠다는 각오와 신념 앞에 러시아가 자랑하던 무력은 무기력할 뿐이었다.

두려움이 없는 용기, 자신의 국가를 지켜낼 수 있다는 확신과 신념은 상상을 초월하는 초능력을 발휘하게 해주고 있다.

코로나19 팬데믹이 끝나면서 세계 경제가 기지개를 켜기 시작했다. 전 세계가 공급망 부족으로 큰 홍역을 치렀다. 특히 자동차 공장은 차량용 반도체 부족으로 심각한 위기 상황에 직면했다. 현대차도 예외는 아니었다. 반도체 부품 조달이 어렵다고 해서 계속 공장 가동을 멈출 수는 없다. 잠시 가동을 멈추고 휴식을 취하는 순간 시장은 기다려 주지 않는다. 생존경쟁, 서바이벌 게임에서 살아남기가 힘들어진다. 세계경쟁에서 지는 순간 시장에서 퇴출이라는 엄혹한 현실에 직면하고 회사는 위기에 빠진다. 현대차는 두려워하지 않고 위축되지도 않았다. 훗날 후회하지 않기 위해서라도 용기를 내어 반도체를 찾아 유럽과 미국 등의 반도체 회사를 찾아 읍소하고 수시로 비행기를 띄웠다. 회사가 총동원되어 돌파구를 찾아 동분서주, 뛰고 또 뛰었다. 다른 경쟁사와는 차별화된 전략으로 눈물겨울 만큼 열심히 뛰었다. 현대차는 결국 위기를 극복하고 경쟁사를 제압, 글로벌 3위에 등극했다. 개인이든 기업이든 어렵다고 포기하는 순간 도태된다.

영화 〈명량〉이 개봉되자 정치권에서 앞다퉈 감상을 하고 아전인수식 해석을 했다. 덕분에 영화는 대흥행, 1천만 관객을 쉽게 돌파했다. 이순신은 군사들의 왜군에 대한 패배 의식과 두려움을 가장 크게 걱정했다. 군사들의 두려움을 없애고 용기를 살리기 위한 방법을 찾는 데 노력한다. 그러면서 군사들에게 두려움 없는 용기를 심어줄 수 있다면 자신은 죽어도 괜찮다고 말한다. 두려워하지 않고 용기를 내면 어떤 일이든 가능하다. 두려움을 버리고 용기를 내 도전하지 않으면 발전도 없다. 아! 그때가 기회였는데 하고 후회만 하게 된다. 이순신은 장렬하게 전사했어도 부하들의 두려움 없는 용기 덕택에 전투는 승리했다. 현대차도 반도체 공급이 원활하게 될 때까지 현실에 안주하고 기다렸다면 어떻게 되었겠는가? 위기를 두려워하고 무서워하면서 안주하거나, 후회하는 순간 때는 이미 늦어버린다.

행복과 즐거움은 언제나 얌전한 모습으로 그리고 온전한 상태로 우릴 기다려 주지 않는다. 모든 일과 환경은 물결이 출렁이고 바다에서 파도가 일듯 크고 작게 계속 변화하면서 우리가 도전해 오길 기다린다. 행복과 즐거움이 항상 쉽게 가지기 편리한 곳에만 있는 것은 아니다. 때로는 절벽이나 어쩌면 우리가 가장 두려워하고 위험한 곳에서, 그러면서도 가장 가까운 곳에서 우리를 기다리고 있을 수도 있다. 어떤 일이 닥치더라도 항상 두려워하지 말고 용기를 내어 도전하는 자세가 필요하다. 세상사 너무 두려워만 하면 시도해 보지도 못하고 후회만 남을 수 있다. 상상하지 못했던 알프스를 넘은 한니발 장군이나 나폴레옹 황제처럼 두려워하지 않는 용기가 필요하다. 성공과 실패를 예상하고 겁낼 필요는 없다. 우리 삶을 편안함에 안주하여 소극적으로 살아갈 것인지, 아니면 불편하고 위험하지만, 적응하기 힘들지만, 자신을 도전에 노출시키며 성장해 가는 기쁨을 맛볼 것인지는 오롯이 나 자신에게 달려 있다. 내 인생에 대한 대답은 모두 내 안에 있다. 나를 가장 잘 아는 사람은 바로 나 자신이기 때문이다. 두려울 때 두려움 없이 두려운 곳을 똑바로 직시하며 도전할 줄 알고, 무서울 때 무서움에 맞설 수 있는 용기를 내어보자. 그리고 그때마다 나 자신에게 확신과 신념을 가지고 어떻게 할지 물어보면 된다.

효도,
기다려 주지 않는다

　사람이 살다 보면 기다려 주지 않는 것이 있다. 한마디로 나를 기다려 주지 않는 것이다. 한번 지나가면 그만이기 때문에 다시 돌아오지도 않는다. 그중 하나가 부모님에 대한 효도다. 우리는 가끔 "자식은 효도하려 하나 부모님은 기다려 주지 않는다."는 말을 하곤 한다. 사람은 태어나 부모 품에서 일정 기간을 지내다 결혼하거나 자신의 선택에 따라 대부분 독립하게 된다. 가정과 직장이라는 새로운 삶 속에서 하루하루를 치열하게 보내다 어느 날 문득 자신을 돌아보게 된다. 그리고 부모님을 떠올린다. 이때가 되면 대부분 우리네 부모님은 기력을 잃거나 세상을 떠나버리게 된다. "때는 늦으리."가 되고 만다.

2024년 1월 초, 아내가 나에게 장인의 제자가 고교 시절 스승을 회상하며 쓴 기사를 보여주었다. 공기업 이사장인 제자는 수업하시던 장인의 모습을 너무도 리얼하게 잘 묘사해 놓았다. 그러면서 아직도 그 수업 시간을 잊을 수가 없다는 취지였다. 무던히도 장인을 따랐던 제자인 것 같았다. 장인은 지방 명문 고등학교에 십수 년간 재직하면서 장관급 인물을 비롯해 훌륭한 인재를 꽤 많이 길러내셨다. 얼마 후 구정 명절이 되어 큰처남과 덕담을 주고받으면서 기사 내용 이야기를 했다. 참 재미있고 좋으신 분이었는데 생전에 잘 모시지 못했구나, 하는 아쉬움만 스쳐 지나갔다. 장인은 생전 취미생활로 수석과 분재를 즐기셨고, 그 지방에서는 꽤나 이름이 알려진 분이기도 했다. 우리 집 거실에는 커다란 동양란 액자(수묵화)와 수석 몇 점이 자리를 잡고 있다. 언제나 나를 보고 있다. 내가 결혼한 후 장인은 자신이 가장 아끼던 작품들을 나에게 선물로 주셨지만, 직장생활 중에는 시간과 마음의 여유가 없어 그 가치와 의미를 느낄 수가 없었다. 그리고 사실 나는 수석에 문외한이기도 했다. 퇴직 후에야 겨우 그 가치와 의미를 조금 알게 되었고 장인의 마음도 헤아릴 수 있게 되었다.

나는 가끔 아내에게 진담 반, 농담 반으로 "하느님께서 세월을 되돌려 인간에게 후회되는 일을 잠시라도 마음껏 해볼 수 있도록 기회를 두세 번 주셨으면 좋겠다."고 이야기하곤 한다. 만약에 그런 기회가 나에게 주어진다면 나는 "젊은 시절로 돌아가 마음껏 연애하고 아름다운 미래도 계획해 보면서 결혼하고 싶고, 또 하나는 돌아가신 부모님께 못다 한 효도를 충분히 해보고 싶다."고 말한다. 둘 다 참으로 실현되기 어려운 일이기도 하다. 나는 중매결혼을 했는데 연애를 제대로 해보지 못했다. 생활전선에서 이리 뛰고 저리 뛰다 보니 아이들은 자라고 세월이 지나면서 나는 퇴직해 버렸다. 가끔 뒤돌아보면 왜 이렇게 세월이 하염없이 빨리 지나가 버렸나 하는 아쉬움만 많이 남아 있다. 나는 처가나 친가 부모님 모두 효도를 제대로 하지 못한 아쉬움을 가지고 있다.

 장인은 내가 유학 시절과 해외 근무 때 두 번 모신 적이 있으나 경제적·시간적 여유도 없고 건강도 좋지 못해 제대로 만족스럽게 모시지 못했다. 내가 어느 정도 자리를 잡고 "그래 이제는 부모님께 잘해드려야지."했을 때는 이미 늦어버렸다. 장인은 내가 해외 근무 때 질병으로 갑자기 돌아가셨기 때문이다. 젊은 시절 내가 처가에 가면 장인은 언제나 분재와 수석을 손질하면서 퇴직하면 교외에 정원이 있는 단독 주택을 마련하여 손자들과 즐기면서 살고 싶다고 했다. 그런데 나는 전혀 도움이 되지 못했다. 내가 주위를 돌아볼 때쯤엔 이미 돌아가셨기 때문이다. 나는 친가 부모에게도 마찬가지였다. 내가 자리를 잡고 "이제부터 부모님께 관심을 가져볼까?"라고 했을 때 아버지는 노환으로 돌아가셨다. 그래서 퇴직 후 나는 어머니께 많은 연민을 느끼면서 잘 모시려고 노력했다. 그러나 이미 어머니도 연세가 있어 몸이 불편해지는 등 세월은 쉽게 허락하지 않았다. 모든 것이 그러하듯 정신 차리고 무언가 도리를 다해보려 하면 세월은 기다려 주지 않았다.

그리고 다시 돌아오지도 않았다. '효도'라는 문제도 어렵고 뜻대로 잘 안되는 것 같다.

아라비아 격언에 "나를 떠나면 돌아오지 않는 것이 네 가지 있다."고 했다. 하나는 지나가 버린 세월, 둘째는 지나버린 기회, 셋째는 내뱉은 말, 넷째는 쏘아버린 화살이다. 물론 우리 주변에는, 한번 가버리거나 놓치면 다시는 돌아오지 않는 것들은 아라비아 격언에 나오는 것 말고도 많이 있다. 고대 그리스 사람들이 이탈리아 시칠리아섬에 건설한 도시 '시라쿠사'에 이상한 조각상이 있다고 한다. 앞머리는 머리숱이 무성한데, 뒷머리는 대머리, 발뒤꿈치에는 날개가 달려 있다. 그리고 그 아래에 이런 글귀가 있다고 한다.

> 앞머리는 사람들이 나를 보면 쉽게 붙잡을 수 있게 하고, 뒷머리는 내가 지나가게 되면 다시는 붙잡지 못하게 하려는 것이다. 그리고 날개가 달린 것은 순식간에 사라지려는 것이다. 내 이름은 "기회(機會)"이다.

분명 '기회'는 우리 인생에서 모양도 크기도 다르게, 각양각색으로 모든 사람에게 공평하게 수없이 다가온다. 사람들이 그것을 제대로 잡느냐 놓치느냐는 각 개인의 행동 여하에 달려 있다. 그리고 모두가 쉽게 붙잡을 수 있도록 앞머리를 무성하게 하고 우리에게 다가온다. 그런데 제대로 잡지 못하면 놓쳐버릴 수 있도록 뒷머리는 대머리를 하고 있다. 분명 부모님에 대한 '효도'도 마찬가지다. 효도할 기회는 많이 있었지만, 그때마다 '생활이나 여건이 좀 더 좋아지면, 아직 부모님은 건강하게 계시니 다음에…' 등의 핑계를 대면서 미루고 미루어 버렸다. 나 역시 예외는 아니었다. 제대로 붙잡고 작은 효도일망정 부지런히 미련이 남지 않도록 행동했어야 했는데 지나버린 '기회'였던 것이다. 얼마 전 TV 뉴스에 아파트에서 화재가 발생했는데 아버지가 아이를 살리기 위해 가슴에 품고 뛰어내렸다는 기사가 나왔다. 아이는 무사했으나 아버지는 사망했다. 자식을 살리기 위해 부모는 하나뿐인 생명, 일생 한 번인 기회를 포기했다. 부모는 자식을 위해 몸이 부서지고, 하나뿐인 생명을 버릴 준비가 되어 있는데 우리네 자식은 부모에 대해 어떻게 생각하고 있는 것일까?

춘추시대 장자는 "내가 어버이를 잊기보다 어버이가 나를 잊게 하기가 더 어렵다."고 말했다. 어버이는 자식을 사랑으로 감싸고 안아주는데 자식은 어버이를 그렇게 하지 못한다. 어버이를 공경하고 선물을 사다 드리면 '효도'한 것처럼 착각한다. '무늬만 효도'를 하고 있는데도 '효도'라는 단어로 그렇게 포장해 버린다. 마음으로 기쁨을 드리고 감동을 드리는 '사랑의 효도'를 해야 한다. 다시는 돌아오지 않는 '세월이나 기회'를 탓하지 말고 부모님 생전에 조그만 일에서부터 수시로 해야 한다. 그렇게 하지 않으면 '회한'만 남게 된다. 지나가 버리면 후회만 남는 것을 사람들은 왜 잘 깨닫지 못하는 것일까? 인간의 한계일까? 장인이 주신 동양란

그림 액자와 수석들을 바라보고 있으니 액자 속 그림과 수석을 설명하시던 장인 특유의 인자하면서도 위트 넘치는 모습, 미소 짓는 모습이 가볍게 스쳐 지나갔다. 잊을 수 없는 장인어른의 모습이다.

셋을 세고
심호흡을 해보자

2023년 3월 중순 승용차로 경부고속도로를 달리던 60대 부부가 차에서 부부싸움을 했다. 화가 난 남편이 갑자기 차를 멈추고 하차해 버렸다. 그러자 뒤에서 달려오던 고속버스가 들이받았다. 남편 되는 사람은 잘 피했으나 미처 피하지 못한 아내는 그 자리에서 사망했다. 사고 원인을 조사하던 경찰은 승용차의 블랙박스를 통해 부부가 사고 직전 승용차 안에서 심하게 언쟁을 하고 있었음을 확인했다. 부부싸움을 무엇 때문에, 얼마나 심하게 했는지는 자세하게 알 수 없지만, 과연 아내를 포기할 만큼 심각한 상황이었을까? 남편은 인내할 수 없을 만큼 그렇게도 아내가 미웠을까? 보통 사람들의 상식으로는 도저히 이해할 수 없는 일이다.

경부고속도로 교통사고 뉴스가 전해진 후 10여 일이 지나자 이번에는 충청도 어느 고속도로에서 60대 부부의 교통사고 뉴스가 또 일어났다. 고속도로를 달리는데 승용차가 갑자기 고장이 나자 60대 남편은 차를 그 자리에 놓고 무슨 생각에서였는지 모르지만 자기 혼자 내려버렸다. 남편이 하차한 것을 보고 아내도 뒤따라 내렸으나 몸이 불편한 아내는 대피를 잘못하고 뒤에서 달려오던 차에 목숨을 잃었다. 왜 남편은 차를 급히 정차해 버렸을까? 아내가 몸이 불편하다는 사실을 알면서도 왜 아내에게 먼저 대피하라고 하지 않았을까? 경찰 조사 결과 남편은 뒤에 오는 차량에 얼마든지 신호를 보냈을 수 있었다고 했다. 남편은 자동차가 고장 났다는 사실 자체만으로 짜증이 나고 화가 머리끝까지 치밀어 올랐다고 한다. 위 두 사건은 모두 운전자(남편)가 울컥 화가 치밀어 앞뒤를 잘 살피지 못해 일어난 불행한 일들이다. 조금만 참고 침착하게 대응했으면 사랑하는 아내를 잃는 불행은 일어나지 않았을 것이다.

2023년 4월, 이번에는 전라남도 호남고속도로에서 50대 남성이 밤에 뒤에서 달려오던 차에 치여 사망했다. 50대 남성은 택시 운전기사와 말싸움을 하다가 운전기사를 폭행하고 내렸다고 했다. 50대 남자는 왜, 택시에서 싸우고 깜깜한 밤에 고속도로에서 하차했을까? 야간에 고속도로에서 하차해서 걸어간다는 것은 얼마나 위험한 일인가? 순간을 참지 못하고 벌컥 화를 내고 결국 자기 생명을 스스로 포기한 셈이 되었다. 수년 전 법무부 차관이라는 사람이 술에 만취해 순간적으로 운전기사를 폭행한 것이 발각되어 해임된 적이 있다. 우리 주변에는 순간적인 분노를 참지 못하고 이웃과 다툼을 벌여 살인사건이 일어나는 경우도 많다. 모두 잠시 3~4회만 심호흡을 하고, 감정을 추스르면 별일 없이 잘 해결될 일인데도 우리는 순간을 인내하지 못하고 불행한 일에 휘말리고 있다. 감정 조절 능력을 순간적으로 상실해 버리는 것이다. 아니 어쩌면 자기감정을 조절하지 못해 더욱 에스컬레이트 시켜버리는지도 모른다.

지난해 나는 고령인 누나가 건강이 좋지 않아 고생한다는 이야기를 듣고 문병하기 위해 SRT를 이용해 광명역에서 내려 택시를 이용했다. 택시 운전기사의 태도가 다소 못마땅했으나 일단 승차했으니 그냥 이용하기로 했다. 택시는 광명역 구내를 빠져나오자 쏜살같이 달려나갔다. 그러는 와중에 승용차 한 대를 앞질렀다. 그러자 잠시 후 앞지르기를 당한 승용차가 눈 깜짝할 사이에 앞으로 휙 가로질러 나갔다. 이를 피하려고 내가 탄 택시는 휘청했다. 나와 아내는 물론 운전기사도 깜짝 놀랐다. 그러는 순간 운전기사의 입에서 아주 찰진 "××××" 등 욕설이 쏟아졌다. 운전기사가 평온을 찾을 때까지 아내와 나는 한참 동안 불안했다. 사고가 나지 않은 것만 해도 다행이지만 왜 이렇게 운전을 급하게, 그리고 무자비하게 하는지 나는 지금도 이해가 가지 않는다. 택시 운전기사야 생계를 위해 운전을 하니 다소 무리한 운전을 할 수 있다고 해도, 자가용 승용차는 왜, 무엇 때문에 그렇게 난폭운전을 했을까? 벌컥 화가 난다고 '너도 한번 당해보아라.'하면서 잠시를 참지 못하고 바로 되돌려 주기 위해 그렇게 위험한 운전을 한 것이다. 조금만 참았더라면, 잠시 숫자를 세고 심호흡해서 '욱'한 감정을 진정시켰다면 얼마나 좋았을까?

나는 운전하면서 가끔 도저히 접촉사고가 나지 않을 곳인데 왜 사고가 발생했지? 그것도 왜 크게 발생한 것일까? 하고 의아하게 생각한 적이 많다. 사고 이유는 간단하다. 상대방에게 '절대 양보 불가, 항상 내가 먼저'라는 생각과 함께, '괜찮겠지.'하면서 멋대로 생각하고 운전하기 때문이다. 심지어 운전 중 차선변경을 하려고 신호를 넣어도 저 멀리 훨씬 뒤에서 달려오는 차가 더 가속해서 어느 사이에 옆에다 바짝 붙이는 등 양보란 없다. 모두가 다 '일수불퇴'다. 정말 이러면 안 되는데 세상이 너무도 각박해졌다. 고속도로를 달리면서 흔히 볼 수 있는 것이 '위협 운전'이다. 달리는 차량 뒤에 바짝 붙어 오거나, 깜빡이를 켜거나 경적을 울리면서 앞차보고 빨리 비키라고 위협을 한다. 이런 사람의 머릿속에는 '차간거리 유지'란 처음부터 존재하지 않았는지 모른다. 또 어떤 사람은 아예 앞에서 방해 또는 위협 운전을 한다. 왜 그럴까? 그렇게도 긴급한 용무가 있는 것일까? 아무리 빨리 달려도 5분 10분밖에 차이가 나지 않는데도 모두가 급하고 "빨리빨리"를 외치고 있다. 자신의 생명만은 영원히 안전함을 보장받은 듯 행동한다. 대한민국은 선진국이라고 우리 모두 인정하고 자긍심 또한 대단하다. 그런데 행동 하나하나를 보면 전혀 바뀌지 않았고, 바펼 생각도 없는 듯하다. 울컥하는 울렁증 또는 버럭버럭하고 화를 내면서, 조급하게 행동하는 것이 좋다면 얼마나 좋겠는가? 조급증, 화를 참지 못하는 현상은 생활이 각박해지면서 오히려 더 보편화되고 극단으로 치닫고 있다.

조급한 마음에 평정심을 잃고 서두르면 어떤 일을 하든 그르친다는 고사가 있다. 중국의 한 농부가 '이웃집과 똑같은 시기에 모를 심었는데 왜? 우리 모만 키가 작을까? 이러다간 농사를 다 망치겠다.'고 생각했다. 그래서 하루에도 몇 번씩 시간만 나면 논에 가서 벼의 생육상태를 점검했다. 그러던 중 어느 날 농부는 벼 한 포기를 쭉 뽑아 위로 올려보았다. 그랬더니 다른 집 논의 벼보다 훨씬 자란 것처럼 보였다. 그래서 농부는 자신의 논의 모든 벼를 위로 잡아당겨 늘려놓았다. 농부는 집에 돌아와 아내에게 논의 벼가 아주 잘 자라고 있다면서 자랑했다. 아내가 이상하게 생각하여 논에 나가보니 벼가 말라 죽고 있었다. 일본 전국시대 3대 영웅 중 성질이 불같은 사람이 하나 있다. 오다 노부나가(織田信長)다. 그는 두견새가 울지 않으면 죽여버려야 한다고 했다. 그는 결국 일본 통일을 이루지 못하고 '혼노지'라는 절에서 부하들의 공격을 받자 자살하고 말았다. 옛날 중국 춘추전국시대나 후한(後漢)시대 삼국지 등에 나오는 유명한 장수 중 성격이 불같은 사람은 '욱', '벌컥'하는 성질을 제대로 잘 다스리지 못하고 대부분 중간에 비참한 최후를 맞이하며 사라졌다. 지금은 고속도로 여기저기에 졸음운전을 경계하는 플래카드가 부착되어 있으나 얼마 전까지만 해도 조급한 나머지 10분 먼저 가려고 과속하면 10년 먼저 간다는 경고 문구가 많이 있었다. 아무리 서두른다고 해서 갓난아기가 달려갈 수는 없다. 병아리보고 알을 낳지 못한다고 불평하면 안 된다.

    화가 날 때 화를 다스리는 방법 중 가장 좋은 것은 심호흡과 숫자 세기라고 한다. 숫자를 천천히 세 번만 세고, 심호흡을 한두 번 하면 웬만한 화는 진정될 수 있고 조급증도 사라진다. 아무리 급해도 숫자를 세 번만 세면서 생각하고 심호흡을 하게 되면 냉정해지고 최악의 사태는 예방할 수 있게 된다. 부부싸움이나 다른 사람과의 다툼도 숫자를 세면서 심호흡을 하면, 최소한 심각한 상태로 악화하는 것은 예방할 수 있다. 서두르거나 화가 치밀어오른 상태에서 하는 일치고 제대로 정상적으로 잘 처리되긴 매우 어렵다. 사람들은 잠시(5분)만 참고 행동하면 좋을 일인데도 그때 그 당시 화를, 기분을 참지 못하고 울컥하고 일을 벌여버리는 경우가 많다. 나는 화가 나면 일단 잠시만 참아보자, 참아보자, 하고 나 자신을 타이른다. 하기 싫은 일, 생각하기 싫은 일, 화나는 일일수록 '잠시만, 잠시만'하고 자신을 격려한다. 모든 투자도 행동으로 옮기기 전 5분간만 더 냉정하게 신중히 생각하면 실패할 확률을 훨씬 줄일 수 있다고 생각한다. 우리나라 사람들이 어떤 일을 할 때 잠시만이라도 남을 배려하는 마음을 가진다면, 생각하는 데 5분만 더 투자한다면 우리 사회는 그만큼 밝아지고 살기 좋은 환경이 만들어지지 않을까?

품위 있는 말,
품격 있는 삶과 사회

　아침 5시 40분, 아침 운동을 하다 예초기 소음에 일어나 창문을 열고 밖을 내다봤다. 집 앞 도로변과 작은 공원, 그리고 공개공지 일대에서 대대적인 제초작업이 진행되고 있었다. 무더위가 극성을 부리면서 더위를 피해 아침부터 작업을 시작한 듯한데 너무 이른 시각이 아닌가 하는 생각이 들었다. 제초작업은 소란스러웠지만, 풀냄새는 제법 싱그럽고 향기로웠다. 도로는 차량 행렬이 분주했다. 벌써 하루가 시작된 모양이다. 극단적으로 치닫고 있는 사회현상이 개선될 기미도, 희망도 없다는 생각이 들자 어쩐지 슬프고 우울해졌다. 우리 사회는 극단적인 대립을 해소할 자정 능력을 상실해 가고 있는 것일까?

지도층 인사들이 실망적인 막말과 궤변을 지양하고 극단적인 대립을 조장하는 행동을 자제하겠다고 선언하는 바람이 한때 있었던 '미투운동'처럼 불길같이 훨훨 타오르면 좋을 터인데… 좀 더 우리 삶을 윤택하게 해주고 사람들의 마음을 보듬어 주는 품위 있고 품격 있는 일은 없는 것일까? 잠시 생각이 꼬리에 꼬리를 물고 머릿속을 달렸다. 품위(品位)의 '품' 자에는 '입 구(口)' 자가 3개나 모여 있다. 입구자 모양은 네모(口)이다. 네모는 모서리가 있어서 남에게 상처를 주기가 쉽다. 즉 말은 조심하지 않으면 상대방에게 상처를 주기가 쉽다는 이야기다. 그래서 우리 삶은 네모가 원이 될 수 있도록 마음을 둥글게 둥글게 쓰면서 살아야 한다. 품(品)의 '입 구' 자 3개는 쉽게 넘어지거나 한쪽으로 기울어지지 않도록 매우 안정적인 자세를 취하고 있다. 왜일까? 바른말을 올바르게, 한쪽으로 기울어지거나 넘어지지 않도록 잘하라는 의미다.

위(位)는 사람이 바르게 서 있다는 의미다. 사람이 바르게 되려면 언행을 어떻게 해야 할까? 품위를 유지하기 위해서는 말과 행동을 조심해야 한다는 의미가 아닐까? 그리고 자세를 곧고 바르게 하면 보기에도 멋있다. 말을 조심하지 않고 자세를 바르게 하지 않으면 품위는 유지할 수 없다. 어른들은 자식에게, 욕설을 하거나 말을 점잖게 잘하지 않으면 입이 비뚤어진다고 훈계하면서 고운 말, 예쁜 말을 쓰도록 타일렀다. 가정에서 언어의 품위와 품격을 가르친 것이다. 요즈음 정치인들이나 눈살을 찌푸리게 하는 인물들을 보면 사용하는 언어가 막가파식이거나 막말이 난무한다. 어떻게든 상대의 가슴을 파고들어 깊게 상처를 내겠다는 의도가 역력하다. 이들에게 품위는 찾아볼 수 없고 오히려 국민마저도 품위 없는 늪으로 끌고 가려고 한다. 품격(品格)이라는 단어에도 '품'에는 '입 구' 자가 3개 모여 있다. 격(格)이란 글자는 '곧고 높게 잘 자란 나무 또는 지위나 신분'을 의미한다고 한다. 또 '높은 수준' 그 자체를 의미하기도 한다고 한다. 결국 품위나 품격은 어느 면에서는 일맥상통한다고 할 수 있다.

  사람이 품위나 품격을 갖추지 못하고 경거망동하거나 눈앞의 이익만 추구하다 보면 망신(亡身)당하기 쉽다. 망신은 언행(言行)을 잘못하여 지위나 명예 등이 손상되는 것을 의미한다. 그런데 언행이 잘못되어 망신(亡身)에 그치지 않고 망신(忘身)을 당해버리는 경우도 많다. 망신(忘身)은 체면 손상을 넘어 생사존망(生死存亡)의 의미까지 포함되어 있다. 그런데도 사람들 특히 일부 정치인 등 지도층 인사들은 아무렇지도 않은 듯 품위나 품격 없는 언행을 일삼는다. 사람은 사람으로서 갖추어야 할 기본적인 기품이 있어야 하고, 경거망동해서도 안 된다. 도덕적으로 정직하고 사용하는 언어도 신경을 써야 한다. 그리고 자기가 한 말에 대해서도 무겁게 받아들이고 책임을 져야 한다. 구차하게 궤변으로 변명하거나 감언이설을 늘어놓지도 않으며 불필요한 논쟁을 해서도 안 된다. 또 듣는 사람에게 상처 주어서도 안 된다. 다른 사람의 말도 경청해야 한다.

모 방송 인터뷰에서 한 청춘 남녀가 "지금까지 많이 싸웠는데 이제부터는 싸우지 말고 모두가 품위를 지키고 국민을 생각해 주었으면 좋겠습니다. 모두가 열심히 살려고 노력하고 있지 않습니까?"라고 말했다. 가슴속을 때리는 말이다. 모두가 열심히 살려고 노력하고 있는데 한가하게 편 가르기 싸움이나 품위나 품격을 내버리고 모두가 남 탓과 내로남불, 프레임 전쟁에 몰두하고 있어서야 우리 국민, 사회, 국가는 어떻게 되겠는가? 우리 주변엔 이른 아침부터 묵묵히 열심히 일하는 사람, 또 무언가를 위해, 그리고 목적지를 향해 열심히 달려가고 있는 사람이 있다. 열심히 산다는 것은 그만큼 아름답고 즐거운 것이다. 예초기를 열심히 돌리고 있는 사람들에게는 남 탓이나 내로남불은 없다. 프레임도 막말도 편 가르기도 없고, 오직 모두가 힘을 합쳐 오늘 해야 할 일을 빨리 끝내야 한다는 생각밖에 없다. 자기 일에 충실하며 열심히 살아가기 위해 땀 흘리는 사람들, 소시민들의 삶은 이렇게 바삐 움직이며 시작하고 있다.

사람들은 왜 품위나 품격을 지키려는 노력을 하지 않는 것일까? 모두가 품위, 품격을 유지하는 것이 좋다는 것을 잘 알고 있을 터인데도 그때그때 말뿐이고 조금만 시간이 지나면 다 잊어버린다. 정치인들의 남 탓 경쟁과 궤변, 선전·선동과 거짓말, 위선은 사라질 수 없는 것일까? 정직과 정의감, 윤리의식이 살아 있는 품격과 품위 있는 정치인은 기대할 수 없는 것일까?

춘추시대 공자는 노(魯)나라 대사구(大司寇, 사법 책임자)로 임명되자 당시 조정과 국민들 사이에서 인기가 높던 소정묘(少正卯, 직책: 大夫)를 취임 7일 만에 처형하고 시체를 3일간 시내에 전시해 교훈으로 삼도록 했다. 소정묘는 오늘날로 말하면 일종의 '정치 인플루언서'와 같은 존재다. 소정묘는 어딜 가든 군중의 비위를 잘 맞추는 언변으로 사람들을 끌어모았다. 공자의 소정묘 처형에 대해 제자들이 "소정묘는 노나라에서 소문난 인간입니다. 스승님이 정사를 맡고서 맨 먼저 그를 주살한 것은 잘못 아닙니까?"라고 물었다. 그러자 공자는 "사람에게는 행해선 안 될 악한 짓(행동)이 다섯 가지가 있는데, 군자는 이 중 한 가지만 해당해도 처형을 면키 어렵다. 그런데 소정묘는 다섯 가지 전부에 해당된다."라고 설명했다. 그러면서 다섯 가지를 아래와 같이 설명했다.

1) 만사에 통달해 있는 듯하면서도 마음이 음흉하고 음험한 짓을 하는 것
2) 행실이 편벽되면서도 고집스러운 것
3) 말에 거짓이 있으면서도 그럴싸하게 잘하는 것
4) 알고 있는 것이 추잡스러우면서도 박식한 것(괴이하고 추잡스러운 일을 많이 꾸미고 행사)
5) 그릇된 일을 일삼으면서도 겉으로는 교묘하게 그럴싸하게 꾸며 사람들을 기만하는 것

공자는 "꼭 사형에 처할 사람은 소정묘 같은 사람이다. 대낮에

강도질하고 밤에 담을 넘는 사람, 즉 도둑만이 처형대상인 것은 아니다. 소정묘 같은 사람은 나라를 어지럽히고 군자로 하여금 의혹을 품게 하고, 어리석은 백성을 미혹에 빠지게 한다. 백성을 완전히 속인다."고 힘주어 말했다. 공자의 제자인 맹자는 소정묘에 대해 "시류에 아주 잘 영합하는 자"라고 평가했다. 또한 맹자는 "소정묘 같은 사람은 평소에는 충성스럽고 믿음직스럽게 보이며, 청렴하고 깨끗한 듯 보인다. 사람들은 모두 그를 좋아하고 스스로도 그렇다고 여긴다. 그렇지만 자세히 보면 더러운 세상에 영합하는 사람이다."라고 설명했다. 소정묘는 입을 열기만 하면 자신의 사악한 본성을 감추고 듣는 사람을 속여 넘길 수 있는 약삭빠른 언변을 가진 자라고 평가 절하 했다. 2천 년 전 공자, 맹자 시대에도 오늘날처럼 그럴듯한 언변으로 감언이설로 세상을 흔들고 지내던 학자 출신들이 많았던 모양이다. 이런 사람들이 많을수록 사회와 국가는 품위와 품격을 잃고, 거짓과 위선, 궤변론자들이 판을 치게 된다. 인심도 흉흉해지고 도덕과 윤리의식은 땅에 떨어진다. 그리고 힘 있고, 세력 있는 사람들은 더욱 설치게 되어 있다. 공자의 제자들도 소정묘가 상당한 지지층(오늘날 열렬 팬덤)을 가지고 있어 스승의 안위를 많이 염려했던 것 같다. 소정묘는 오늘날 올곧지 못한 고위직 인물을 대표하는 대명사로 자리 잡았다.

문재인 대통령은 취임하면서 약속했다. "기회는 균등하고 과정은 공정하고 결과는 정의로울 것이다."라고 힘주어 말했다. 국민은 환호했다. 박근혜 대통령의 국정농단 사태에 염증을 느끼고 희망을 잃었는데, 아주 신선한 약속을 했다. 그런데 세월이 갈수록 대통령의 발걸음은 뒤로만 향했다. 내로남불, 지나칠 정도로 자기편 감싸기, 극단적인 대립과 분열 등등 국민은 다시 실망했고 정권은 5년을 못 버티고 바뀌었다. 땅에 떨어진 품격과 품위는 회복될 기미조차 보이질 않는다. 사회는 점차 더 이상한 방향으로 흐르고, 소정묘와 늑대 같은 인물은 더욱 기승을 부린다. 눈과 귀를 맑은 물로 깨끗하게 씻어낼 수만 있다면 매일 씻어내고 싶은 나날의 연속이다. 정치인 모두 교만이 독사처럼 꿈틀거리며 입을 닫을 수 없고 혀를 감추지 못하는 그런 날만 계속되는 것 같다. 상식적인 말, 생각, 행동이 통하는 상식적인 사회를 만들기란 정말 요원한 일일까?

　남에게 좋은 말을 쓰고 남을 이롭게 하면 반드시 자신에게 좋은 말로 돌아오고 이익이 된다는 평범한 진리를 되새겨야 한다. 상대에게 좋은 말을 하는데, 돈이 드는 일도 아닌데, 공짜인데도 자꾸만 야멸찬 말로 공격을 한다. 시인 황금찬이 쓴 〈꽃의 말〉이란 시(詩)가 있다.

　　　사람아
　　　입이 꽃처럼 고와라
　　　그래야 말도
　　　꽃처럼 하리라
　　　사람아

입이 꽃처럼 고와 계속 꽃처럼 고운 말을 들을 수만 있다면 얼마나 좋겠는가? 그러나 고운 말을 쓰려고 노력하고, 습관화하려고 노력하면 오늘날과 같은 분노에 서린 화살과 같은 막말, 사람의 마음을 저격하는 극단적인 말들은 줄어들지 않을까? 우리 국민과 사회는 더욱 품위와 품격을 갖출 수 있게 되지 않을까? 국민 모두 합심하여 노력하면 만족스럽진 않지만 그래도 인간적인 정서가 살아 있고, 도덕과 윤리의식이 살아 숨 쉬는 품위와 품격 있는 사회를 만드는 일은 가능하지 않을까? 우리나라는 아직도 훌륭한 국가 시스템, 자원봉사자와 용감한 시민, 청년 등의 훌륭한 시민의식 등 세계적으로 자랑할 만한 품위와 품격을 갖추고 있다.

가정과 학교, 사회가 일체가 되어 도덕적 윤리의식, 가치관을 고양해 나간다면, 얼마든지 존중받는 품격 있는 사회, 국가를 만들 수 있다. 품격과 품위 있는 나라로 재탄생할 수 있다. 상호 배려와 존중과 경청하는 사회 분위기를 만들어 간다면, 공생(共生)과 상생(相生)하는 정신이 살아날 수 있다. 오늘날과 같은 병들고 혼탁해진 모습, 아니 앞으로 더 혼탁해질 상상도 하기 싫은 모습보다는, 언젠가는 아름답고 좋은 사회를 만들 수 있지 않을까? 아침에 일어나면 사람들의 마음을 편안하게 해주고, 생활을 즐겁게 해주는 뉴스가 점점 더 많아지는 세상이 되었으면 좋겠다.

인내(忍耐)와
그 한계(限界)

    장마가 한바탕 지나간 뒤, 텃밭(주말농장)에서 토마토와 가지, 고추 등 작물들을 손질해 준 적이 있다. 그런데 그 후 팔꿈치 쪽이 매우 가려워 웬일인가 하고 확인해 보았더니 모기에게 몇 방을 당한 것이다. 물린 자국이 가려워 나도 모르는 사이에 손이 가는데, 손이 갈 때마다 긁으면 왜 그렇게 시원한지 모른다. 자꾸만 손이 가려고 하는데 그렇게 하면 안 된다고 다짐하면서 참았다. 세상을 살다 보면 가정, 이웃, 직장에서 크고 작게 다른 사람과 충돌하는 경우가 많다. 충돌이 격렬해지면 자신도 모르게 "나도 참는 데는 한계가 있다. 정말 화나게 하면 나도 무슨 짓을 할는지 모른다."고 강하게 반발한다. 사람은 누구나 계속해서 크고 작은 인내를 시험당하면서 살아가고 있다.

인내(忍耐)란 무엇인가? 그리고 그 한계는 있는 것일까? 있다면 어디까지 참고 견뎌야 하는 것일까? 기독교나 불교나 모두 인내를 강조한다. 성경을 보면 예수님은 제자들과 사람들에게 하느님의 말씀을 믿으라고 때로는 직설적으로, 때로는 온갖 비유를 들어 십자가에서 죽임을 당할 때까지 계속 설명하고 강조한다. 어쩌면 예수님은 '인내의 화신'인지도 모른다. 오른뺨을 때리면 왼뺨을 내주어야 하고, 다른 사람이 잘못하면 일흔 번(77회로 표기된 곳도 있음)이라도 용서해 주라고 말씀하신다. 성경에 "우리가 환난 중에도 즐거워하나니, 환난은 인내를 낳고 인내는 연단을, 연단은 소망을 이루는 줄 앎이라."는 말씀이 나온다. 어려움이 닥쳐도 인내하고 해야 할 일을 차분히 하다 보면 그 결과는 결국 자신이 바라고 희망했던 소망을 이루게 된다는 것을 가르쳐 주는 말이 아닐까? 불교에서도 '인내'는 정말 중요한 덕목이다. 불교에서 '수행'은 인간의 생리적 욕구를 금하고 정신과 육체를 훈련, 부처의 가르침을 실천하고 불도(佛道)를 닦는 데 힘쓴다는 의미다. 수행하다 보면 인내는 필수다. 진정한 수행은 어쩌면 사람이 견딜 수 있는 한계, 인내의 한계를 뛰어넘는 극한 상황까지도 요구되는지도 모른다.

담쟁이

도종환

저것은 벽
어쩔 수 없는 벽이라고 느낄 때
그때

담쟁이는 말없이 그 벽을 오른다
물 한 방울 없고 씨앗 한 톨 살아남을 수 없는
저것은 절망의 벽이라고 말할 때
담쟁이는 서두르지 않고 앞으로 나아간다
한 뼘이라도 꼭 여럿이 함께 손을 잡고 올라간다
푸르게 절망을 다 덮을 때까지
바로 그 절망을 잡고 놓지 않는다
저것은 넘을 수 없는 벽이라고 고개를 떨구고 있을 때
담쟁이 잎 하나는 담쟁이 잎 수천 개를 이끌고
결국 그 벽을 넘는다

담쟁이는 벽을 넘을 때 처음엔 불가능하다고 생각할 수 있다. 그러나 그 뭔가 모를 어떤 목표를 달성하기 위해 담쟁이는 벽을 넘어야겠다고 결심하고 인내를 거듭하며 넘길 시도한다. 결국 담쟁이 잎 하나는 담쟁이 잎 수천 개를 이끌고 함께 손을 잡는다. 그리고 도저히 넘을 수 없을 거라고, 생각했던 그 높은 벽, 즉 한계를 극복한다. 담쟁이는 벽을 넘게 된다.

사람들은 삶 속에서 끝없이 인내의 한계를 계속 시험하기도 하고 시험당하기도 한다. 전자는 긍정적이고 적극적인 경우이고 후자는 피동적이고 수동적인 경우이다. 오늘날의 눈부신 학문, 예술, 운동, 과학기술의 발전 등은 인간이 인내하며 한계에 도전했기 때문에 이루어진 것이다. 운동선수는 올림픽이나 큰 대회를 앞두고 4년 또는 그 이상의 오랫동안 특별한 극기 훈련을 많이 한다. 과학기술도 발전을 위해서 수많은 실패를 거듭하며 도전과 실험을 지속한다. 발명왕 에디슨은 백열등 하나를 위해서도 2천 번 이상 실험을 했고, 그 실험 결과를 기록한 노트가 4만 페이지가 넘는다고 했다. 우주탐험도 많은 사람이 상상할 수 없는 인내심을 발휘하며 끊임없이 노력, 그 한계를 극복해 낸 것이다. 학자들도 학문의 완성도를 높이기 위해 엄청난 인내와 노력을 한다. 어떤 과학자는 간단한 원리를 알기까지 수없이 많은 시간을 집안 벽과 심지어 시멘트 바닥에 머리를 부닥치면서 자신의 아둔함을 탄식하고 좌절하다가 우연한 기회에 찾아냈다고 한다. 인내심이 결국 한계를 극복하고 승리한 것이다.

당나라 시인 이백은 방랑 생활을 오래 했지만 젊었을 때는 나름 출사하기 위해 열심히 학문을 닦았다고 한다. 이백과 관련된 고사성어로 "마부위침(磨斧爲針)"이라는 말이 있다. 이백이 산에서 공부하던 중, 싫증을 느껴 어느 날 스승도 모르게 하산해 집으로 향했다. 그런데 냇가를 지날 때 한 노인이 도끼를 바위에 갈고 있는 것을 보았다. 이백이 도끼를 가는 이유를 묻자 노인은 "도끼를 갈아 바늘을 만드는 중이다."고 설명했다. 이백은 노인에게 어느 세월에 바늘을 만들 수 있겠느냐고 다시 물었다. 그러자 노인은 "내 나이 90에 달했지만, 중단하지 않고 인내하면서 바위에 계속 갈면 바늘을 얻을 수 있다."고 대답했다. 이백은 노인의 말에 감동하고, 자신이 학문을 중단하려고 했던 것을 후회하면서, 다시 산속으로 들어가 학문에 힘썼다. 결국 이백은 후에 시선(詩仙)으로 추앙받을 만큼 많은 작품을 남겼다.

인내심을 이야기할 때 등장하는 중국의 고사성어가 있다. "와신상담(臥薪嘗膽)"이다. 춘추시대 '월'나라와 '오'나라는 천하 패권을 다투는 소위 강력한 제후국이었다. 양국은 패권을 놓고 전쟁을 벌이던 중 '오' 왕 '합려'가 화살을 맞고 부상이 악화되어 사망했다. 합려는 아들 '부차'에게 복수하도록 지시했다. 부차는 왕이 된 후 풀 섶에 누워 잠을 잤으며 신하들에게도 자신을 만나러 들어올 때는 문 앞에서 "부차야! 월 왕이 너의 아버지를 죽였다."를 복창하고 들어오도록 했다. 드디어 부차는 '월'과의 전쟁에서 승리하고 '월' 왕 '구천'을 신하로 받아들였다. 부차는 구천에게 갖은 학대와 차별, 멸시와 모욕적인 행동을 서슴지 않았다. 구천은 부차의 온갖 학대를 끝까지 참고 이겨냈다. 한마디로 쓸개를 맛보며 수년을 견뎌냈다. '상담(嘗膽)'은 쓸개의 맛을 본다는 의미다. 결국 구천은 부차의 허가로 고국에 돌아가, 몰래 군비를 정비, 확장하여 다시 '오' 왕 부차와 전쟁을 하여 승리했다. 양국 왕 모두 엄청난 인내심을 가지고 결국 자신의 소망, 목표를 달성하였다. 결국 인내가 가져다준 달콤한 열매를 맛본 셈이다.

산악인 엄홍길은 세계적인 등반가다. 그는 고통을 이겨내는 사람만이 정상에 오를 수 있다고 말했다. 그는 1985~2007년까지 22년간 38회 고산등반에 도전, 히말라야 8,000m급 16개 봉우리를 정복한 세계 최초의 산악인이다. 그는 등반 도중 후배 6명과 그를 도왔던 형제와 같은 셰르파 4명이 목숨을 잃었다. 그는 안나푸르나(8,091m)는 4전 5기, 칸첸중가(8,586m)는 세 번, 마지막 고봉인 로체샤르(8,516m)는 7년간 네 번 도전하여 성공했다. 그는 수많은 좌절과 실패, 상상할 수 없는 고통을 겪었고, 환청에 시달리고 발목이 180도 돌아버리는 큰 부상을 당하기도 했다. 뼛속을 파고드는 강추위, 칠흑 같은 어둠, 눈보라가 몰아치고 있는 설벽 또는 빙벽에 매달려 있기도 하고, 눈앞에서 사랑하는 동료와 셰르파의 죽음을 바라보았다. 엄홍길은 동료의 죽음을 보고 슬픔 앞에서 슬픔을 참아야 했으며, 동상과 부상, 고통에도 아픔을 참아냈다. 인내에 인내를 거듭하며 그에게 다가오는 한계를 극복해 냈다. 결국 그는 전 세계 누구도 달성하지 못한 대기록을 남겼다.

일본인 이토 히로부미를 저격한 안중근 의사는 대단한 인내력의 소유자이다. 안중근의 어머니도 역시 대단한 인내심과 담대한 마음을 가지신 분이다. 안중근 의사의 수의를 직접 지어 보냈고, 안중근에게 일본의 어떠한 고문과 회유에도 굴하지 말고 차라리 당당하게 죽음을 택하라고 당부했다고 한다. 안중근은 인내심과 관련 "백인당중유태화(百忍堂中有泰和)"라고 말했다. 백번 참는 집안에 태평과 화목이 있다는 말이다. 한마디로 참을 수 있는 한, 계속해서 참아야 한다는 것이다. 그리스 철학자 아리스토텔레스는 "인내는 쓰지만, 그 열매는 달다(Patience is bitter but its fruit is sweet)."고 했다. 우리 속담에 "'참을 인(忍)' 자가 셋이면 살인도

면한다."고 했다. 인내의 중요성을 잘 설명해 주고 있다.

　옛날 어릴 때 동네 아이들이 원두막이 있는 집이나 과수원에 과일 서리를 하는 일이 많았다. 이와 관련된 이야기가 있다. 과수원을 크게 하던 농부가 어느 날 복숭아가 자꾸만 없어지는 것을 발견하고 도둑을 잡아야겠다고 마음먹었다. 그리고 밤마다 사냥총을 가지고 과수원에서 잠복했다. 어느 날 복숭아를 따는 사내아이 한 명을 발견하고 사냥총을 겨누었다. 그러나 총을 쏘지는 않았다. 그랬더니 잠시 후 그 아이가 또 나타나 따는 것이었다. 도저히 안 되겠다고 생각해서 총을 겨누었다. 그렇지만 인내심을 발휘해서 총을 내려놓았다. 그런데 이번에는 그 아이와 함께 또 한 명이 와서 복숭아를 따고 있었다. 다시 사냥총을 잡았다. 참았다. 집에 돌아오자 아내가 수고했다면서 복숭아를 내어놓았다. 아이들이 방금 과수원에서 따 온 복숭아인데 싱싱하고 맛이 매우 좋다고 말했다. 그 순간 농부는 가슴이 철렁했다. 아니 내가 복숭아 때문에 귀여운 내 자식을 하마터면 죽일 뻔하지 않았는가? 참고 참기를 잘했다는 생각이 마음에 가득했다. 참지 못하고 총을 쏘았다면 돌이킬 수 없는 일을 저지를 뻔했다는 생각에 가슴을 쓸어내렸다. 한계까지 참아낸다는 것은, 바로 기쁨과 행복의 시작인지도 모른다.

　사실 나는 젊은 시절부터 이런저런 이유로 건강이 좋지 않았다. 다행히 그동안 관리를 잘해온 탓인지 악화는 되지 않았다. 그러나 건강 문제는 나이가 들면 들수록 끊임없이 나를 붙잡고 놓아주려 하지 않는다. 나의 인내심을 시험하는 것인지 모르지만 어쨌든 나를 붙잡고 놓아주지 않는다. 나는 작년 9월경부터 눈을 뜨면 침대에 누워 아침 운동을 하고 있다. 조용하게 기도한 다음 운동을 시작한다. 나의 일과는 대체로 새벽 5시면 어김없이 시작된다. 혈액순환이 잘되고 기(氣)가 잘 통하도록 몸 구석구석을 전부 점검하고 있는 셈이다. 사실 이른 새벽은 졸리기도 하고 때로는 운동을 적당히 하고 끝내고 싶기도 했다. 그래서 여러 번 중단을 생각했었다. 그러나 중단하면 안 된다고 마음을 달래면서 지속하고 있다. 지금도 나는 문득문득 과연 이 운동을 내가 언제까지 할 수 있을까? 하고 생각할 때가 있다. 아침 운동을 계속하면서 나는 나의 인내심의 한계를 시험하고 있는지도 모른다.

새해가 되자 올해 실천 목표로 기타 공부를 선정했다. 그래서 주민센터에서 실시하는 기타 초급반에 수강을 신청했다. 그런데 아무리 노력해도 별다른 진전이 없다. 강사 선생님은 그야말로 기초부터 잘 가르쳐 주시고 있으나, 워낙 음악에 대한 기초지식이 없고 기억력도 그리 좋지 못하기 때문이 아닌가 생각된다. 그리고 손가락도 짧고 움직임도 둔하고 자꾸만 더듬거린다. 때에 따라서는 수업 시간에 앞자리에 앉아 한참 '멍' 때리기도 한다. 가끔은 선생님이 나의 행동을 주시하는데, 나는 선생님 바라보기가 쑥스럽기까지 하다. 기타를 잡고 연습하다 '정말 나는 이런 사람이었나. 내 능력이 이 정도밖에 안 되는 것인가?' 하고 수없이 자문자답

해 본다. 그리곤 기타를 부수어 버리고 싶은 충동에 휩싸여 기타를 높이 들었다 놓기를 자주 한다. 그럴 때마다 '여기서 중단하면 끝이다. 안 된다. 아내 칠순 잔치에서 연주해 주기로 자녀들 앞에서 큰소리쳤는데… 다시 해보는 거야!'하고 타이른다. 어쩌면 나는 기타를 통해 인내의 한계를 시험하고 있는지도 모른다.

나는 한때 하모니카를 열심히 배우러 다닌 적이 있다. 지인들은 분명히 나에게 하모니카는 6개월 정도면 충분하다고 했다. 그런데 아무리 노력을 해도 큰 진전이 없었다. 악보가 없으면 연주가 어려웠다. 그래서 이것을 극복하기 위해, 좋아하는 노래의 음계를 전부 암기해 보기로 하고, 집 근처 원수산 등산 때마다 계속 암기했다. 악보 없이 몇 곡이라도 연주하려면 이렇게 하는 수밖에 없는 것인가 하고 생각했었다. 노래 음계를 암기하는 일도 쉽지만은 않았다. 나는 실망한 나머지 한동안 하모니카 연습을 하지 않다가, 어느 날 그냥 좋아하는 노래를 연주해 보았다. 그런데 이게 웬일일까? 악보가 없어도 연주가 자연스럽게 가능했다. 그렇다. 나는 어느 사이엔가 하모니카만큼은 일정 수준으로 실력이 향상되어 있었던 것이다. 지금은 기타 실력이 향상되지 않고 한심할 정도로 보잘것없지만, 인내심을 갖고 계속 노력하다 보면 언젠가는 기타도 하모니카처럼 향상될 수 있지 않을까?

중국 명나라 때 홍자성의 《채근담》에 나오는 이야기다. 인내심을 잃으면 성질이 조급한 사람은 타오르는 불길과 같아서 보는 것마다 태워버리고, 제멋대로 폭주해 버린다. 마음이 따뜻하고 은혜롭지 못한 사람은 얼음과 같이 차가워서, 닥치는 대로 얼려 죽이며 융통성이 없고, 고집이 센 사람은 괴어 있는 물이나 썩은 나무토막 같아서 활기도 생기도 없다. 이런 사람들은 큰일을 하기도 어려울 뿐만 아니라 그 복을 길게 누리지도 못한다고 했다. 우리는 주변에서 평정심을 잃고 인내하지 못해 커다란 사건 사고에 휘말리는 경우를 너무도 많이 본다. 인내심을 잃어버리면 어쩌면 돌이킬 수 없는 불행 또는 개인의 파멸이 시작될 수도 있다는 사실을 잘 알아야 한다.

인내의 한계에 도전해 본다는 것은 충분히 가치 있는 일이다. 인내의 한계에 도전하다 보면 잠재해 있던 새로운 자아를 발견할 수도 있다. 우리는 일상에서 평범하고 안락함을 추구하며 산다. 또 편안하게 지내는 방법, 단순하게 생각하고 성급하게 행동하려는 것에 익숙해 있다. 조급증이다. 특히 우리 국민은 '빨리빨리'에 익숙해져서 잘 참지를 못한다. 이제부터 '인내의 한계'라는 임계치까지 도전해서, 한계치를 깨고 한 발자국 더 앞으로 나아가도록 노력해 보면 어떨까? 세상이 지금보다는 훨씬 밝고 맑고 이해심과 포용력이 넘치는 사회가 되지 않을까? 영어속담에 "참는 자에게 복이 있다(Patience is a virtue).", "기다리는 사람에게 좋은 일이 온다(All good things come to those who wait).", "인내는 천국의 열쇠다(Patience is the key to paradise)."라는 말이 있다. 앞으로는 모든 일을 하면서 인내심의 중요성을 곱씹으며 생활해 보자.

네잎클로버,
행운을 가져오는 걸까?

 좀처럼 그치지 않을 것처럼 하염없이 계속 내리던 비가 오후가 되자 멈추었다. 모처럼 만에 미세먼지와 황사도 없어졌고 공기도 깨끗해 커피 한 잔 마시러 외출했다. 오늘은 다른 때와는 다르게 집에서 나와 산책을 좀 한 후, 커피숍에 가기로 했다. 산책하면서 여기저기를 바라보니 클로버 풀들이 군락을 이루고 있는 것이 눈에 띄었다. 비를 맞아서 그런지 풀잎이 더욱 푸릇푸릇하고 싱싱했다. 아내와 나는 여기저기 눈에 띄는 대로 클로버를 바라보면서 혹시 행운의 네잎클로버가 있을까 하고 살펴보았다. 마치 이번에는 반드시 행운을 잡고 말겠다는 굳은 결심이라도 한 것처럼… 그러나 쉽게 찾을 수는 없었다. 한참을 걷다가 이번에는 찾으면 좋고 아니면 그만이라는 생각으로 가볍게 생각하고 걸으면서 주변을 살펴보았다.

    네잎클로버가 왜 행운을 뜻하게 되었는지 그 유래는 정확하지 않다. 일설에 의하면 나폴레옹이 장교 시절 전쟁터에 나갔는데, 말을 타고 가다 네잎클로버를 발견하고 허리를 굽혀 확인하는 순간 총알이 등 위로 날아갔다고 한다. 한마디로 네잎클로버를 확인하는 순간 나폴레옹은 총알로부터 목숨을 건졌다. 나폴레옹도 우리 부부처럼 분명 아무 생각 없이 바라보다 이상하게도 네 잎짜리를 발견했을 것이다. 네잎클로버는 일종의 변종 또는 기형이라고 한다. 같은 뿌리에서 나온 클로버인데도 어떤 것은 네 잎이고 어떤 것은 세 잎이다. 심지어 다섯 잎인 것도 있다. 또한, 일설에 의하면 중세시대에는 클로버의 세 잎 모양이 십자가와 닮았다고 해서 행운을 뜻하기도 했으며, 일부 중세인들이 세 잎 클로버가 악마와 마귀를 쫓아내는 힘을 가졌다고 생각하기도 했다고 한다. 어쨌든 네 잎이든 세 잎이든 클로버는 행운과 행복을 뜻한다고 한다. 다만 사람들이 어떻게 받아들이느냐에 달려 있다고 한다. 중세시대 유럽에서 자라던 클로버가 어떻게 한국에까지 전파되어 여기저기 흔하게 자라고 있는지는 알 수 없다. 클로버가 시멘트 바닥에 흙이 조금만 있어도 자라고 있는 것을 보면 환경에 상당히 강한 적응력을 가지고 있음이 틀림없다. 클로버 풀꽃은 단 내음이 상당히 강하다. 다른 꽃이 피기 전인 이른 봄 어느 날 나는 수영장에 다녀오다 길옆에서 꿀벌 소리를 들었다. 웬 꿀벌 소리일까? 하고 주변을 살펴보니 제법 많은 꿀벌이 클로버 풀꽃 위를 윙윙 날면서 꿀을 채취하고 있었다. 요즈음은 하우스에서 세 잎, 네 잎 다섯 잎 심지어 일곱 잎 클로버까지 재배에 성공해, 대량으로 생산하여 샐러드 등 식용으로 판매한다고 한다. 이제 사람들이 토끼풀도 먹고 사는 세상이 된 모양이다. 모든 것이 참으로 빠르게 변화하고 있는 것 같다.

클로버는 한국어로 토끼풀이라고 불린다. 나는 어릴 때 형이 산토끼 한 마리를 잡아 와서 길러본 적이 있다. 당시만 해도 토끼풀은 온 사방에 널려 있었다. 나는 산토끼가 토끼풀을 잘 먹으리라고 생각해 많이 뜯어다 던져주었다. 그러나 처음에 먹는 시늉만 하고 잘 먹지 않았다. 그 당시 토끼가 왜 토끼풀을 먹지 않았는지 잘 몰랐다. 그리고 왜 클로버를 토끼풀이라고 명명했는지도 알 수 없었다. 그저 어른들이 그렇게 부르니 그렇게 알고 있었을 뿐이었다. 그리고 토끼풀 풀꽃은 흰색뿐만 아니라 붉은색도 있고 색상도 여러 가지다. 토끼풀꽃을 따서 손아귀에 쥐어보면 제법 부드럽고 푹신해서 기분이 좋다. 내가 어렸을 때는 시계가 참으로 귀했다. 손목시계는 소위 돈 많은 사람들이 차고 다니며 자랑스럽게 손목을 들어 보이곤 했다. 고급시계는 부와 품위의 상징이기도 해서 1970~1980년대에는 결혼예물로도 인기가 있었으며, 소매치기들이 고급시계를 찬 버스 승객들을 노리고 범행을 한 시기가 있었다. 나는 시골에 살 때 친구들과 집 앞에 있는 조그만 동산에서 가끔 토끼풀 풀꽃을 여러 개씩 꺾어 꽃시계를 만들기도 하고 팔찌도 만들어 보곤 했다. 참으로 옛날 아련히 떠오르는 추억이기도 하다.

외손녀가 초등학교 2학년 때, 나는 아내와 외손녀 그리고 둘째와 함께 집에서 멀지 않은 김종서 장군 묘에 갔었다. 묘소 주변을 둘러본 다음 근처에 토끼풀이 집단으로 자라고 있는 곳을 발견하고, 네잎클로버 찾기 게임을 했다. 그런데 아무리 찾아도 네잎클로버는 발견할 수가 없었다. 30여 분 이상 지난 후 갑자기 손녀가 네잎클로버를 찾았다고 소리치며 뛰어왔다. 그리고 기뻐서 깡충깡충 뛰며 네잎클로버를 자랑했다. 모두가 손녀를 중심으로 네잎클로버를 찾은 기념으로 사진을 찍으려 하는 순간 손녀가 갑자기 큰소리로 배꼽을 잡으며 웃기 시작했다. 왜 웃는지 어리둥절 해하자 손녀는 사실은 세 잎 클로버에 잎 하나를 추가해서 일부러 네잎 모양으로 만들어 자랑했다고 고백했다. 우리는 일시적이지만 감쪽같이 속았다. 우리는 손녀가 어떻게 그런 꾀를 내려고 했는지 기가 막힌 아이디어라고 말하면서 박장대소, 웃고 또 웃었다.

이런 일이 있고 난 뒤, 나와 아내는 집주변을 산책할 때마다 토끼풀군락을 보면 네잎클로버가 있는지 수시로 확인했다. 반드시 손녀에게 네잎클로버 발견 소식을 전하고 손녀에게 네잎클로버를 전해주고 싶었기 때문이다. 그러나 아무리 찾아도 발견할 수가 없었다.

예전 내가 젊었을 때 가끔 들었던 클로버에 관한 노래가 있다. 대중가요 '네잎 크로바'인데 달달함이 넘치는 가사이다.

네잎 크로바 찾으려고

꽃 수풀 잔디에서 해 가는 줄 몰랐네

당신에게 드리고픈

네잎 크로바 사랑의 선물

희망의 푸른 꿈 당신의 행운을

당신의 충성을 바치려고 하는 맘

네잎 크로바 찾으려고

헤매는 마음 네잎 크로바

  오늘은 시간 여유도 많이 있고 구태여 커피숍에 빨리 가야 할 이유도 없었기 때문에 우리 부부는 클로버 군락이 있는 곳을 지날 때마다 마음속으로 '혹시나, 운이 좋으면'하면서 살펴보았다. 반쯤 포기하고 한참을 걷다가 드디어 아내가 진짜 네잎클로버를 발견했다. 네잎클로버를 찾으려고 애쓰고 있는 모습을 하느님께서 안타깝게 생각한 것일까. 전혀 기대도 하지 않던 곳에서 우연히 발견한 것이다. 그동안 그렇게 찾으려고 노력했는데, 없던 클로버가 어디서 왔단 말인가? 하느님이 우리 부부의 간절함에 감동해서 들어주신 것일까? 어쨌든 반가웠다. 우리 부부는 지나는 사람들의 시선은 아랑곳하지 않고 마치 잃어버린 귀중품이라도 찾는 것처럼 열심히 살펴보았다. 사실 나는 다른 사람이 발견한 네잎클로버는 보았어도, 내가 직접 네잎클로버를 발견한 적은 없다. 아내도 네잎클로버는 태어나서 처음이라고 했다. 우리 부부는 서로 얼굴을 바라보며 흡족해하며 웃었다. 그러자 아내가 또 발견했고 이어서 나도 발견했다. 아내와 나는 무언가 좋은 일이 있는 것 아닐까? 하고 동시에 서로에게 말을 했다. 네잎클로버 발견은 일반 세 잎 클로버 1만 개당 한 개 정도로 확률이 매우 낮다고 한다. 네잎클로버 몇 개를 따고 일부는 손녀가 직접 체험하며 기쁨을 느낄 수 있도록 하기 위해 남겨놓았다. 아내와 나는 네잎클로버 찾는 기쁨에 시간 가는 줄도 몰랐다. 손녀는 이제 생각이 많고 감정이 복잡한 5학년 사춘기이다. 과연 초등학교 1학년 또는 2학년 때처럼 네잎클로버에 호기심을 가지고 있을는지도 의문이다. 어쩌면 손녀는 네잎클로버에는 더 이상 관심이 없을는지도 모른다. 커피숍에 도착하자마자 핸드폰으로 찍어 가족 단톡방에 올렸다. 그리고 커피숍에서 읽기 위해 가지고 온 책갈피 속에 네잎클로버를 정성스럽게 펴서 고이 모셔놓았다. 딸들이 이런 날은 로또를 사야 한다면서 말이 많았다. 아내와 나는 귀가하는 길에 로또를 사기로 했다. 그리고 잠시나마 로또가 당첨되면 어떻게 하지 등 사실 떡 줄 사람은 생각지도 않는데 김칫국 먼저 한 그릇 마시듯이 잔뜩 기대에 부풀어 한때나마 즐거운 시간을 보냈다.

나는 어쩐지 추첨운이 없는 편이다. 초등학교 때 매년 봄, 가을 소풍을 갔다. 나는 한 번도 보물찾기에서 행운을 잡은 적이 없다. 직장생활을 할 때도 연말에는 가끔 빙고 게임을 했는데, 이때도 역시 나에게 당첨운은 없었다. 그래서 나는 열심히 땀 흘려 노력해서 얻는 것이 아니면 기대하지 말자, 요행을 바라지 말자고 다짐하면서 자위를 하기도 했다. 그런데 오늘 나는 네잎클로버를 발견했다는 핑계로 로또에 투자하려고 하고 있다. 그러면서 1등 아니 2등, 그것도 아니면 3등 당첨 등을 상상해 본다. 나와 비교할 때 그래도 아내는 추첨운이 있는 편이다. 혹시 아내가 당첨될 수도 있는 것 아닌가? 결국 나와 아내는 귀가하면서 로또에 베팅을 했다. 아내와 나는 일생 처음 발견한 네잎클로버에 행운을 걸었다. 그리고 서로 다른 꿈을 꾸며 집에 돌아왔다.

아파트 헬스장에서 운동하고 돌아오자마자 당첨 번호를 확인했다. 아내와 나는 모두 '꽝!'이었다. 아내는 번호가 둘이나 맞았지만 나는 한 개도 맞추지 못했다. 침대에 벌러덩 누워 생각했다. 그렇게 찾기 힘들었던 네잎클로버의 행운은 도대체 어디 간 것일까? 72년 살아오면서 처음 발견한 네잎클로버의 행운을 이대로 날리는 것일까? 너무도 아깝지 않은가? 그러나 현실은 현실이다. 어쩌면 남들이 쉽게 찾지 못하는 네잎클로버를, 그것도 많이 발견할 수 있었던 것 자체가 행운이었는지도 모른다. 우리 부부는 기분이 아주 좋아져 즐겁고 기쁜 나머지 서로를 바라보며 웃고 또 웃었기 때문이다. 갑자기 엔도르핀이 마구마구 솟아 그만큼 몸을 건강하게 해준 것 아닌가? 아니면 오늘 나와 우리 가족 모두가 무탈하게 잘 보냈다는 것, 바로 이것이 무엇보다도 큰 행운이 아닐까? 가족들 모두 오늘 하루 이런저런 일을 하며 바쁘게 하루를 보냈는데 특별히 신경 쓰거나 근심, 걱정할 일 없이 잘 지냈다는 것, 이 자체만으로도 얼마나 기분 좋은 일인가? 등등… 그렇다. 현대는 어떤 사회인가? 사건·사고가 시간, 장소 불문하고 많이 일어나는데 오늘 나에겐 아무 일도 없었던 것 아닌가? 성경 말씀이 다시 한번 머릿속을 스쳐 지나갔다. 범사에 감사하라!

　이제 며칠 지나면 어린이날이다. 손녀에게 줄 마땅한 선물이 생각나지 않아 아내와 상의했다. 클로버를 준비하기로 했다. 나는 아내와 함께 싱싱하고 큼지막한 네잎클로버를 찾아 예쁜 색종이에 포장하고 손녀에게 주는 귀중한 '한마디'도 준비했다. 그리고 손녀가 미국에 가서 사용할 용돈도 함께 마련했다. 우리가 준비한 선물에 대해 외손녀는 어떤 반응을 보일까? 생각지도 못했던 네잎클로버를 행운으로 받아들이고 기뻐할까? 나와 아내만의 생각일까…

세상은 보고 싶은 대로
생각하는 대로만 존재하는 것일까?

아침에 눈을 뜨고 베란다 꽃을 한동안 멍하니 바라보았다. 베란다는 집주인이 좋아하는 꽃들로 가득하다. 집주인이 보고 싶은 꽃들, 집주인이 꾸미고 싶고 꿈꾸던 형태로 만들어져 있다. 우리 인간 세상은 어떨까? 70이 넘은 나는 내가 생각하고, 보고 싶어 했던 삶을 살아왔을까? 나는 생각한 대로 살아온 것일까? 아니면 사는 대로 적응시켜 가면서 생각해 온 것일까? 나는 내 삶의 진정한 주인이었을까? 잠시 눈을 감고 내가 살아온 길을 뒤 돌아본다. 요즈음 우리 주변은 하루도 조용할 날 없이 상상치도 못했던 일들이 마치 당연한 일상처럼 뒤얽히면서 일어나고 있다. 모두 자신이 보고 싶은 세상, 자신이 생각한 사회가 되어야만 한다고 주장한다. 또 세상과 사회가 왜 자신이 생각한 대로 움직여 나가지 않느냐고 말이 많다.

　언젠가 TV에 78세 노인이 출연한 적이 있다. 그는 산속에 들어온 지 10년째인데 "더 이상 바랄 것도 없다. 지금이 가장 행복하다."고 정말 어린애처럼 편안하게, 천진난만하게 웃으면서 말했다. 그래도 무언가 바람이 있을 것 아니냐고 질문하자, 굳이 말하라고 한다면 이렇게 아름답고 조용한 자연환경 속에서 '그냥 이대로 지내다가 세상을 떠나는 것'이라고 말했다. 그러면서 젊은 시절 돈을 벌기 위해 전 세계를 돌아다녔으며, 살기 위해 해보지 않은 일이 없다고 했다. 사업에 실패한 후 빈털터리가 되어 나일 강으로 가, 여러 번 극단적 선택을 했는데 실패했으며, 그 당시에는 모든 세상이 슬프게만 보였다고 했다. 돈을 많이 벌었을 때는 눈에 보이는 것이 모두 돈벌이 대상으로 보여 미친 듯이 사업을 했다고 한다. 돈을 많이 벌게 되자 주위에 사람들이 모여들었는데, 어떻게든 재산을 지켜야겠다고 생각하니 그 사람들이 모두 다 사기꾼이나 강도로만 보였다고 했다. 노인의 눈에 비친 세상은 모두가 경계해야 할 사람뿐으로 정말 삭막했다. 사업하다 망했을 때는 돈이 없다 보니, 더 잃을 것도, 사람을 의심할 일도 없어졌고, 누구를 원망할 필요도 없었다고 했다. 아무것도 가진 것이 없다 보니 왠지 주변 사람들이 모두 착하고 좋은 사람으로만 보였다고 했다. 똑같은 세상인데 이번엔 세상이 완전히 달라 보였다고 했다. 세상은 어떻게 생각하고 어떻게 바라보느냐에 따라 얼마든지 다르게 보이고 달라진다. 자신이 처한 환경에 따라, 자신이 바라보려고 생각하는 뇌의 작용에 따라 달라져 보이는 것이다. 그 노인은 자신이 살아온 과거를 담담하게 말하고 있지만, 산전수전을 겪으며 인생을 살아와서 그런지 마치 달관한 사람처럼 보였다. 내 눈에는 그 노인이 마치 세상 삶의 이치를 모두 깨달은 깊은 산속 도사처럼, 때론 누구이든 무조건적으로 사랑하는 예수님처럼, 해탈한 부처님처럼 보이기도 했다.

고려말 충신이었던 최영 장군의 아버지는 죽기 전 최영에게 "너는 마땅히 황금 보기를 돌같이 하라."는 유언을 남겼다고 한다. 황금은 권력과 재물, 부귀영화와 통한다. 최영은 문화시중(총리)을 역임했고 딸은 왕비를 했다. 최영 장군이 실제로 황금 보기를 돌같이 했는지 어떻게 했는지는 알 수 없다. 다만 그는 죽으면서 "자신이 티끌만큼이라도 나쁜 일을 했다면, 내 무덤에 풀이 돋을 것이고, 그 반대로 자신이 청렴결백하게 지냈다면 내 무덤에 풀이 나지 않을 것이다."고 말했다 한다. 그런데 훗날 최영 장군의 묘에는 풀이 전혀 나지 않고 흙만 덮여 있었다고 한다. 무덤에 관한 이야기만 보면 최영 장군은 분명 아버지의 유언처럼 청렴결백하게 사신 것 같다. 고려말 혼란기, 부정부패가 만연하고 권력자의 횡포가 난무하던 시기, 권력자는 누구나 응당 부정부패를 일삼고 백성과 약자를 무한 착취하던 것을 당연시했다. 주변이 그렇게 되면 청렴결백하던 사람도 자신도 모르게 오염되고 부패되기 쉬운 것이 세상사다. 부정부패와 권력욕에 몰두했던 고려말 권력자들의 눈에 최영 장군은 어떤 모습으로 보였을까? 권력자들이 서로 자기 것 챙기기에 급급하다 보니 고려말 세상은 그야 말로 망국 일보 직전의 타락의 끝판이었을 것이다. 그리고 고려 왕조는 권력층은 붕괴되었다. 어쨌든 최영 장군은 황금과 권력의 유혹에 넘어가지 않고 주위 사람들과 다른 삶을 살았다니 대단한 사람이라고 아니할 수 없다. 최영 장군의 눈에는 세상이 어떻게 보였기에 독야청청 청렴결백했던 것일까?

연예인 유재석이 말했다. 어느 날 집에 돌아가니 중학생 아들이 비스듬히 누워 핸드폰을 바라보는 모습을 보고 자신의 행동과 너무도 닮아 소름이 돋았다고 했다. 옛날 어른들이 하시던 말씀 중에 자식은 어버이의 뒷모습을 보고 자란다고 했다. 아이들은 보지 않는 듯해도 부모의 행동, 말씨를 유심히 살피고 따라 하기 시작한다. 아이들은 부모를 통해 본 세상이 가장 멋있고 아름답다고 생각하며 닮아가고 싶어 하는 것이다. 즉 아이들은 일상에서 부모를 제일 많이 접하면서 생각을 가다듬고 자신들의 세상을 하나하나 만들어 가고 있다. 아이들은 부모를 통해 본 세상이 이 세상 전부인 것으로 생각해 버린다. 부모는 아이들에게 있어 닮고 싶은 일종의 세상(우주)이고 우상이기 때문이다.

세상을 어떻게 보고 또 어떻게 생각하고 행동하느냐는 모두 자신의 책임이다. 세상은 존재한다고 해서 다 볼 수도 없고, 그리고 알 수도 없다. 설사 세상이 다 보인다고 해도 그대로 행동으로 옮길 수도 없다. 하느님의 어떤 조화인지 알 수 없지만, 일단 보는 순간, 아는 순간 우리의 대뇌는 전부 받아들이려고 하지 않는다. 아니, 그렇게 작용하도록 만들어져 있다. 왜냐하면 전부 받아들이면 대뇌의 컴퓨터는 용량 초과로 대혼란에 빠지게 되어 있다. 그래서 보고, 아는 순간 즉시 선택적으로, 다시 말해 보고 싶은 것, 알고 싶은 것, 관심이 많은 것 등을 위주로 선택해 받아들인다. 참으로 기기묘묘하다. 우리가 살아가는 데 있어 중요한 것은 이러한 선택 속에서 어떻게 하면 좀 더 좋은 선택을 하여 우리가 만들고 싶은 보고 싶은 세상을 만들 것인가이다. 직업, 의식구조, 교육과 가치관, 관심 분야, 취미, 기호 등등에 따라 사람이 보는 분야도, 보이는 분야도 세상도 달라지기 마련이다. 우산 파는 사람은 매일 비가 많이 와야 한다. 물난리가 나도 그저 기분이 좋다. 신발가게 주인은 온통 사람들의 신발에만 관심이 있다. 백화점에 가도 그 많은 상품 중에 자기가 좋아하는 상품만 고르고 구매한다. 보고 싶은 것만 보고 생각한 대로만 행동하는 것이다. 정치하는 사람은 어떻게든 권력만 쥐면 되고, 선거 때 '표'만 의식한다. 거짓말을 해도 '표'만, '권력'만 잡을 수 있다면, 나라가 어떻게 되든, 세상이 어떻게 되든 관심이 없다. 국민은 오직 표와 권력 획득을 위한 대상일 뿐이다. 요즈음도 일부 국민은 팬덤 현상에 매몰되어 내 편이 하면 '옳고 그름'을 판단하거나 따질 필요도 없다고 생각해 버린다. 그저 모두가 옳고 좋을 따름이다.

　세상을 만드는, 사회를 형성하는 제반 요소들은 너무도 많다. 사람들의 생각도 상상할 수 없을 만큼 다양하다. 그 다양성을 무시하고 자기가 생각하고 싶은 것만 생각하고, 바라보고 싶은 것만 바라본다. 그러면 안 되는 세상인데도 말이다. 다양한 요소들이 좋은 방향에서 좋게만 결합된다면, 세상은 더없이 좋아질 터인데… 각자 자기가 보고 싶은 것만 보고, 자기가 생각하는 것만 앞세우는 세상에서, 이제는 한 발자국씩 물러서서 생각하고 냉정과 이성을 찾아야 하지 않을까? 서로가 존중하고 타협하는 세상이 되면 좋을 터인데… 앞으로도 우리는 어쩌면 세상이 마음에 들지 않더라도, 보고 싶은 세상이 아닐지라도, 어쩔 수 없이 현실과 타협하면서, 적응시켜 가면서 살아야 하는지도 모른다. 자신의 기준이나 선택, 자신의 잣대만 주장하지 말고, 맞지 않아도 여러 사람이 동의하면 받아들이고 이해하고 살아가야 한다. 국가도 사회도 생각이 서로 다른 많은 사람이 참여하는 공동체이기 때문이다.

폭염 속에서 다가온
가을의 소리, 가을바람

    8월 하순 늦더위가 여전히 기세등등 극성을 부리던 어느 날, 서울에 살던 큰아이가 월차 휴가를 냈다면서 세종시를 찾아왔다. 올해 여름은 폭염과 극한 호우 등으로 말도 많고 유난히도 극성스러웠던 것 같다. 나는 올여름 휴가는 큰딸과 함께 가기로 예정하고, 그 시기를 조정 중에 있었다. 큰딸이 올해는 회사 행사와 뉴욕 출장 등으로 어쩌면 휴가가 무리일 것 같다면서 어떻게 하면 좋은지 물었다. 나는 무더위로 몸과 마음이 많이 지쳐 있는 상태인 데다, 무언가 기분전환이 필요한 시기라고 생각해 센다이(일본)나 호치민(베트남) 등 해외여행을 고려하고 있었다. 딸의 말(휴가 불가)을 듣는 순간 조금 서운했으나 한편으론 어쩌면 잘된 일인지도 모른다는 생각도 들었다. 왜냐하면 호치민이나 센다이 기온이 서울이나 세종시와 비교할 때 만만치 않기 때문이다. 어쨌든 여름휴가 해외여행은 사라졌다. 딸은 세종시에 온 김에 아예 세종시에 있으면서 여름 휴가를 써야겠다고 했다. 이번에는 나와 아내가 당황했다. 갑자기 무더운 1주일을 세종시에서 계속 함께 지낸다는 것은 쉽지 않은 일이다. 나와 아내는 그동안 잡혀 있는 일정을 모두 취소하기로 하고 딸과 함께 급히 휴가 계획을 세웠다. 문제는 휴가 기간 중 비가 자주 내릴 것이라는 기상예보였다.

딸의 휴가 마지막 날은 가족 골프였다. 아내와 큰딸의 골프 실력은 우열을 가리기 힘들 정도다. 둘 다 골프 실력이 빼어난 수준은 아니지만 그렇다고 동반자에게 피해를 줄 수준도 아니다. 아내와 딸은 둘이서 게임하기 좋은 상대다. 나는 심판을 보면 된다. 다행히 전날 비가 온 탓인지 공기도 맑고 바람도 조금씩 불었지만, 역시 폭염은 폭염이었다. 전반을 돌고 후반에 돌입하면서부터 왠지 바람끝이 한여름 바람과는 달랐다. 가을 냄새가 났다. 가을바람이 불고 있었다. 비가 온 뒤 가을이 성큼 다가온 것이다. 얼마나 기쁜 소식인가. 주변을 둘러보니 산에 있는 밤나무의 알맹이가 제법 커졌다. 밤나무도 어느 사이엔가 가을이 다가오고 있음을 알려주고 있는 것이 아닌가? 나뭇잎들의 색깔도 누런 기운이 확연하다. 특히 올해 여름은 나에게 꽤나 힘든 여름이었다. 이제 여름은 가고 가을이 오고 있다. 이 즐겁고 신나는 시간, 그렇다, 남아 있는 홀들을 정말 재미있게 즐겨야 한다. 아내도 딸도 무덥기는 하지만 그래도 주 초에 비해 날씨가 달라졌다고 했다. 딸의 휴가 마지막 날 골프를 즐길 수 있도록 하늘이 우리에게 베풀어 준 선물인 것 같아 기분이 더욱 좋아졌다.

골프를 마치고 집에 돌아와 가볍게 샤워를 한 후 창문을 활짝 열고 침대에 벌러덩 하고 누웠다. 피로감이 한꺼번에 몰려왔다. 그러나 마치 수험생이 중요한 시험을 치른 후 느끼는 느낌처럼 편안하고 후련한 기분이 들었다. 오늘 골프가 사실 우리 여름 휴가의 하이라이트여서 그랬는지, 아니면 휴가 내내 비 예보를 걱정해서 그랬는지, 정확한 이유는 모르겠다. 베란다에 걸려 있던 풍경이 "오늘 더위에 수고했다, 반갑다, 주인님을 위해 특별히 한 곡을"하면서, 가볍게 "찌리 링 찌리 링"하고 청아한 목소리로 노래를 부르기 시작했다. 아! 편안하고 기분 좋은 소리다. 여름이면 언제나 나의 기분을 어르고 달래주는 풍경 소리다. 바람이 불어도 함부로 나대지 않고 언제나 점잖게 절제 있게 행동해 준다. 그래서 그런지 여전히 우리 집 베란다에 잘 매달려 있다. 제멋대로 행동하거나 함부로 설쳤으면 벌써 이웃 주민들의 민원으로 철거되었을 터인데 여전하다. 잠시 누워 풍경 소리를 감상하고 있는데 이마와 코끝, 팔다리를 스치는 바람끝이 평소와는 다르다. 골프장에서 느낀 바람도 역시 가을을 알리는 바람이었다. 그러고 보니 골프장에서 집에 돌아올 때 벼의 색깔도 누런 기운이 역력했었다. 벼들도 익어가고 있었다. 사람들이 무더위에 지치고 힘들어하는 사이에 자연은 다시 한번 가을로 탈바꿈하고 있었다. 가을바람, 얼마나 듣기 좋고 부르고 싶은 이름인가? 반갑고 반갑다. 마치 성경에 나오는 집 나간 아들이 돌아오자 하인들이 반대하는데도 너무도 반가워하며 성대하게 잔치를 벌이는 아버지 모습과도 닮았다. 가을이 다가오는 소리만 들어도 기분이 좋다.

무더위 1~2개월을 잘 이겨내지 못한 주제에, 나는 벌써 무더위를 모르는 척하면서 뒤도 돌아보지 않으려고 한다. 나는 언제부터, 왜 가을이 오길 그렇게 기다렸을까? 인간의 간사함이 묻어나는 행동으로 속이 훤히 들여다보인다. 나의 이런 태도를 보면 올 여름 무더위가 가려던 발걸음을 멈추고 행여 주저앉아 버리려고 할지도 모른다. 마음을 곱게 써야 할 터인데… 나는 침대에 벌러덩 누워, 풍경 소리와 바람으로부터 가을 소식을 전해 들었다.

가을이 다가오는 소리

임용재

기세등등 끝이 보이지 않던 무더위
물러가기 싫다며, 떠날 수 없다며 머뭇머뭇
하늘 가득 흰 구름 두둥실
땅 위엔 시원한 가을바람 살랑살랑
반갑고 반가운 가을바람, 가을의 소리

가을바람에 흔들흔들 베란다 꽃잎들
방 안 가득히 밀려오는 가을 냄새
꽃잎들이 기뻐하며 환희의 춤을 춘다

바람 끝에 묻어나는 시원하고 상큼한 가을 향기
부드러운 가을바람에 스르르 무거워지는 눈꺼풀

동양란 잎사귀들의 생기 넘치는 춤사위
방안 가득히 울리는 청아한 풍경 소리
어제는 여름 풍경 소리, 오늘은 가을 풍경 소리
찌리 링! 찌리 링! 가을을 부르는 소리
빠르지도 느리지도, 크지도 작지도 않은 풍경 소리

  딸과 아내의 골프 시합은 무승부로 끝나고 승부는 다음으로 연기되었다. 어느 날 갑자기 시작된, 그래서 일순간 당황했던 딸과 함께한 여름휴가 1주일은 다양한 일정을 소화하면서 길면서도 짧게, 그리고 콤팩트 하고 보람 있게 끝났다. 휴가 기간 내내 비 소식이 있어 내심 걱정을 많이 했으나, 끝나고 보니 결국 '걱정은 걱정'으로 끝나고 한낱 기우였음이 확인되었다. 딸은 휴가가 끝나면서 뜻밖에도 우리에게 가을 소식을 맨 처음 전해준 '가을의 여자'로 자리매김하게 되었다. 다음 휴가 때는 어떤 일이 우리를 기다리고 있을까?

짧고 쓸쓸한 가을

　단풍이 절정을 향해 달려가던 어느 가을 아침, 커피 한 잔을 들고 소파에 앉아 물끄러미 주위를 돌아봤다. 한마디로 '커피 한잔, 멍 때리기'를 시작했다. 처제가 보내준 탄자니아 커피는 딱 내 취향으로, 천천히 마실수록 맛있고 커피 향이 그윽하다. 우리 집 거실은 동서남북 각 방향으로 창이 나 있으며, 조망이 그럴듯하다. 특히 다른 건물들과 거리를 두고 있고 주변에 각종 수목 조경이 잘되어 있어 4계절 언제나 좋은 편이다. 가을이 무르익어 가면서 어느 사이엔가 수목들이 모두 형형색색으로 옷을 갈아입었다. 신기하게도 수목들은 방향에 따라, 나무 종류에 따라, 심지어 같은 종류의 수목인데도 단풍의 정도가 모두 다르다. 보면 볼수록 단풍 색깔은 그야말로 가지가지 아롱이다롱이다.

모처럼 오전에 아파트 헬스장으로 향했다. 야트막한 언덕길을 걸으면서 주변 단풍을 유심히 관찰했다. 아무리 보아도 예쁘고 멋있는 색깔이다. 벚나무는 잎사귀마다 참으로 다양한 색상을 하고 있다. 한참을 보아도 신기하고 멋있다는 생각뿐이었다. 헬스장에서 운동을 하다 아파트 단지 단풍을 바라보았다. 나무 10여 그루만 모여 있어도 단풍 구경은 나름대로 가능하겠다는 생각이 들었다. 운동을 마치고 기구에 거꾸로 매달렸다. 한동안 매달려 있다가 눈을 뜨니 세상이 거꾸로 보이며 티 없이 맑고 높은 파란 하늘과 함께 하얀 조각구름이 바람에 밀려 서로 붙었다 떨어지기를 반복하면서 떠가고 있다. 어떤 구름은 커다란 구름 덩어리의 끝자락을 붙잡고 있다 그만 손을 놓고 바람에 밀려 하염없이 떨어져 나간다. 한순간에 길잃은 하늘의 미아 신세가 되어버렸다. 인생도 붙잡은 손을 놓으면, 기회를 놓치면 구름 조각 신세가 되는 것일까? 눈을 크게 뜨고 주변을 본다. 단풍 경치도 좋지만, 이번에는 눈에 보이는 온 세상이 빙글빙글 돌기 시작했다. 어지럽다. 거꾸로 본 세상, 새로운 세상이다.

거꾸로 본 세상

임용재

높고 깊은 쪽빛 하늘 속으로
부드럽고 하얀 솜털 구름이 점점이 떠간다
바람결에 붙었다 떨어지길 반복하며
온갖 형상으로 아름다운 모양으로

톡 건드려 보고 싶고 꼬옥 쥐어보고 싶은 솜털 구름

바람과 구름이 파아란 도화지 위에 그려낸 형상들
붉게 물든 단풍도 아파트도 빙글빙글 돌고 돈다
바람이 쓰는 이야기 구름이 만드는 무대
바람과 구름이 만들어 낸 신비스런 거꾸로 본 세상
붙었다 떨어졌다 바람과 구름의 사랑 이야기

며칠 전 서울에서 은행나무 가로수가 제법 많이 있는 길을 걸었다. 세종시와는 다르게 은행잎들이 노란색으로 변해 있었다. 황금색 노란 은행잎들이 바람결에 휘날리며 나의 머리 위로 떨어졌다. 제법 만추다운 기분이 들었다. 은행나무 밑에 서서 물끄러미 바라보았다. 마치 바람이 잎사귀 한 잎 한 잎에 무언가를 열심히 속삭이고 있는 것처럼 느껴졌다. 바람은 노란 은행잎에 어떤 사연을 전한 것일까? 잠시 후 은행잎 하나가 바람을 타고 날아가다 힘없이 땅에 떨어졌다. 은행잎은 바람과 대화가 잘되지 않았던 것일까? 나는 무심코 땅에 떨어진 그 은행잎을 바라보았다. 그리고 다시 은행나무를 올려다보았다. 다른 은행잎은 "나는 아직 떠날 때가 아니야!"하고, 거부 의사를 확실하게 전한 모양이다. 그런데 바로 코앞에 금방이라도 떨어질 듯 위태위태하게 대롱대롱 매달려 있는 잎사귀가 하나 있었다. 나는 "넌 금방이라도 이별을 고해야 할 것 같구나! 헤어짐은 자연계의 자연스러운 현상이란다. 준비 잘해두려무나. 잘 있거라."라고 이야기를 한 후, 가던 길을 재촉했다.

서울에서 돌아온 후 다시 시간을 내어 아내와 함께 가을 기분을 맛보기 위해 청남대를 찾았다. 청남대를 가다 보면 가로수에 은행나무가 유달리 많다. 첫 번째 게이트까지 가는 도로 양쪽에 은행나무가 줄지어 서 있다. 나무마다 단풍 드는 시기가 조금씩 차이가 있긴 하지만 10월 말에서 11월 초가 되면 대체로 노란색으로 갈아입는다. 은행나무 가로수길을 달리다 보면 기분이 한껏 올라가게 된다. 또 청남대 잔디광장 뒤편 야산에는 아주 오래된 키가 큰 은행나무가 다른 나무들과 어우러져 좋은 풍경을 만들어 낸다. 야산 쪽에 있는 '화합의 길(1km)'을 걷다 보면 바람과 나무의 대화를 들을 수 있다. 가던 발길을 멈추고 있으면 나뭇잎들이 제법 살랑거리며 호젓하면서도 운치 있는 분위기를 연출한다. 그러다 갑자기 잔가지들이 바람에 춤을 추기 시작하면서 주위가 소란스러워진다. 그리곤 하늘 높이 자란 나무에서 나뭇잎(은행잎, 솔잎, 여타 단풍잎 등)이 한바탕 우수수, 낙엽 비가 되어 떨어진다. 붙어 있는 다른 나뭇잎들은 바람 앞에 등불처럼 일제히 떨기 시작한다. 풍전등화 신세다. 한바탕 불어오는 센 바람 앞에 나무는 속수무책, 그동안 애지중지해 왔던 나뭇잎을 하염없이 다 내어준다. 추풍낙엽이다. 노란 은행잎과 노란 솔잎 낙엽이 바람결을 따라 날아가다 나의 머리 위에 내려앉았다. 가을이 왔다 가는 소리, 바람과 잎사귀들이 전하는 가을 이야기를 감상했다. 어쩌면 '청남대 화합'의 길에서만 느낄 수 있는 즐거움이자 멋이 아닐까?

돌아오는데 제법 쌀쌀한 기운이 얼굴을 스쳤다. 가을은 벌써 물러갈 준비를 서두르고, 발걸음을 재촉하는 모양이다. 수목들은 단풍의 아름다움을 마음껏 뽐내기 위해 아직은 시간이 더 필요하다고 말하고 있는 듯한데 자연은, 세월은 아랑곳하지 않는다. 가을비는 단 한 번으로도 단풍이 만들어 낸 아름다운 세상을 확 바꾸어 버린다. 단풍잎은 구석구석에 자리를 잡기도 하고 도로 위를 제멋대로 낮게 날기도 하고 뒹굴기도 한다. 단풍잎은 땅 위를 뒹굴며 어떤 생각을 할까? 차고 강해진 바람은 최후의 한 잎마저 남김없이 끌고 가서 이리저리 뒹굴린다. 인간이 아무리 뛰어난 능력을 소유하고 있다고 해도 자연의 이치를 거스를 수는 없다.

80년대 초 나는 동경 와세다대학교 대학원에서 유학 생활을 했다. 11월이 되면 날씨도 을씨년스럽고 몸도 마음도 움츠러들면서 무던히도 집에 돌아가기가 싫었었다. 더욱이 비라도 오는 날이면 나는 집에 빨리 돌아가지 않고 교정 여기저기를 걸어 다녔다. 비에 젖어 땅바닥에 납작 달라붙어 있는 커다란 단풍잎을 발로 걷어차 보기도 하고 밟아보기도 했다. 땅바닥에 달라붙은 낙엽은 잘 떨어지지 않았다. 마치 찰거머리 같다. 일본어에 '비에 젖은 낙엽 신세'라는 말이 있다. 중년 남자들이 퇴직 후, 할 일도 갈 곳도 여의치 않아 일상을 아내에게 바짝 붙어서 살아가는 현상을 일컫는 말이다. 언젠가 강남 수서에 살 때 이른 아침 산책을 하다 청소하는 아저씨가 많이 쌓여 있는 가로수 잎을 치우는 것을 보았다. 나는 동경 유학 시절이 생각나서 아저씨에게 다가가 "수고 많으십니다. 지겹겠어요."하고 인사를 했다. 아저씨는 "끝없이 떨어지네요. 귀찮기는 하지만 세상사가 다 그런 것 아니겠어요. 나이 들면 낙엽 같은 신세가 될지도 모르지요."라고 말했다. 그 당시에는 흘려들었지만 지금 생각해 보니 참으로 명답이라는 생각이 든다. 단풍이 모두 떨어지면 나무는 나목(裸木)이 된 채 추운 겨울을 보내며 새로운 봄을 준비한다. 단풍의 일생, 우리 인생살이와 너무도 많이 닮았지 않은가?

나목(裸木)

임용재

수목이 바람 앞에 어찌할 바 모르고 몸을 흔들어 댄다
우수수 우수수 말없이 떠나가는 잎새를 바라본다
끝까지 떨어지지 않던 마지막 잎새 한 잎도 힘없이 날아간다
실오라기 하나 걸치지 않은 채 벌거벗고 서 있는 나목
새봄, 새로운 삶이 빨리 오길 손꼽아 기다리는 것일까?
살다 보면 알게 되겠지 인생도 마찬가지란 것을

  겨울을 나기 위해 마지막 잎새까지 내려놓고 봄을 기다리는 나목. 자연은 필요한 만큼만 갖고 버리라고 한다. 사람은 빈손으로 왔다 빈손으로 가는 것임을 잘 알면서도 끝없이 더 가지려고 욕심을 부린다. 삶은 어쩌면 그 욕심 때문에 스스로 외롭고 힘겨운 것이 아닐까? 나목으로부터 가벼워지는 법, 내려놓는 법, 삶의 지혜, 인생을 다시 배운다.

  기타 공부를 하고 돌아오는 길에 동료와 함께 아파트 주변 도로

확장 공사 현장을 살펴보았다. 공사가 본격적으로 추진되고 있지는 않았으나 이리저리 공사표시 줄을 쳐놓고 군데군데 소나무 등 큰 나무를 마구 파 헤쳐 놓았다. 생각보다 아파트 쪽으로 많이 들어와 공사가 진행되고 있었다. 앞으로 소음이 꽤 많이 발생할 것 같다는 생각과 함께, 그동안 4계절 내내 아름다운 경치를 만들어 주면서 나를 즐겁게 해주었던 수목들이 사라져 버린다고 생각하니 어쩐지 기분이 좋지 않아졌다. 특히 작은 소나무 숲이 사라진다고 생각하니 안타까운 마음이 가득했다. 가뜩이나 올해 가을은 짧게만 느껴졌는데… 무더운 여름 내내, 가을만 되면 여기저기 구경 다녀야겠다고 생각을 했는데 벌써 찬 바람이 불고 낙엽이 지다니… 세월의 빠름에 아쉬움만 가득한데 도로 확장 공사 소식까지 겹쳤다. 또 내가 좋아하는 작은 숲, 오솔길이 여지없이 파괴되고 있다. 공사 현장을 보고 있으려니 마음만 더욱 아프다. 올가을은 어쩐지 짧고 쓸쓸한 가을이 된 것 같다.

나는 쓸쓸하고 짧은 가을을 달래기 위해 화원에서 노란 국화를 사다 베란다에 심었다. 노란 국화 화분 하나를 사서 큰딸 집에 가지고 갔다. 방 안에 화분 하나를 들여놓으니 왠지 방안 전체가 환해진 느낌이 들었다. 역시 꽃은 사람들에게 필요한 존재인 모양이다. 누가 뭐래도 가을은 국화꽃이다. 국화꽃이 베란다에 피어 있던 꽃들과 어우러지면서 짧고 쓸쓸한 가을 기분도 조금은 사라졌다. 마음을 이렇게도 상큼하게 힐링시켜 주다니 역시 꽃은 꽃이다.

사람의 미래는 알 수 없다, 인생의 낭비를 없애자

추석 연휴를 목전에 둔 오후, 큰딸로부터 해외 연수를 위한 장학재단 지원에 불합격했다는 연락이 왔다. 그러면서 코가 석 자는 빠져 금방이라도 죽어가는 듯 가느다랗고 힘없는 목소리로 밥맛도 없고 힘도 나지 않는다고 말했다. 큰딸이 지원한 미국 장학재단은 올해 연수생을 한국에서 한 명 선발한다. 큰딸이 지원한다고 했을 때 도전해 보라고 적극 성원은 했으나, 합격자 발표날이 다가올수록 왠지 머릿속에 '어렵지 않을까?' 하는 생각이 떠나지 않았다. 그런 일이 있어서는 절대 안 되지만, 선발 과정에서 연고, 외압 등 외적 요인이 작용할 것 같은 예감을 지울 수 없었다. 큰딸은 회사 업무를 하면서도 추천서를 비롯한 제반 준비와 어학 능력 제고 등 동분서주하면서 백방으로 노력해 왔다. 딸의 허탈한 마음이 이해가 갔지만, 결과를 받아들이는 것도 중요하다고 설득하고 위로했다. 나는 딸에게 각종 규제가 따르는 미국 장학금보다는 오히려 자비로 자유롭게 하고 싶은 분야를 공부하는 것이 더 좋은 결과를 낳을지도 모른다면서 "인생은 길게 보아야 한다. 미래는 아무도 알 수 없다."고 다독여 주었다.

사람은 누구나 태어나면서부터 운명에 따른 자신만의 긴 여행을 시작한다. 자신이 가고 있는 길이 자신에 맞는 최선의 길인지 아닌지는 모른다. 가는 길이 평탄하고 좋은 길인지, 앞으로 가야 할 길이 가시밭길인지, 아니면 경치 좋은 숲인지, 늪지인지 전혀 알 수 없다. 그러나 한 걸음 한 걸음 앞으로 나아간다. 그러다가 넘어지고 일어서기를 반복한다. 넘어지면 일어나! 일어나! 다시 한번 해보는 거야! 하면서 자신을 격려하고 어루만져 준다. 어쩌면 사람은 성공과 실패, 행복과 불행의 연속선상에서 외줄타기를 하면서 걸어가고 있는지도 모른다. 오늘의 성공이 내일의 성공으로 연결된다는 보장도 없으며, 또한 오늘의 실패가 반드시 내일의 실패가 되는 일도 없다. 오히려 오늘의 실패를 거울삼아 심사숙고하여 주도면밀하게 일을 추진하면 내일은 더 큰 성공을 거둘 수도 있다. 다만 인생을 낭비하지 않도록 항상 경계하고 주의는 해야 한다. 가끔 주변에서 잘나간다고 시샘을 사고 부러운 눈초리를 한껏 받았던 인물이 어느 날 갑자기 몰락하는 경우를 볼 수 있다. 그 반대의 경우도 많이 본다. 학창시절 별로 눈에 띄지 않던 친구가 사회에 진출하면서 갑자기 각광을 받게 되기도 한다. 정말 알 수 없는 것이 인생이고 삶이다. 누가 인생을 그렇게 설계하고 그려놓았는지는 알 수 없다. 다만 우리는 낭비를 없애기 위해 더 나은 선택, 더 좋은 길을 가려고 노력하고 순간순간 최선을 다할 따름이다.

좋지 않은 일이 있을 때는 남과 비교하면서 위로를 얻는 것도 하나의 방법일 수 있다. 또 최악의 상태를 가정하며 그것을 회피했음에 감사하면서 마음을 달랠 수도 있다. 조선 숙종과 영조 때 실학자로 성호사설 등 많은 저술을 남긴 이익은 조상들이 역모에 휘말리면서 조정에 출사도 못 하고 매우 불우한 삶을 살았다. 어느 여름날 이익은 조그마한 초가집에서 무더위를 참으며 잠시 자신의 초라한 처지를 비관하다 슬픔에 잠겼다. 그러던 중 농부들이 불볕이 내리쬐고 있는데도 밭에서 일하는 모습을 보았다. '아! 저렇게 일을 하면서도 농부들은 불평 한마디 없는데 나는 무엇이란 말인가?' 이후 이익은 자신의 처지를 더는 비관하지 않고 우울하게 생각하지도 않았다. 쓸데없는 일에 '인생을 낭비하지 않고' 오히려 학문에 정진하여 선비들의 귀감이 되었으며, 후세 선비들 사이에서 '성호학파'가 탄생하는 계기가 되기도 했다.

인생을 살아가는 데 있어 기준을 어디에 두고 생각하고 행동할 것인지는 매우 중요하다. 기준이 높으면 때로는 기준이 높은 만큼 자신이 한없이 초라해질 수도 있다. 그러나 분명한 것은 인생은 짧은 듯하지만 의외로 길다는 것이다. 옛말에 "길고 짧은지는 대봐야 알 수 있다."는 말이 있다. 우리는 살아가면서 수많은 우여곡절을 겪으며 최종 목적지를 향해 가고 있다. 중간 목적지에서 점검해 본 후 '성공했다.' 또는 '실패했다.'고 말할 수는 있지만, 최종결과는 모른다. 자신의 최종 목적지는 아무도 모르기 때문이다. 하느님만이 아시는 것이 아닐까? 그리고 인생을 성공적으로 살았는지 실패한 인생인지, 여부 판단은 하느님만이 하실 수 있는 것이 아닐까?

한때 우리나라에서도 개봉되어 꽤 인기를 끌었던 프랑스 영화 〈빠삐용〉에 나오는 말이 있다. 주인공 빠삐용은 여러 번 탈출을 시도하다 실패하고 독방에 갇히게 되었다. 어느 날 꿈을 꾸었다. 먼 사막의 지평선에 검사가 나타나 빠삐용을 바라본다. 검사로부터 억울하게 살인 누명을 뒤집어쓴 빠삐용은 분노에 찬 얼굴로 말한다. 난 사람을 죽이지 않았다고… 그러자 검사는 말한다. "그렇다, 너는 사람을 죽이지 않았다. 그런데 너는 살인보다 더 무거운 죄를 저질렀다." 빠삐용은 억울하다는 듯 대꾸했다. "그게 무엇입니까?" 검사가 말한다. "너는 '인생을 낭비'했다. '인생을 낭비'한 죄다." 빠삐용은 할 말을 잃고 고개를 푹 떨구었다. 그래 나는 유죄다! '인생을 낭비'한 죄를 저질렀다. 사람은 인생을 살면서 실패와 좌절을 겪는다. 그런데 그 실패와 좌절을 그냥 실패와 좌절로 남겨두면, 자신에게 부여된 인생의 시간을 '낭비'한 셈이 된다. 실패하고 좌절하면 그 이유와 원인을 잘 분석해서 새로운 발전과 도약의 계기로 삼아야 한다. 사람이 다른 창조물에 비해 뛰어난 것은 이러한 능력이 있기 때문이다. 똑같은 실패를 두 번 저지른다는 것은 인생의 낭비일 뿐이다. 우리 인생은 흘러가면 붙잡을 수도 세워둘 수도 없다. 그래서 우리는 순간순간을 최선을 다해 살아야 한다. 먼 훗날 자신을 돌아봤을 때, 미련이나 후회가 많이 남지 않도록 자기 자신에게 떳떳하고 만족할 수 있도록 생활해야 한다.

딸에게 있어서도 직장생활 중 장기 해외 연수 기회를 가질 수 있다는 것은 행운이라고 할 수 있다. 딸도 이제 중견간부가 다 되었다. 또다시 해외 연수 기회가 온다는 보장도 없다. 나이나 직장 내 환경 등을 고려할 때 이번 해외 연수는 인생에 있어 마지막 기회다. 이제는 인생 이모작도 조금은 대비해야 한다. 매우 중요한 시기이다. 영화 〈빠삐용〉의 대화에서 나오듯 '인생을 낭비하면' 안 된다. 장학재단 선발에 실패했다고 낙담하거나 체념할 필요는 없다. 자비 연수로 좋은 성과를 마련하면 더욱 떳떳하고 연수 후 제한이나 규제도 없어 더욱 부담도 없다. 남은 것은 해외 연수라는 선물을 인생의 낭비가 되지 않도록, 오롯이 나의 것이 될 수 있도록 어떻게 잘 활용할 것인가 하는 문제뿐이다. 큰딸이 훗날 자신을 뒤돌아보았을 때 아! 멋있고 즐거운 유익한 시간이었다고 자신 있게 말할 수 있도록 잘해주었으면 좋겠다. 성경 말씀에 "구하라, 그러면 받을 것이다. 찾아라, 그러면 찾을 것이다. 문을 두드려라, 그러면 열릴 것이다."라는 가르침이 있다. 사람이 무언가를 위해 땀을 흘리는 것만큼 순수하고 아름다운 일은 없다. 큰딸의 해외 연수가 좋은 성과를 남길 수 있기를, 특히 귀국 시 환하게 만족스럽게 웃으면서 "그래, 그래도 해외 연수 가길 잘했어."하면서 재회할 수 있게 되길 기대해 본다.

소중한 장인정신(匠人精神), 진정한 직업의식

긴 추석 연휴가 끝나갈 즈음 분위기 전환을 위해 가족여행을 떠났다. 목적지는 전북 고창이다. 따사한 가을 햇살을 흠뻑 맞으며 차창 밖으로 펼쳐지는 황금 들판을 바라보고 있으니 어렸을 때 고향이 떠올랐다. 집 앞에 커다란 소나무 숲이 어우러진 작은 동산이 하나 있었다. 동산 아래쪽은 확 트인 평야로, 논들이 길게 길게 이어져 있었다. 여름엔 더위를 피하는 피서지였다. 동산에 앉아 평야를 바라보면 시원한 바람이 불어오고, 논에 심은 벼들이 자라면서 푸르름의 물결이 춤을 추었다. 가을엔 농부들이 잠시 쉬어가는 휴식처였다. 누렇게 익은 벼들이 한눈에 들어와 농부들의 마음을 뿌듯하게 해주었다. 겨울엔 자치기와 눈썰매장으로 동네 아이들의 놀이터가 되기도 했다.

부안지역을 지나면서 간척지 평야 지대 너머로 끝없이 펼쳐지는 황금 물결이 출렁거렸다. 나도 모르게 갑자기 부자라도 된 듯 마음이 뿌듯해졌다. 벼가 누렇게 익은 모습이 사람이 도저히 만들어 낼 수 없는 샛노란 색으로 밝게 빛나고 있었다. 점심 예약장소를 찾아가는 길도 양쪽으로 황금빛 가득한 논길이 이어지고 있어 매우 기분이 좋았다. 나는 가끔 황금 물결로 가득한 논길을 달려보고 싶다는 생각을 많이 한다. 이유는 간단하다. 나도 모르게 편안하고 포근한 느낌을 받고 기분전환 효과도 많기 때문이다. 나는 세종시에서도 가끔 가능한 논밭이 많이 보이는 지역으로 드라이브를 한다. 나의 이러한 행동들을 보면 나는 역시 농촌 출신, 시골 촌놈인 모양이다. 논길을 지나 다시 좁은 마을 골목길을 돌고 돌아 음식점이 있을 법하지도 않은 곳에 예약한 음식점이 있었다. 둘째가 심혈을 기울여 수소문했는데, 외지인들보다는 지역 주민들에게 맛집으로 소문난 장어구이 집이라고 한다. 집 뒤편에 정말 광활한 갯벌이 펼쳐져 있었다. 부안군의 모항. 격포해수욕장과 고창군의 동호해수욕장 등이 마주 보고 있는 거대한 만(灣)이다. 아득히 펼쳐진 갯벌을 향해 두 손을 번쩍 들고 깊게 깊게 심호흡을 했다. 바닷바람, 바다 내음이 내 몸 깊숙이 들어온다. 아! 최고의 기분이다. 금강산도 식후경이라고 했으니 갯벌 체험은 일단 차후로…

점심시간이 조금 지났는데도 식당에는 손님이 많이 있었다. 사장은 대뜸 어떻게 알고 왔는지 물었다. 그러면서 장어는 오직 소금구이만 취급한다고 말했다. 양념구이는 장어 맛을 제대로 느낄수 없다고 했다. 생 깻잎은 향이 진해서 장어의 맛을 방해하기 때문에 사용하지 않는다고 했다. 자신은 대만에서 실뱀장어(자포니카)를 수입, 직접 양식, 관리하고 있다고 했다. 장어구이를 언제부터 하게 되었느냐는 질문에 사장은 "1985년부터 장어구이 영업을 했고, 일본 유명 음식점에서 배웠으며, 지금도 매년 2회 정도 일본 고객들이 찾아와 장어 맛을 보며 대화를 하고 자신도 일본을 방문하고 있다."고 설명했다.

일본인들의 장어요리 사랑은 각별하다. 스태미나 음식으로 장어를 이용한 요리도 꽤 다양하다. 그리고 지역마다 특화된 장어요리도 많다. 일본은 국내 장어 소비를 감당하기 위해 일찍부터 장어양식을 위해 노력해 왔다. 2009년 태평양 괌 부근 마리아나제도 수심 3,000m에서 최초로 뱀장어 알을 채취해서 부화, 양식을 시도하여 성공했다. 우리나라는 2016년에 양식에 성공했다는 이야기가 있었으나 추가로 알려진 바는 없다. 오히려 고창 장어구이 집 사장처럼 대만에서 치어 실뱀장어(자포니카)를 수입, 양식 판매하는 곳이 증가하고 있는 것 같다. 우리가 재배하는 볍씨도 원산지가 일본인 자포니카다. 한국 등 동북아지역 대부분은 자포니카이며 전 세계 쌀 생산량의 10%는 원산지가 일본(자포니카)이다. 볍씨와 마찬가지로 뱀장어의 치어(실뱀장어)도 동북아에서 소비되는 양의 대부분이 자포니카인 것으로 추정된다. 천연 실뱀장어는 태평양에서 부화하여 일본과 우리나라 서해안(전남, 전북, 충청 해안)지역으로 올라오는데, 양이 절대적으로 적어 꽤 비싼 편이다. 아마도 장어구이 집에서 천연뱀장어를 먹기란 점점 더 어려워질 것으로 보인다.

사장은 식사하는 동안 수시로 장어를 구워주면서, 직업인으로서 장인(匠人)정신을 여러 차례 강조했다. 자신은 일본에서 장인정신이 얼마나 중요한지를 실감했다고 했다. 일본에는 100년 이상 된 가게 및 중소기업이 4만여 개나 있다고 한다. 빵 가게, 두부 가게, 국수 가게, 떡집 등 아주 소규모 가게일지라도 자손들이 대대로 이어가면서 기술과 레시피를 가보처럼 중시하고, 가업으로 계승·발전시켜 나간다고 한다. 그래서 가게마다 독특한 품질과 맛을 자랑하고 세계시장 지배력 1위인 고급 기술력을 자랑하는 중소기업이 많다고 했다. 이들은 모두 독특한 브랜드를 만들어낸다고 자신의 일본경험담을 털어놓았다. 또한 사장은 일본에는 이러한 장인정신이 모든 분야에 깊게 뿌리박고 있기에 전문가와 고급 기술자가 많고, 음식도 맛이 있을 수밖에 없다고 했다. 특히 관광지의 경우 고객은 추억을 남기기 위해서라도 그 지역 그 가게만의 고유한 맛을 찾는다. 사장은 또 자신은 지금도 고객 만족을 위해 장어 관리에 신경을 많이 쓰고 메뉴개발과 맛의 품위를 높이기 위해 노력하고 있다고 했다. 그리고 38년간 이 시골에서 영업을 계속하고 있지만, 앞으로도 부단히 노력할 것이기 때문에, 고객이 없어 장사를 그만두는 일은 없을 것이라고 강조했다. 나는 사장의 말을 들으며 "땀은 결코 사람을 배신하지 않는다."는 말이 생각났다.

　얼마 전 TV를 보는데 한 젊은 여성 셰프가 출연했다. 그녀는 과거 베트남과 중국을 여행하던 중 음식점에서 맛있는 요리가 나와 주인에게 물었으나, 자세히 가르쳐 주지 않아서 그 비법을 알기 위해 그 음식점 쓰레기통을 뒤진 적이 있다는 경험담을 담담하게 이야기했다. 그녀의 열정과 용기, 요리에 대한 사랑이 오늘날의 그녀를 유명인사로 만들었는지도 모른다. 그녀야말로 진정한 요리의 장인(匠人)이다. TV 카메라는 그녀가 홍대 거리에 있는 짬뽕집을 방문하는 모습을 방영했다. 그 짬뽕집은 연 매출 10억 원이 넘는다고 했다. 시청자인 내가 보아도 짬뽕이 독특하고 맛있게 보였다. 여성 셰프가 짬뽕집 사장에게 "어떻게 이런 메뉴를 생각했느냐."고 물었다. 그러자 젊은 사장은 "무언가 독특한 메뉴, 젊은이가 좋아하는 메뉴를 개발해 보고 싶어 고민하다 생각해 낸 요리다."라고 설명했다. 그렇다. 짬뽕집 사장은 수많은 시행착오 끝에 자기만의 독특한 메뉴를 개발해서 당당하게 시장에 승부를 건 것이다. 짬뽕집 사장은 이 시대가 요청하는, 필요로 하는 진정한 요리 장인(匠人)인 셈이다.

　고창 장어구이 맛은 은은한 숯불 향과 함께 육질이 쫄깃쫄깃하고 탱글탱글해서 정말 별미였다. 주인이 서비스로 제공한 복분자와 어우러져 금상첨화였다. 상호 이름에 "장인(匠人)"이라는 명칭을 사용하고 있었다. 장인(匠人)과 같은 의미인 순수한 우리말 '-장이(예 대장장이)'라는 단어가 있다. 얼마나 예쁘고 소박하고 고운 단어인가. 그만큼 우리나라에도 전문가를 중시하는 풍조가 있었다. 그러나 안타깝게도 어느 사이 슬그머니 자취를 감추어 버렸다. 상호에 '장인(匠人)', '명장(名匠)'이라는 단어가 많으면 많을수록 좋다. 장어집 상호에 '하와이'라는 명칭이 있었다. 특이하다고 생각되어 왜 많고 많은 명칭 중에 '하와이'라는 상호를 사용하느냐고 물었다. 그랬더니 처음엔 영업 비밀이라 말할 수 없다고 하고 적어도 10회 정도 방문해 주면 설명해 주겠다고 했다. 상당히 위트 있는 답변이다. 사실은 수년 전 어떤 고객이 찾아왔는데 수조 속에 있던 장어들이 유영하는 모습을 보고 마치 하와이 훌라춤처럼 부드럽고 멋있다면서 기왕이면 상호에 '하와이'를 덧붙이면 어떻겠냐고 제의하여 그때부터 사용해 왔다고 웃으면서 설명했다.

숙소는 한옥마을, 공식 명칭은 '고창 읍성 한옥마을 호텔'이다. 사실 나는 한옥마을이라고 해서 은근히 기대했었다. 수년 전 눈이 많이 내린 겨울, 나는 전남 영암에 있는 한옥마을에서 숙박한 적이 있다. 나름 분위기도 좋고 시설도 그럴싸했기 때문에 지금까지도 좋은 추억으로 남아 있다. 그런데 고창의 경우 한옥마을 호텔은 겉모습만 한옥이었고 내부는 전혀 기대 이하였다. 일반 콘크리트 건물 지붕에 기와만 얹고 조그만 창호 창문을 달아놓았다. 무엇보다도 외국인들이 "한옥은 이렇게 생긴 것이구나! 하는 잘못된 인식을 심어주지 않을까?"하고 걱정되었다. 한옥마을은 건물 내외부가 한옥다워야, 한옥스러워야 한다. 관광객을 상대로 겉치레로 얼렁뚱땅, 적당히 하면 안 된다. 그것은 프로도 아니고 관광객에 대한 예의도 아니다.

관광도 엄연한 산업이고 상품이다. 관광객에게 잘못된 인상을 심어주면 고창군에 대한 불명예만 남을 뿐이다. 내국인을 상대로 하든 외국인을 상대로 하든 관광객을 위해서는 숙소나 상품 하나하나에도 프로다운 장인정신, 주인의식이 필요하다. 나는 일본 료칸(旅館) 여행을 많이 한 편이다. 관광객을 맞이하는 자세, 서비스, 숙소 내부 하나하나에 대한 각종 배려, 전통을 살린 장식물, 정말 우리는 그들의 직업의식, 장인정신을 본받아야 한다. 한 가지를 보면 열을 알 수 있다고 했다. 관광상품 하나를 보면 관광산업에 대한 그 나라의 전체 이미지를 알 수 있다.

점심때 장어구이집 사장님이 계속 이야기한 장인(匠人)이라는 단어가 머릿속을 떠나지 않았다. 장인(匠人)이란 무엇일까? 직업인으로서 모든 사람이 인정하는 진정한 프로다운 프로, 프로다운 전문직업인을 장인이라고 부르고 싶다. 사회와 국가가 건강하게 발전하고 국민이 부유해지기 위해서는 분명 장어집 사장님 같은, 자신의 직업에 대한 애착과 프로정신, 근성 그리고 직업인의 소명의식(召命意識)이 필요하다. 직업을 영어로 'job'이라고 한다. 독일어로는 'beruf'라고 한다. 'beruf(하느님의 부르심)'는 'berufen(하느님께서 부르다, 부르시다)'이라는 동사에서 나왔다. 우리나라에서도 한때 직업을 이야기할 때 천직(天職)이라는 말을 자주 사용했다.

'소명의식'이 존재했던 것이다.

  자기 직업을 사랑하고 자랑스럽게 생각하며, 고객을 위한 봉사정신, 소명의식이야말로 우리나라 국민 모두에게 꼭 필요한 것이 아닐까? 어떤 일을 하든 전문가적인 인식하에 철저하게 최선을 다해야 한다고 생각한다. 자기 일에 후회 없이 최선을 다하고 열심히 땀을 흘린다는 것은 아름다운 일이다. 어떤 유명 스님이 말했다. "사람이 절실한 마음으로 정성을 다하고 열심히 땀 흘리며 노력하면 못 할 일이 없다."고 했다. '적당히', '괜찮아'라고 말하는 의식이 강하면 사회든 개인이든 좋은 방향으로 발전하기 어렵다. 직업에 대한 자긍심과 철학을 가지고 일하는 직업인이 많이 나와야 한다. 장인정신이 투철한 직업인이 절실하게 필요한 시대이다. 내가 오늘 찾아간 장어요리 집은 내년에 어떤 모습으로 변해 있을까? 오랜만에 직업인의 자세, 장인정신의 소중함을 다시 한번 되새겨 본 하루였다.

가야 할 길,
가지 말아야 할 길

　나는 서울에 가기 위해 자주 오송역까지 버스를 이용한다. 언젠가 무심코 버스 차창 밖으로 산허리를 잘라 공사하는 장면을 보고 자연을 너무 훼손하는 것은 아닌지, 또 전원주택 단지를 만드는 것일까? 하고 생각했다. 그런데 얼마 전에 보니 꽤 넓은 도로가 만들어지고 있었다. 길은 사람이 먼저 다니면서 만들어졌다. 그러나 길이 된 다음에도 이용자가 적거나 없어지면 그 길은 잡초가 무성해지면서 자취를 감춘다. 이용자가 너무 많아지면, 더 넓고 커다란 도로로 재탄생하게 되기도 한다. 잠시 도로공사 장면을 바라보면서 멍 때리기를 하다, 길은 우리 눈에 보이는 차나 사람이 다니는 길도 있지만, '눈에 보이지 않는 길, 마음의 길'도 있다는 생각이 들었다. 우리는 가야 할 길과 가지 말아야 할 길을 어떻게 잘 구분해서 선택해야 할까?

　맹자는 당대 사상가 중 한 명인 고자(高子)와 인간의 본성 즉 인성(人性)에 대해서도 논쟁을 벌였다. 맹자는 인간의 본성은 '선(善)'하다면서 성선설을 주장했고, 고자는 본성은 선도 악도 아니고 다만 교육하기에 따라 어느 것으로도 될 수 있다고 주장했다. 두 사람은 인간이 가야 할 길(道)에 대해서도 논쟁을 했던 것 같다. 맹자는 《진심장(盡心章)》의 〈하편(下篇)〉에서 길은 사람이 마땅히 지켜야 할 도(道)를 은유하기도 한다고 했다. 맹자는 고자(高子)에게 이런 이야기를 했다. "산경지혜간 개연용지이성로 위간불용 즉모색지의 금모색자지심의(山徑之蹊間 介然用之而成路 爲間不用 則茅塞之矣 今茅塞子之心矣)"라고, 산비탈 사잇길은 잠시 그것을 이용하면 길이 이루어지고, 사람이 잠깐 사용하지 않으면 띠풀(茅)이 가로막아 버린다. 지금 띠풀이 고자(高子) 그대의 마음을 막고 있다면서, 정치인의 마음의 길에 띠풀이 자라서 그 길이 가로막혀서는 안 된다고 하고, 마음공부를 열심히 하여 잡념이 자라지 않도록 해야 한다고 했다. 정치인의 마음의 길, 걸어야 할 길, 즉 정도(正道)를 이야기한 것이 아닐까 생각된다.

　대학을 졸업한 후 공무원이 되기 전 S그룹에 입사했었다. 신입사원이 되면 4주 정도 합숙 교육을 받았다. 그 당시 대부분 대기업은 신입사원에 대해 집단 합숙을 하면서 팀워크와 애사심, 그리고 회사 적응훈련을 했다. 나는 팀워크 훈련의 하나로 한번은 산에서 목표지점을 찾아가는 훈련을 했는데 우리 팀에 지도와 좌표를 잘 읽는 장교 출신이 있었다. 그래서 우리 조원들은 그를 믿고 안전한 루트가 있음에도 다른 팀에 뒤지지 않기 위해 지름길을 택했다. 결국 우리 팀은 산속에서 방향을 잃고 방황하다 맨 마지막에 목표지점에 합류한 적이 있다. 리더, 즉 지도자가 길을 잘못 잡고, 그 뒤를 따라만 갔던 우리 조원들은 그만큼 불리한 점수를 받을 수밖에 없었다. 길은 제대로 가지 않으면 반드시 위험과 부담이 따른다는 것이다. 사람이 선택해서 가야 할 길이 있으면 그 반대로 가지 말아야 할 길도 있는 것이다.

《백범일지》에서 김구 선생은 '길'에 대해 어떤 길을 가든 처음 가는 사람은 길을 잘 내야 한다고 강조했다. 사람들 대부분은 자신이 처음 가는 길일지라도 길이 나 있으면 별다른 의심이나 부담, 두려움 없이 그저 그 길을 따라가는 버릇이 있다. 두 번째, 세 번째, 또 그 뒤를 계속 이용하는 사람은 방향만 보고 그 길을 간다. 백성들은 선구자나 지도자, 리더를 믿고 그대로 따라 하려고 하고, 본보기로 삼고 행동하려고 한다. 지도자가 생각하고 행동하는 길, 그 길이야말로 따라야 할 길, 가야 할 길이라고 생각하기 때문이다. 김구 선생의 '길'에 대한 지적은 구한말(舊韓末) 당시나 지금이나 그리고 앞으로도 같은 것이 아닐까 생각된다. 지도자가 제시하는 길, 방향(말 한마디, 행동 하나하나)은 모두 사회와 국민에게 큰 영향을 미친다. 따라서 지도자나 지도층은 국민이나 사회가 가야 할 길, 올바른 길을 제시해야지 방향이 다르거나 애매한

길, 가서는 안 되는 길을 제시하면 안 된다.

　김영삼 전 대통령은 "대도무문(大道無門)"이라는 말을 자주 사용했다. 선종(禪宗)《무문관(無門關)》에 나오는 말인데, "대도무문 천차유로 투득차관 건곤독보(大道無門 千差有路 透得此關 乾坤獨步, 큰길에는 문이 없고 길은 천 갈래로 어디에나 있다. 이 관문을 뚫고 나가면 세상을 당당히 걸으리라)"에서 유래한 말이다. 깨달음이나 진리에 이르는 데에는 정해진 길이나 방식이 없다는 의미다. 불교에서는 정진과 수행을 강조하는 의미라고 한다. 현실사회에 비추어 보면 "바른 길로 나아가려면 꾸준히 정진하고 노력해야 한다."고 해석할 수 있다. 김영삼 전 대통령이 이 말을 자주 사용한 것은 아마도 정치를 하면서 바른길, 정도(正道)를 강조하기 위해서였을 것이다.

　한때 세칭 대도(大盜)라고 알려진 조세형이 문제 되었던 시기에 "그렇지, 큰 도둑인 조세형이 도둑질하는데 못 들어갈 집이 없지, 집 대문이 아무리 견고하고 크다고 해도 아무 소용이 없지, 대도무문(큰 도둑 앞에는 문이 없다)이 맞긴 맞는 말이야."라고 세간에서 정치권을 빈정대곤 했었다. 민주화 시대 전직 대통령 두 사람은 모두 정도(正道)를 강조했었다. 그러나 아이러니하게도 자식들은 권력과 재물을 탐하며 정도(正道)를 가지 못하고, 절대 가면 안 되는 길을 가다가 옥고를 치르는 등 고생했다. 그런데 부모인 대통령은 오늘날 일부에서 말하는 것처럼 검찰 독재 운운하지도 않았고 자식에 대한 수사에 대해 일체 언급하지 않았다. 사람은 정도(正道), 올바른 길을 가야 한다. 특히 지도층 인사에게 있어서는 더욱 필요한 덕목이다. 가서는 안 되는 길, 가지 말아야 할 길을 아무렇지도 않은 듯 가게 되면 반드시 대가를 치르게 된다는 사실을 명심해야 한다.

공자의 제자 자로가 "선생님은 정치를 맡으면 무엇부터 하시겠습니까."하고 물었다. 이에 공자는 "필야정명호, 군군 신신 부부 자자(必也正名呼, 君君 臣臣 父父 子子)"라고 답했다. "반드시 이름을 바로잡겠다. 임금은, 임금답게 아버지는 아버지답게, 자식은 자식에 맞게 그 이름에 부합하는 실재가 있어야 한다. 그래야 이름이 성립한다."는 것이다. 이름이 지어지면 생각과 행동이 그에 맞아야 한다는 것이다. 학자이면 학자다운 생각과 행동을 해야 하고, 정치인이면 정치인답게 백성(국민)과 국가를 먼저 생각해서 행동해야 한다. 그렇지 못하면 가짜이고 사이비 또는 잡스러운 사람에 불과하다. 호칭에 맞는 생각과 행동이야말로 가야 할 길을 가는 것이다. 학자의 길에 들어섰다고 해서 모두 학자는 아니며 정치인도 마찬가지다. 그에 맞고 어울리는, 가야 할 길을 가야 공자가 말하는 정명(正名)에 부합하는 것이다. 생각과 행동이 정명(正名)에 부합한다고 착각하고 억지를 부리는 사람들이 많이 있는데 그것은 가지 말아야 할 길이다. 그런 길이야말로 가짜이고 참된 정치인이 아닌 정치꾼, 학자가 아닌 어용 또는 폴리페서, 사기꾼 같은 정도를 걷지 않는 사람들이 가는 길이다.

역사를 보면 오만과 독선 때문에 자신도 죽고 나라도 망한 일이 수없이 많다. "송양지인(宋襄之仁)"이란 고사성어가 있다. 춘추 전국시대 '송'나라 양공(襄公)은 '초'나라와의 결전을 앞두고 대치하고 있었다. 초나라 군대가 강을 건너고 있는 것을 보고, 이복형인 '목이' 재상(宰相)이 양공에 공격하자고 건의했다. 그러자 양공은 적이라고는 하나 아직 강을 건너고 있어 싸울 준비가 되지 않았는데 공격하는 것은 군자가 취할 길이 아니라면서 거부했다. 이번에는 초나라 군대가 강을 건너와 진지를 구축하는 등 싸울 태세를 준비하자 이복형이 다시 공격하자고 건의했다. 그러자 양공은 이번에도 적이 싸울 준비가 다 되어 있지 않은데 공격하는 것은 군자의 도리(仁)가 아니라면서 거부했다. 드디어 초나라 군대가 공격을 해왔다. 싸움은 송나라의 대패로 끝났다. 양공은 부상을 입고 결국 후유증으로 사망했다. 만일 양공이 지금까지 살아 있다면 군자로서 취해야 할 길, 즉 올바른 길을 취한 것이라고 주장할 수 있을까? 훗날 사람들은 양공에 대해 인(仁)에 사로잡혀 자신의 처지도 모르고 남을 동정하는 '어리석은 어짊'을 베푼 사람이라고 평가했다. 어리석은 어짊을 베푸는 길도 가서는 안 되는 길이다.

　삼국지에서 위나라 조조는 적벽에서 촉과 오의 연합군과 대치했다. 이른바 적벽대전이다. 천하통일의 대세를 장악, 의기양양하던 조조는 참모들이 "수군(水軍)이 승선한 배를 밧줄로 연결해 싸우는 것은 매우 위험하다."고 충언했다. 그런데도 오만했던 조조는 이를 무시하고 모든 배를 단단히 묶으라고 명령했다. 조조는 가지 말아야 할 길을 선택한 것이다. 결국 촉과 오의 화공(火攻)에 조조 군의 수군은 제대로 싸움도 한번 해보지 못하고 대패했다. 조조는 겨우 위기를 벗어나 도망하다 당대 최고의 장수, 촉나라 관우의 군대를 만났다. 조조의 부하들이 관우에게 "옛정을 생각해서 제발 주군(조조)의 목숨만은 살려달라."고 애걸복걸을 해 겨우 살아남았다.

세상에 독불장군은 없다. 그런데도 잘난 척하면서 안하무인격으로 교만하게 행동하는 사람들이 많다. 절대 가지 말아야 할 길을 걸은 사람의 끝은 참담할 따름이다. 우리 사회에는 일시적 위기모면이나 자기 편익을 위해 법과 원칙을 서슴없이 위반하는 사람이 있다. 더 큰 파멸만 부를 뿐이다. 교만과 오만을 선택하는 것은 해서는 안 되는 길, 가서는 안 되는 길이다. 요즈음 나는 가끔 생각의 혼란 속에 빠져 있다. 평소 내가 옳다고 생각해 왔던 상식적인 일이 과연 맞는 것인지 돌아본다. 삶이 각박해지면서 사회는 더욱 분열과 대립으로 빠져들고 국민은 내 편 네 편 양극단으로 휩쓸리고 있다. 정말 우리 사회가 가서는 안 되는 길을 아무렇지도 않은 듯 달려가고 있다. 심지어 젊은 층마저 마치 기성세대를 본받기라도 한 듯 염치도 체면도 저버리고 남 탓하며 태연히 말도 되지 않는 주장을 편다. 우리 사회가 어떻게 되려고 그러는 것일까?

이 시대에 가야만 할 정도(正道)란 무엇일까? 과연 우리 사회, 국가 그리고 국민 정서는 정상인가? 의문이 꼬리를 문다. 물론 시대가 변하고 환경이 변하고 사람들의 의식 수준도 달라지기 때문에 만고불변의 정도(定道)는 존재하기 힘들 것이다. 그러나 다수가 인정하고 상식적으로 이해하는 정도(正道), 법과 원칙에 벗어나지 않는 올바른 길, 즉 사람이 취하고 나아가야 할 길은 분명 존재할 것이다. 잔재주는 한 번은 통할지 모른다. 상대도 두 번은 넘어가지 않는다. 오히려 되치기를 통해 반드시 크게 돌려준다. 이것이 세상의 이치다. 세상이 아무리 달라지고 각박해져도 세상의 이치를 지키고 따르는 것, 이 또한 우리가 지키고 따라가야 할 길이 아닐까? 우리나라에서 공명정대하고 정도(正道)를 지키는 사회, 정명(正名)을 지키는 사회는 과연 불가능한 것일까? 우리 후손들에게 좀 더 좋은 사회를 물려줄 수 있을 것인데, 정명(正名)을 위한 희망의 씨앗은 어딘가에서 자라고 있을 터인데…

아직도
희망은 있다

　야구의 신, 야신(野神)이라고 알려진 김성근 감독(82세)이 2023년 11월《인생은 순간이다》라는 책을 출간했다. 재일교포로서 한국에서도 순탄치 않은 시절을 보낸 김 감독의 구구절절한 체험적 인생관이라고 한다. 그는 인생이란 '어차피'란 단어를 '혹시'로 만들고, 그것을 '반드시'로 바꾸는 것이다고 주장했다. 그는 노력과 함께 "우리에겐 내일이 있다."란 말을 자주 사용했다. 나는 김 감독이 말하는 '인생'의 의미를 곱씹어 보았다. '어차피'란 단어는 체념 또는 약간 자포자기적인 의미가 포함되어 있다. '어차피'라고 받아들여 버리면 미래도 희망도 아무것도 이룰 수 없으며 남는 것도 없다. 그러나 어차피 뒤에 '노력과 열심'이라는 단어가 들어가면 '혹시'라는 가능성의 의미로 바뀌게 된다. 그런 다음 마지막에는 '반드시'라는 좋은 의미, 성과로 귀결되기 때문이다.

  아직도 희망이라는 말은 대체로 좋은 결과물을 가져온다. 어린 시절 어른들은 "하늘이 무너져도 솟아날 구멍은 있다.", "쥐구멍에도 볕 들 날 있다.", "개천에서도 용이 난다." 등 우리 속담을 자주 말한 적이 있다. 실제로 그 시대 어른들은 '그래, 나도 얼마든지 가능하다. 아직 희망이 있다.'고 생각하며 살았는지도 모른다. 국가는 경제개발 5개년 계획을 추진하면서 경제부흥을 외치고, 희망이라는 단어를 높이 쏘아 올렸다. 사회는 새마을운동 열풍이 불어닥치며 "우리도 한번 잘살아 보자!"라는 말이 농촌과 도시 어디에서나 시도 때도 없이 울려 퍼지던 시대였다. 잘살 수 있다는 것이 현실로, 성과로서 서서히 나타나기 시작했다. 그야말로 이 동네 저 동네에서 쥐구멍에 볕이 들고, 개천에서 용이 나기 시작했다. 사람들은 뭔지는 잘 알 수 없지만, 어쨌든 '열심히 땀 흘리고 노력하면 나도 잘살 수 있다.', '희망이 있다.'고 생각하던 시대였다. 누구나 희망이라는 단어를 가슴에 품고 살았다.

  '희망(希望)'이란 '어떤 바람'이다. 바랄 희(希)와 바랄 망(望)이 결합된 것인데 바랄 희(希)는 수건 또는 비단 천(巾)에 자수를 놓았다는 뜻으로 아름다워 모든 사람이 갖기를 동경한 데서 유래했다고 한다. 희망의 반대는 절망(切望)이다. 절망의 절(切)은 칼로 일곱 번을 자르는 것이다. 바람(望)을 일곱 번 잘라버린다면 얼마나 낙심천만한 일인가? 희망 그것은 '앞으로 잘될 가능성, 긍정적인 결과를 바라는 낙관적 심리 상태'이다. 희망이란 처음부터 존재했던 것이 아니다. 사람이 다니는 길이 최초에 없다가 한 사람 두 사람이 다니면서 길이 되었듯이, 희망도 어떤 일을 하면서 갖게 되는 막연한 생각, 기대가 오늘날 긍정적 의미로만 사용되게 된 것이다. 한마디로 아무것도 없는 곳에서 생겨날 수 있는 것이 희망이라는 두 글자인데, 희망은 없다고 생각하면 또 없는 것이 되고 만다. 절망하고 포기하는 사람에게 희망이 자리 잡을 곳은 없다.

서양에서 희망이란 단어가 처음 나온 것은 그리스신화다. 최고 신(神)인 제우스는 신들로부터 많은 아이디어를 모집하여 인류 최초의 여자를 만들고 '판도라'라는 이름을 지어주었다. 그런데 프로메테우스(先知者, 먼저 생각하는 사람, 제우스로부터 몰래 불을 훔쳐 인간에게 제공)는 자신이 불을 훔친 것을 괘씸히 여겨, 제우스가 보복하기 위해 반드시 판도라를 동생 에피메테우스에게 접근시킬 것으로 알고 있었다. 그래서 동생에게 절대 판도라를 좋아하면 안 된다고 강하게 이야기했다. 그런데 에피메테우스는 판도라를 보자마자 좋아하게 되었고, 형 프로메테우스의 만류에도 불구하고 제우스의 예상대로 판도라를 아내로 맞이했다. 어느 날 판도라가 집에서 예쁜 항아리를 발견하고 뚜껑을 열었다. 그 순간 모든 재앙, 고통, 슬픔 등이 한순간에 항아리에서 쏟아져 밖으로 날아갔다. 놀란 판도라는 급히 뚜껑을 닫았는데 그 속에는 '희망'만 남게 되었다. 사람들은 항아리에 남아 있던 희망에 대해 처음엔 부정적인 이미지가 많이 있었던 것 같다. 희망은 어차피 미래에 대한 기대인데 미래 그 자체는 불확실하고 불안정하기 때문이다. 그런데 세월이 지나면서 이유는 알 수 없지만, 희망은 점점 긍정적 의미로 인식되기 시작했고 드디어는 대세를 이루게 되었다. 마치 '판도라의 항아리'를 세월이 지나면서 누군가 '항아리'를 '상자'로 잘못 표기(誤記)했고, 후세 사람들은 아무렇지도 않은 듯 이를 그대로 받아들였다. 오늘날엔 '항아리'라는 단어는 자취를 감추어 버렸고, 아예 '판도라 상자'로만 사용하게 된 것이다. 희망이라는 단어가 긍정적인 의미와 결과를 가져오기 위해선 결국 땀을 그만큼 많이 흘려야 한다. 세상사에 거저 이루어지는 일은 없기 때문이다. 희망이 남아 있는 한 인간은 어떤 경우이든 더 좋은 결과, 자신이 바라는 결과를 얻기 위해 훨씬 더 많은 희생과 노력을 기울이게끔 되어 있다.

"끝날 때까지는 끝난 게 아니다(It ain't over till it's over)."라는 말이 있다. '아직도 희망이 남아 있다.'는 말이다. 이 말은 미국 프로야구 선수로 영구결번번호를 부여받은 후, 뉴욕 양키즈와 뉴욕 메츠 감독을 역임한 '요기 베라'가 최초 사용한 말이다. 시즌 종반 무렵 한 기자가 감독에게 약간 비아냥 조로 "이번 시즌은 가능성이 없겠네요."하고 질문했다. 물론 감독은 아직도 시즌을 포기하지 않고 있었다. 불끈 쥔 주먹 안에 '아직은 희망이 있다. 끝날 때까지는 끝난 게 아니다.'라는 생각이 들어 있었다. 감독은 결국 9.5 게임 차를 극복하고 지구와 리그 우승을 달성했다. 시리즈 종반 무렵 9.5 게임 차를 극복하는 것은 결코 쉬운 일이 아니다. 그리고 월드시리즈 챔피언 결정전 7차전까지 치열하게 승부했다. 요기 베라 감독은 월드 챔피언은 되지 못했지만, 끝까지 희망의 끈을 놓지 않고 선수와 코치진의 단합을 유도하는 등 열심히 노력해서 한계를 극복해 냈다. "아직도 희망이 있다."란 말의 저력은 이런 것이다. 사람들에게 상상 이상의 엄청난 에너지와 집중력, 상상력을 발휘하게 만든다.

나는 겉으로 보면 건강이 괜찮은 사람처럼 보이지만 겉모습이 다부지게 보이는 것은 평소 그만큼 몸 관리를 위해 투자했기 때문이라고 생각한다. 건강관리에 신경을 많이 쓰다 보니 때론 나도 모르는 사이에 운동이 지나쳐 몸에 이상을 가져오는 수가 많다. 금년에도 아무렇지 않은 듯 여겼던 팔에 엘보가 찾아오고 허리를 다쳐 고생 아닌 고생을 하고 있다. 지인에게 엘보 통증 이야기를 했더니 나이가 있어 쉽게 낫지 않을 것이라고 했다. 물론 의사도 고개를 갸우뚱했다. 그러나 나는 법정 난치병을 스스로 노력해서 극복해 낸 사람이다. "I am not old, never!" 최소한 마음만은… 나는 '아직도 희망'이 있다고 생각하고 열심히 재활치료를 받고 있다. 쓰러지면 일어나서 다시 시작하면 되는 것이다. 이번에도 얼마든지 극복해 낼 수 있다고 생각하고 있다.

희망만 있다면

임용재

삶에 아무리 강한 폭풍우가 불어와도

엄동설한 눈보라가 휘몰아쳐 앞을 가로막을지라도
그치지 않는 비 없다 하고, 멈추지 않는 바람 없다 하네
지나가지 않는 혹한, 흘러가지 않는 세월 없으며
고통과 슬픔, 어려움도 길게 보면 찰나라네
삶에 희망만 있다면, 실낱같은 희망이라도 남아 있다면
모든 환난은 풀잎 맺힌 이슬처럼, 흔적도 없이 사라지리

예전에 잠시 경기도 용인에 거주했을 때 일이다. 아파트 옆에 탄천으로 흘러가는 조그만 개울이 있었다. 비가 오던 어느 날 오후, 산책하는데 청개구리 한 마리가 개울물에서 버드나무 줄기를 타고 올라가기 위해 점프하고 있는 모습이 보였다. 이윽고 물이 불어나자 청개구리는 힘없이 휩쓸려 떠내려갔다. 그런데 자세히 보니 청개구리는 개울물 가운데에서 민첩하게 개울물 가장자리 쪽으로 이동하고 있었다. 청개구리는 휩쓸려 가면서도 정신을 바짝 차리고 기회만 엿보고 있었던 것이다. 아직도 나무 위로 올라가는 것을 포기하지 않고 있었다. 드디어 청개구리는 개울가에서 더 큰 나무줄기를 발견했다. 그리고는 점프를 다시 시작했다. 드디어 청개구리는 나무줄기를 붙잡고 유유히 나무 위로 올라갔다. 청개구리는 나무줄기 위에서 한동안 움직이지 않았다. 불어난 물에 하마터면 익사할 뻔했다고 외치면서 숨을 헐떡이고 있는 것 같았다. 희망을 버리지 않고 의지만 있다면 분명 기회는 있는 것이다.

세계적인 문호, 《죄와 벌》의 저자 도스토옙스키는 청년 시절 혁명운동을 하다 28세 때 반혁명죄로 사형장의 이슬로 사라질 위기에 처했다. 동료 죄수 2명과 함께 총살형을 당하기 직전 5분이 주어졌다. '마지막 5분간의 삶'이다. 그는 곁에 묶여 있던 죄수 2명에게 눈물의 작별 인사를 하고 가족을 잠시 생각했다. 2분이 지났다. 그리고 2분은 자신이 살아온 인생을 돌이켜 보았다. 눈 깜짝할 사이에 4분이 지나고 이제 1분이 남았다. 그래서 주변과 대지를 둘러보았다. 그러면서 나는 이제 어디로 가는 것일까 하고 생각했다. 눈앞이 깜깜하고 아찔해졌다. 그리고 28년이란 세월을 순간순간 아껴 쓰지 못한 것이 너무도 후회스럽고 마음이 아팠다. 순간 병사들이 총알을 장탄하는 쇳소리가 들렸다. 죽음에 대한 공포가 엄습해왔다. 허무했다. 멀리서 형 집행을 멈추라는 목소리가 들려왔다. 황제의 감형 특사가 달려온 것이다. 도스토옙스키는 감형된 후 시베리아 강제노역 4년 및 군대 생활을 했다. 그는 시베리아 강제노역 시 5kg 쇠고랑을 차고 혹독한 생활이었지만 이겨냈다. 동생에게 쓴 편지 속에서 "이제부터는 하루하루 순간순간을 마지막 5분처럼", "매일매일 마지막 날"이라고 생각하면서 살겠다고 했다. 그리고 이제 나는 바뀔 것이다. 최고로 다시 태어나겠다고 말했다. 자유의 몸이 된 후에도 도스토옙스키는 도박중독, 간질, 가족 생계 등에 허덕이면서 만신창이가 되었지만, 그래도 희망을 잃지 않았던 모양이다. 그는 첫 번째 부인과 이혼한 후, 46세 때 25세 연하인 '안나'라는 여자와 재혼하면서 행복을 찾았다. 작품활동도 더욱 꽃을 피웠다. 그는 마지막까지 자신에게는 "아직도 희망이 있다."라는 신념을 가졌던 것 같다.

글로벌 컨설팅 회사 맥킨지 엔 컴퍼니가 2023년 10월 19일 〈한국경제 보고서〉를 발표했다. 10년 만이라고 한다. "한국경제는 1%대 저성장에 머무르느냐 아니면 다시 도약, 4%대 고성장을 이어가느냐 하는 분기점에 있다."면서, "지금부터 산업구조 개편과 반도체, 배터리 및 에너지전환, 바이오 등 원천기술 개발 노력을 기울인다면, 2040년엔 매출이 1,000억, 100억, 10억 달러 이상 기업이 5개, 20개, 100개 이상 추가될 것이다. GDP 7만 달러 시대, 세계 7대 경제 강국이 될 수 있다."고 했다. 우리 사회 전반에 집단적인 이기주의가 만연하고 있고 국내외적인 악재가 한둘이 아니지만 〈맥킨지 보고서〉를 보면 우리는 아직도 희망이 있다. 잘될 것인지 안될 것인지는 우리 자신의 노력 여하에 달려 있다. 세계 7대 경제 강국을 넘어 세계 5위 또는 4위 이상도 가능하다. 희망이 없다면 할 말이 없지만, 아직은 희망이 있다고 하는데 우리가 노력을 게을리할 수는 없지 않은가?

개인이든 사회든 국가든 어렵고 힘든 시기, 위기는 항상 찾아오게 되어 있다. 그러나 언제든지 어떤 경우든지 희망의 끈을 놓으면 안 된다. 어쩌면 우리가 생활하는 일상은 실망할 일이 가득한지도 모른다. 그런데 그것을 크게 의식하지 않고 하나하나 돌파해 가고 있는지도 모른다. 사람은 돌파하는 과정을 통해 아직 나에게 희망이 있다는 것을 알게 되는 것이 아닐까? 희망은 분명 문제를 해결할 기회가 되고 더욱 발전하고 잘살 수 있도록 반전시켜 줄 것이다. 그런데 우리 자신이 노력하지 않고 게으름을 피우면 그 대가는 고스란히 우리에게 돌아오게 된다. '매일매일이 마지막 날이다.'라고까지 생각하지는 않더라도 도스토옙스키가 '마지막 5분'에서 느꼈던 절실한 심정으로 현재, 오늘 이 순간을 최선을 다해 살아가야 하지 않을까? 매일매일 자신과 자손들에게 후회와 회한을 남겨서는 안 되지 않을까? 희망이 남아 있는 한, 위기와 고통은 길게 보면 순간이고 찰나이니까…

어떻게 하면 인생을
잘 살아갈 수 있을까?

　인생을 어떻게 하면 잘 살았다고 할 수 있을까? 모든 사람들이 항상 가지고 있는 퀘스천 마크이다. 지구상의 인구만큼이나 기준도 방법도 다를 수 있다. 조선말 정약용은 〈노년유정(老年有情)〉에서 "밉게 보면 잡초 아닌 풀이 없고 곱게 보면 꽃같이 아름답지 않은 사람이 없다."고 했다. 또한 겸손은 사람을 머물게 하고 칭찬은 사람을 가깝게 해주고 너그러움은 사람을 따르게 해준다. 그리고 깊은 정은 사람을 감동시킨다고 했다. 어떤 노인이 나이가 들어 귀가 잘 들리지 않고 눈이 어두워지고 걸음걸이도 불편해지자 갑자기 인생이 허무해졌다고 한탄했다고 한다. 세월은 가는 것도 아니고 오는 것도 아니며 다만 시간 속에 사는 우리가 가고 오고 하면서 변하는 것뿐이다. 사람들은 노년이 되어 귀가 잘 들리지 않으면 잘 들리지 않는다고 불평한다. 그것은 필요 없는 작은 말은 듣지 말라는 것일 뿐이다. 눈이 잘 보이지 않는 것은 필요 없는 작은 것은 보지 말라는 자연의 섭리다. 또 걸음걸이가 불편하면 매사에 조심하고 멀리까지 나다니지 말라는 의미라는 것이다. 그런데 이를 한탄하고 불평하면 안 된다는 것이다. 우리는 가끔 기억력이 예전 같지 못하다는 말을 자주 한다. 기억력도 조물주가 좋은 것, 아름다운 추억만 기억하고 쓸데없는 사소한 일은 잊어버리라는 창조주의 선물인지도 모른다. 우리가 살아가면서 주변에서 일어나는 일들을 어떻게 해석하고 받아들일 것인가 하는 문제는 매우 중요한 것 같다.

빅토르 위고는 사람은 살아가면서 세 가지 싸움을 계속한다고 했다. 자연과의 싸움, 내가 아닌 다른 사람과의 싸움, 마지막으로 자기 자신과의 싸움을 말했다. 그리고 그중에서 가장 중요하고 힘든 싸움은 자기 자신과의 싸움이라고 했다. 위고는 우리 마음은 선과 악의 싸움터이며, 마음속에서는 항상 2개의 자아가 싸우고 있다고 했다. 사실 우리는 선과 악을 둘러싸고 내면에서 끊임없이 싸우고 있다고 말할 수 있다. 위고는 자기 자신과의 싸움을 그리기 위해 《레 미제라블》을 썼다고 했다.

철학자 플라톤은 "인간 최대의 승리는 내가 나를 이기는 것이다."고 말했다. 정말 어려운 명제이고 과연 내가 나를 이길 수 있을 것인지는 아무도 알 수 없다. 그런데 시도는 해보아야 한다. 아니, 우리는 일상생활에서 행동하고 말하고 어떤 결정을 내릴 때 계속해서 나 자신과 한판 씨름을 하고 있는지도 모른다. 내가 나하고 벌이는 싸움은 어쩌면 인간이기 때문에 가능한 일인지도 모른다. 또 한편으로 생각해 보면 이렇게 싸울 수 있다는 것이야말로 인간의 자랑이요 특권이고 영광이다. 동시에 고뇌와 비극의 원천이 되기도 하고, 환희와 성공의 원천이 되기도 한다. 이러한 싸움이 있기에 인간은 위대한지도 모른다.

법정 스님은 인간의 탐욕은 끝이 없어 아무리 많이 가져도 만족할 줄 모른다고 말했다. 인간의 재화와 권력, 명예에 대한 욕망은 끝이 없다. 가지면 가질수록 눈덩이처럼 더 큰 무언가를 갖길 원한다. 가진 것만큼 행복한 것도 아닌데 더 많이 가지기 위해 인간은 몸부림을 치고 죽기 살기로 덤빈다. 행복은 마음에서 우러나온다. 가진 것이 적으면 적은 대로 만족할 줄 알고, 그 대신 주위에 겸손하고 "덕"을 쌓으면서 살려고 노력해야 한다. 가지면 가질수록, 쌓아놓으면 쌓아놓을수록 좋은 것이 덕과 겸양이다. 돈, 즉 재력은 반드시 혼자서 오지 않는다는 말이 있다. 대부분 어두운 그림자를 동반해서 온다고 한다. 그만큼 위험하고 정당한 대가를 치르지 않으면 안 된다는 것이다.

흔히 인생을 제대로 사는 사람에 대해 말하길 "저 사람은 인생의 맛을 아는 것 같다. 사는 의미를 아는 사람이야."하고 말한다. 맛이란 음식에서만 느낄 수 있는 것은 아니다. 인생의 참맛을 아는 사람은 인생의 즐거움을 누리고 즐길 줄 아는 사람이다. 인생의 첫 번째 맛은 먹는 음식의 맛과 의미, 음식을 만들어 준 사람, 음식이 만들어진 경위 등을 모두 생각하며 감사하면 참된 맛을 아는 것이다. 그저 배를 채우기 위해서 먹는 음식의 맛은 진정한 의미의 맛이 아니다.

직업도 마찬가지다. 단지 돈을 벌기 위해, 생계를 유지하기 위해 돈을 버는 행위는 직업의 고귀함이나 직업의 소중함을 느낄 수 없다. 남들이 일하니까 일을 해야 한다든가 등 남을 의식하지 말고, 내가 좋아서 내가 선택한 직업, 소명 의식에 입각하여 자신의 직업을 사랑하는 마음을 가져야 한다. 또한 다른 사람을 칭찬하는 데 인색하지 말고, 때론 남을 위한 봉사, 친구와 이웃과도 진정 사랑으로 교제해야 한다. 항상 남을 포용하려고 노력하고 이해타산에 사로잡혀 이해득실을 따지는 사람들이 되지 말아야 한다.

1953년 6월부터 한국 안동 등지에서 사역을 해온 프랑스인 신부 두봉 주교는 항상 천진난만한 웃음이 넘친다. 두봉 신부는 한국에서의 삶에 대해 70여 년을 살아왔지만 "매우 떳떳하고 즐거웠다."고 말했다. 사람이 누구와 대화를 하면서 "나는 부끄럼 없이, 그리고 떳떳한 삶을 살아왔다."고 자신 있게 말하기란 정말 어렵다. 두봉 신부는 삶을 살아가는 방법에 대해 "욕심을 버리고 평범한 삶을 평범하게 살도록 노력하라."고 말했다. 우리는 일상에서 가능한 긍정적으로 사고하면서 떳떳한 삶을 살도록 노력해야 한다. 그렇게 살다 보면 인생은 고통이나 고해가 아니라 저절로 즐겁고 행복해질 것이다. 94세 두봉 신부의 어린 아기 같은 해맑은 미소처럼…

작가 리처드 바크는《갈매기의 꿈》에서 오늘의 작은 변화가 내일의 엄청난 변화를 가져올 수 있다고 했다. 우리 모두 인생을 즐겁고 행복하게 살기 위해, "행복"이란 우리의 작고 소박한 꿈들을 실현해 나가기 위해 작은 변화를 차곡차곡 실천해 나가야 하겠다. 꿈은 희망이다. 그 꿈을 이루기 위해 낡은 나부터 변화하고 잘못된 껍질들을 벗어던지고 깨트려야 한다. 헌 옷을 벗어 던지고 새로운 옷으로 갈아입으려는 노력을 지금 당장 우리 주변에서부터 시작해 보자. 우울한 사람은 과거에 살고 불안한 사람은 미래에 살고 평안하고 즐거운 삶을 살아가려는 사람은 현재에 산다고 했다. 인생을 즐겁게 잘 살려면 현재에 충실해야 한다. 현재가 없이는 과거도 미래도 없다.

2부

사랑하는 가족과 추억 쌓기

가족은 나의 영원한 삶의 원동력이고 안식처다.

인생 2막, 그물망에 걸리지 않는 바람처럼 평온한 마음으로 가족과의 즐거운 추억 쌓기를 계속하고 싶다.

세월의 '아픔'

얼마 전 한해가 뉘엿뉘엿 저물어 가던 12월 말, 답답한 마음을 달래기 위해 새만금 방조제를 찾아간 적이 있다. 확 트인 바다 저 멀리 수많은 철새들이 군무를 추며 날아오르다 내려앉기를 반복하면서 하늘 가득히 멋진 그림을 그리고 있었다. 사람들이 지는 해를 바라보며 저마다 좋은 위치를 차지하고 수많은 표정을 짓고 있었다. 사람들의 얼굴을 바라보며 이들은 과연 어떤 생각을 하고 있을까? 세월은 이들에게 아픔일까 즐거움일까, 기쁨일까 슬픔일까, 잠시 생각 속에 빠졌다. 나는 오늘 한 해를 보내고 맞이하면서 어떤 짐 하나를 내려놓고 또 어떤 각오를 할 것인지 곰곰이 생각해 보았다. 지금까지 무겁게 이고 지고 버텨왔던 세월의 아픔 중 어떤 고통, 슬픔, 아픔, 욕심 등을 내려놓고 가볍게 해야 할 것인가? 버려야 할 것은 무엇일까? 또 다가오는 한해는 어떻게 맞이해서 잘 지내야 할 것인가? 어쨌든 짐은 내려놓고 버려야 할 것은 버려야 한다. 세월은 흐르면 흐를수록 아픔도 많이 느끼게 되지만 그만큼 매년 내려놓아야 할 짐, 버려야 할 것을 하나씩 더 해주는 것인지도 모른다.

　방조제 긴 도로 위를 차량들이 꼬리에 꼬리를 물고 어디론가 빠르게 빠르게 달려간다. 돌이켜 보면 내 인생의 세월도 저렇게 빨리 지나왔는지도 모른다. 바다 쪽을 향해 저 멀리 수면 아래로 사라지는 해를 향해 마음속으로 '잠깐 기다려라! 해야! 세월아! 잠깐이라도 좋으니 멈추어 다오!'하고 소리쳐 불러본다. 세월이란 정말 아무도 모르며, 어떻게 할 수 없는 괴물 같은 존재인 것 같다. 우리 앞에 모습을 드러낸 적도 없지만, 우리 앞에서 보란 듯이 도도하게 행동하고 바람처럼 왔다가 바람처럼 흘러만 간다. 세월은, 세월이 가져다주는 '아픔'은 우리가 어떻게 할 수 없는 존재인 것 같다. 누구나 여러 가지 성장통을 겪듯이 사람들은 각종 세월의 '아픔'을 겪으면서 살아가는 것이 아닐까?

세월의 아픔

임용재

세월은
멈출 수도 돌이킬 수도 없고
잡힐 듯 잡히지 않고 보일 듯 보이지도 않는다

세월은
처음엔 담쟁이 담 넘듯 슬금슬금 눈치를 보다
시간이 되면 곁눈질도 하지 않고 빠르게 달려간다
세월은
모든 것을 잊혀지게 사라지게 하고
아쉬움과 회한만 가득 가득 쌓이게 한다

    세월이 흐르면 머리가 희어지고 얼굴도 피부도 변하고, 우리의 모든 몸 상태도 변한다. 지금 나이 들어 생각하면 웃기지도 않는 이야기지만 젊었을 때 우리는 흰 머리카락이 몇 개씩 발견되면 우리는 제멋대로 "새치"라고 우겨댔다. 사실 머리카락은 이미 우리 자신에게 세월의 '아픔'을 전하고 있는데도… 또 세월이란 젊을 때나 나이 들어서나 언제나 일정한 속도로 흘러가고 있는데도 자기 마음대로 해석한다. 심지어 젊은 시절에는 세월이 지나가고 '아픔'이 찾아와도 그렇게 심각하게 받아들이지 않다가도, 어느 순간 자신이 나이가 들었다고 생각하면 갑자기 생각과 태도가 돌변하기 시작한다. 즉 남겨진 세월이 얼마 남지 않았다고 생각하면 할수록 자신에게만 특별히 더욱 빨리 흘러간다고 생각해 버린다. 사람들은 대부분 즐거운 일이 있을 때는 마음껏 충분히 즐기고도 얼마 지나지 않아 언제 그런 적이 있었느냐는 듯 아련한 추억처럼 생각해 버린다. 그리고 순식간에 빨리 흘러간 듯 지나간 즐거웠던 그 시절을 아쉬워한다. 또 어렵고 힘들면 왜 이렇게 세상은 불공평한 거야, 나만 힘들게 살아야 하는 것일까? 하면서 불만을 터트리고 세월이 더디고, 더디게 지나가는 것을 탓하기만 한다. 우리 아파트 같은 동에 교회를 열심히 다니시는 할아버지 한 분과 아침저녁으로 운동을 열심히 하시는 할머니 한 분이 계셨다. 엘리베이터에서 만나면 모두 인사를 나누던 분이었다. 그런데 언젠가부터 보이지 않았다. 할아버지는 주일에는 물론이고 아침·새벽에도 아파트 뒤에 있는 교회에 성경책을 옆에 끼고서 열심히 다니셨다. 나는 할아버지를 볼 때마다 마음속으로 '저 할아버지는 돌아가시면 하느님 나라에 가실 수 있겠군.' 하고 생각했다. 그런데 할아버지도 할머니도 언젠가부터 모습을 볼 수가 없었다. 그것도 몰랐을 터인데 어느 날 산책을 하던 중 아내가 "왜 교회 다니시던 할아버지와 운동하시던 할머니 모습이 안 보이시는지 모르겠다. 돌아가신 것일까? 아니면 이사를 가신 것일까?"하고 나에게 말을 걸어왔다. 그 두 분에게 과연 어떤 일이 있었던 것일까? 세월의 '아픔' 속에 정말 불행한 일 아픈 일이 일어난 것일까? 잠시 세월이 너무도 야속하다는 생각이 들었다.

어느 여름날, 무더위 때문에 텃밭(주말농장)에 1주일 동안 가지 않다가 모처럼 성당에 다녀오는 길에 들렀다. 토마토, 호박, 가지, 고추 등 농작물이 이미 수확기를 지나고 있었다. 아내와 함께 20~30분 정신없이 수확한 후 땀을 닦기 위해 텃밭 우물로 갔다. 우물가에는 텃밭 사장을 비롯해 안면이 있는 3명이 앉아 있다. 나를 보자마자 조금만 늦게 왔으면 119를 부르려고 했는데 다행이라면서 나이도 있는데 더위에 조심해야 한다면서 말을 걸어왔다.

그런 다음 텃밭 사장은 젊었을 때는 환갑까지만 살려고 했는데 주위에 70대를 넘은 사람이 너무 많아 60대에는 억울해서 죽지 못하겠다고 생각했다. 그런데 70도 훌쩍 지나버렸다. 왜 이렇게 세월이 빠른 것이냐? 요즈음은 더 빨라진 것 같다고 말했다. 그리고 아직 오라는 말도 없는데… 어디에 좀 단단히 붙잡아 매둬야겠다. 몸이 예전처럼 말을 잘 듣지 않더라도 아직은 갈 때가 아닌 것 같다. "80은 되어야 하지 않겠는가?"라고 하면서 나를 보고 웃었다. 그렇다. 사람은 누구나 자신에게만 세월이 빨리 지나간다고 말한다. 아프고 아픈 것들은, 하나하나 늘어가고, 모든 것은 빠르게 흘러가고 변한다. 그리고 아득한 추억이 되어버린다. 나이는 시간이 지날수록 빠르게 달려가고 생각들도 사라져 가며 쌓이는 것은 아쉬움뿐…

 2022년 12월 중순이 되던 어느 날 나는 좋아하는 파크골프장에 나갔다. 4명이 조를 이루어 라운딩하는데 75세 되신 분이 나에게 "금년도 벌써 12월 중순이 되었어, 날씨가 추워 손을 후후 불면서 공을 친 것이 1월 초였는데… 아 세월이 참 빠르네."라고 말을 걸어왔다. 그렇다, 1월 초가 엊그제였던 것 같은데 어느새 막바지를 향해 내리막길을 화살처럼 빠르게 숨을 몰아쉬며 달려가고 있다. 금년 12월 말일이 되면 세월은 나에게 어떤 말을 남길까? 나는 10월 초에 과도한 욕심 때문에 허리를 다쳤고, 이어서 11월 초 코로나로 고생을 했다. 코로나에 걸렸을 때 의사로부터, 2~3주 고생하면 괜찮을 거라는 말을 듣고 고생과 고통이 싫어서 "에이, 2~3주 빨리 지났으면 좋겠다."고 여러 번 혼잣말을 한 적이 있다. 얼마나 나약하고 간사함이 듬뿍 들어 있는 언사인가?

68세 되던 해 어쩐지 우울하고 기운도 없는 것 같아 무심코 누나에게 전화를 걸었다. 근황을 묻던 중 누나가 나에게 "요즈음 매형이 가끔 눈물을 보인다."고 했다. 왜 그런지 이유를 묻자 특별한 이유도 없다면서 "아마도 세월이 지나는 것이, 너무도 빠르고 아쉽기 때문인 것 같다."고 했다. 매형은 나와 10년 차이가 난다. 누나와 매형 세대는 나보다는 훨씬 어려운 시기를 지나왔다. 젊은 시절 열심히 살아온 덕에 이제 별다른 걱정 없이 즐길 만하다고 생각한 순간, 눈앞에 '세월'이란 검은 그림자가 괴물처럼 다가와 눈앞에서 아른거리고 있는 것이다. 세월의 '아픔'이 구석구석 느껴지기 시작하는 것이다. 나는 일부러 "아직 80도 안 되었는데 무슨 눈물이냐? 지금은 100세 시대다."라고 짐짓 헛웃음을 지으면서 얼버무렸다. 어쩌면 나도 가까운 시일 내에 매형이나 누나와 같은 과정을 겪으면서 세월의 "아픔"을 말하게 되겠지.

퇴직 후 얼마 지나지 않아 세종시에서 일을 마친 후 갑자기 재래시장을 구경하고 싶어 조치원 시장을 찾아간 적이 있다. 시장 노점에서 물건을 파시는 할머니를 만났는데 내가 물건 사준 것이 고마웠던지 대뜸 나보고 나이를 물었다. 그래서 63세라고 하자, 그 할머니는 74세라고 하면서 이제부터 하루하루가 달라질 것이니 재미있게 열심히 살라고 말했다. 나는 마음속으로 별로 하루하루가 달라질 것도 없다고 하면서 가볍게 받아들였다. 그 할머니 이야기의 깊은 의미를 새겨볼 생각조차 하지 않았다. 그러다 내가 70세가 된 후, 어느 날 파크골프를 하는데 함께 라운딩하던 77세 할아버지가 나에게 말했다. "왜 이렇게 작년이 다르고 금년이 다르고, 한 해 한 해가 다른 거야, 작년엔 이러지 않았는데…" 그 할아버지는 세월의 '아픔'이 정말 가까이 다가오고 있음을 자신도 모르는 사이에 나에게 이야기한 것이다. 그 할아버지도 자신의 젊은 시절, 청춘 시절을 생각하며 세월이 흘러가는 것이 그저 야속하고 아쉽고 아쉬울 따름인 것이다.

인생 100년을 4계절로 나누면 25세까지는 봄이고 50세까지는 여름이며, 75세부터는 겨울이 시작된다고 한다. 70세는 단풍이 절정을 이루는 만추라고 한다. 서양에서는 65~75세를 활동적 은퇴기(active retirement)라고 한다. 80세가 되면 초겨울이 이미 시작되었다고 할 수 있다. 그런데 국내에서 존경받는 우리 시대 철학자 김형석 박사는 103세라고 한다. 아직도 강연과 집필활동을 열심히 하면서 정력을 뽐내고 있다. 김형석 박사는 인생의 4계절 중 소한 대한도 다 지난 엄동설한도 한참 지난 나이다. 나이만이 인생을 말하지는 않는다고 이야기하는 듯하다. 마음이 청춘이 되면 몸도 청춘이 된다고 한다.

커피숍에서 글을 쓰고 있는데, 내 등 뒤에서 젊은이들이 동경 여행계획을 열심히 세우면서 벌써 2시간째 고민하고 있다. 마음이 청춘으로 활활 불타오르고 있는 듯 보여서 부럽기만 했다. 또

내 옆자리에서는 60대 남자 3명이 낚시 이야기에 열을 올리고 있었다. 모두 다 자신들만의 기쁨을 찾아 활활 타오르고 있다. 이들에게 세월이란 어떤 것일까? 세월의 '아픔' 따위는 아랑곳없다. 가는 세월, 오는 세월, 바람처럼 왔다가 바람처럼 가버린다. 오늘 저녁, 잠을 자다가 내일 아침 눈 뜨면 감사하게 생각하고 즐겨보는 수밖에 없는 것 아닐까? 주어진 환경에서, 주어진 시간을 청춘의 마음을 가지고 살아가야만 될 것 같다. 커피숍에서 연말이 다 가왔음을 알리는 크리스마스 캐럴이 울려 퍼지든 말든 젊은이와 낚시꾼들처럼 즐거운 마음으로, 무거운 짐은 모두 내려놓고 나에게 남은 세월을 활활 불사르면서 청춘처럼 살아가야 할 것 같다. 그렇다. 영어속담에 "If you change your think, you can change your life(생각을 바꾸면 인생을 바꿀 수 있다)."라는 말이 있다고 한다. 세월의 '아픔'이 닥쳐와도 꺾이지 않는 마음, 청춘처럼 세월에 굽히지 않고 타오르는 마음을 유지하려고 노력하는 것이 중요하지 않을까?

삶의 안식처
'둥지'

    살아 있는 생물들은 매일매일 변화하는 환경 속에서 저마다 자기에게 맞는 편안하고 아늑한 둥지를 찾는다. 둥지가 없으면 상당한 어려움을 겪으면서도 끝까지 포기하거나 실망하지 않고 새로운 둥지를 만든다. 사람도 예외는 아니다. 출생 전에는 어머니의 배 속에서, 출생 후에는 각자의 생활환경에 따라 수시로 새로운 둥지를 틀기도 하고 더 좋고 편안한 삶을 위해 자신에게 맞는, 자신에게 어울리는 둥지를 찾아 나선다.

    언젠가 초등학교 6학년이 인생상담을 하겠다고 TV에 출연했다. 상담내용은 일상생활 속에서 자신만의 공간이 필요하다면서 불편하다고 설명한 후, 학교에서 멀지 않은 곳에 "자취"를 하고 싶은데 부모들이 허락하지 않는다고 했다. 다시 말해 "나만의, 나 자신만을 위한 편안하고 아늑한 공간", 즉 "둥지"가 필요하다는 주장이다. 나는 처음엔 방송을 보고 그 초등학생이 참으로 당돌하고 어처구니없다고 생각했다. 그런데 한참 후에 곰곰이 생각해 보니 어쩌면 있을 수 있는 일, 아니 앞으로는 이런 일들이 더 많이 생기지 않을까 하고 생각했다. 세상은 생각지도 못할 만큼 빠르게 변하고 있는 것이다. 그만큼 새로운 "둥지" 찾기를 원하는 사람도 많아질 것이다.

어느 늦가을 오후, 집 주변 원수산을 오르다 나무에 열심히 매달려 나무를 쪼아대고 있는 귀여운 새 두 마리를 발견했다. 새들은 새로이 부부의 연을 맺고 앞으로 부부로서 살아갈 새로운 "둥지"를 만들고 있는 것 같았다. 새들은 이리저리 서로 왔다 갔다 하면서 신이 난 듯 보였다. 발걸음을 멈추고 새들의 행동을 한동안 지켜본 적이 있다. 그런데 저 새들은 왜 나뭇가지 위에 집을 짓지 않고 어렵게 나무 몸통을 쪼아 구멍을 내려고 하는지 궁금했다. 아마도 새들은 나무에 구멍을 깊게 낸 후 "세상에 이보다 편안하고 아늑한 둥지는 없을 것이다. 이번 겨울은 안심이야."하고 매우 만족할 것이다. 그러나 조류세계에도 인간 세상과 마찬가지로 매너를 모르는 파렴치한 새들이 있다. 뻐꾸기는 뱁새의 둥지에 알을 낳고 새끼까지 기르게 한다. 뱁새 덕택에 성장한 뻐꾸기 새끼는 나중에 뱁새 새끼를 둥지 밖으로 몰아내고 죽게 만든다. 두견이도 휘파람새가 잠시 둥지를 비우면 슬그머니 알을 낳고 자기 새끼까지 키우게 만든다. 요즈음 문제가 되고 있는 전세사기범 보다 나쁜 짓을 한다.

언젠가 우리 집 앞 소나무에 까치가 집을 지었다. 몸이 작고 왜소한 것으로 보아 새로 신혼을 꾸민 까치임이 틀림없었다. 두 녀석이 열심히 나뭇가지를 물어 나르며 둥지 만드는 작업을 시작했는데 비바람과 강풍 때문인지 물어다 놓은 나뭇가지가 계속 땅에 떨어져 진도를 나가질 못했다. 오죽했으면 나와 아내는 키가 닿을 정도이면 나뭇가지를 나무 위에 올려주고 싶다고까지 했겠는가. 그런데 40~50일이 지나자 의젓하게 새로운 둥지가 완성되었다. 까치의 신혼집, 새로운 살림집, 둥지가 완성된 것이다. 까치들의 피나는 노력이 애처롭기도 했지만 열심히 노력해서 목표(집 짓기)를 달성하는 것이 돋보여 오히려 기분이 좋았다.

사람이든 조류든 모든 살아 있는 생물들은 자신만의 둥지를 찾고, 둥지를 만들 때 노력과 시간을 투자한다. 그리고 또 환경이 변하면 그에 맞는 새로운 둥지를 찾아 나선다. 이러한 과정은 끊임없이 반복된다. 나는 1980년대 중반 이후 직장 등의 이유로 평균 1년 6개월에 한 번 정도 둥지(집)를 옮겼다. 2017년 세종시로 이사 온 후 가장 오랫동안 살고 있다. 생활공간이야 그렇지만 나도 다른 사람과 마찬가지로 매일 아침 눈을 뜨면 오늘은 어디에서 무엇을 할까 하고 생각한다. 어딘가에서 잠시라도 시간을 재미있고 뜻깊게 보낼 방법, 둥지 찾기를 궁리한다. 어쩌면 사람은 누구나 매일 시간대별로 나누어 가면서 그때그때 무언가 자신에 맞는 편안하게 즐겁게 지낼 곳을 찾는지도 모른다.

새벽에 꿈을 꾸었는데 머리를 싸매고 고민했다. 도저히 일어날 것 같지도 않을 일인데 왜 이런 꿈을 꾸는지 잘 모르겠다고 한참 동안 생각했다. 어쨌든 꿈 때문인지 잠은 저 멀리 달아나 버렸다. 시간을 보니 새벽 4시다. 몸을 뒤척이다 전기 카펫을 배 밑에 깔고 엎드렸다. 따스해서 그런지 더없이 편안하고 기분이 좋다. 다시 내 머릿속은 "오늘은 어디서 누구와 무엇을 하며 즐겁게 지낼까? 새롭게 어디에 둥지를 틀어볼까?"로 가득하다.

산속에서 꿀벌을 키우는 사람들은 야생 꿀벌을 유혹하기 위해 벌통을 제작한 다음 빈 벌통 내부에 밀랍을 녹여 흠뻑 발라놓는다고 한다. 야생 꿀벌들이 밀랍의 유혹에, 자신들이 지어놓았던 벌집 밀랍의 편안함, 달콤함에 자연스럽게 빈 벌통 속으로 들어와서 새로운 벌집(둥지)을 만들도록 하는 것이다. 깜깜한 어둠 속에서 몸을 뒤척이며 오늘 일과를 점검한 후, 혹여 나를 달콤하게 유혹할 새로운, 인생을 즐길 수 있는 방법, 둥지는 없는 것일까? 생각에 생각을 거듭하며, 나름 머리를 열심히 굴려본다. 달콤한 오늘 하루, 나의 새로운 둥지를 생각하면서…

추억 여행,
산토끼몰이

 올해도 벌써 12월 하순, 새해가 밝았다고 떠들썩했던 것이 엊그제 같은데 임인년(2022년) '검은 호랑이'도 별수 없이 위풍당당함을 잃고, 슬금슬금 뒷걸음치며 자취를 감추려고 한다. 동물 세계의 '왕', 호랑이님은 무엇이 두려워 이렇게 허무하고 쉽게 새로운 주인에게 자리를 내어주려고 한단 말인가? 계묘년(2023년)은 '토끼'의 해이다. 토끼는 호랑이 밥이 아닌가? 세월아! 아무 말도 하지 않을 터이니 그저 천천히만 가다오, 천천히, 천천히…

 토끼는 시대마다 다양하게 묘사되는 동물이다. 우리가 잘 아는 용왕님 병을 고치기 위한《별주부전》'토끼 간' 이야기도 있지만, 특히 조선시대 민화나 도자기 등에도 여러 형태로 반영되어 있다.

우리는 어릴 때 달 속에서 방아 찧는 토끼를 보며 많은 꿈을 꾸고 소원을 빌었다. 달 속의 토끼도 1969년 7월 20일 아폴로 11호 닐 암스트롱 일행의 달 착륙으로 환상은 사라져 버렸다. 동화 속 꿈은 더 이상 꿀 수 없게 되었고, 어린이들 삶은 더욱 삭막해졌다.

금년 12월은 한파도 제법 기승을 부리고 눈도 자주 내린다. 겨울다운 겨울 모습을 톡톡히 보여주고 있다. 아파트 주변이나 산등성이에도 잔설이 남아 있고 심지어 남쪽에는 폭설이 내려 피해가 상당한 모양이다. 크리스마스이브에 오랜만에 동서들이 부부로 세종시에 모여 재미있는 한때를 보냈다. 참으로 즐거운 잊지 못할 추억의 한 페이지를 장식했다. 그런데 분위기가 쓸쓸하고 무겁게 내려앉은 느낌이 드는 것은 왜일까? 혹한의 추위 때문일까? 세월 탓일까?

아파트 헬스장에서 운동하던 중 창밖을 보니 어젯밤에 내린 눈이 부족했는지 또다시 눈발이 날린다. 그리고 간간이 햇님이 숨바꼭질하듯 구름 사이를 들락날락하면서 유리창 너머로 따스함을 전해온다. 나는 한동안 멍하니 눈발이 흩날리는 아파트 단지 나무들을 바라보았다. 대부분 낙엽을 다 떨구고 나목이 된 채 수줍은 듯 아니 추위에 얼어붙은 듯 몸을 잔뜩 웅크리고 있다. 일부는 무슨 미련이 남았는지 여전히 나뭇잎과 이별하지 못하고 흩날리는 눈과 바람에 바들바들 떨고 있다. 잎이 큰 나무는 크게 떨고 작은 나무는 작게 떨면서 서로 나는 아무렇지도 않다는 표정이다. 그런데 나뭇잎들은 지금 서로 "너는 떨고 있니? 나는 떨고 있지 않다."고 우기고 있는지도 모른다. 마치 인간들이 잘못을 저질러 놓고도 아니라고 강변하고 궤변을 늘어놓는 것처럼…

원수산을 바라보니 나목 사이사이로 하얀 눈이 쌓여 있다. 시선을 멀리멀리 산을 따라 올라가니 정상 쪽에도 흰 눈이 제법 쌓여 있다. 낙엽이 떨어져 앙상하고 적막하고 삭막하기만 했던 이 산을 누가 이렇게 아름답게 꾸며놓았단 말인가? 눈 덮인 산수화 한 폭이 눈앞에 멋있게 펼쳐져 있다. 얼마 전 어떤 여자 한 분이 우리 아파트 출입문 계단에 앉아 추위 속에서 열심히 그림을 그리고 있었다. 그림에 대한 열정이 그분을 추위에도 밖으로 불러냈을 것이다. 아내와 나는 그 여자분을 보고 '춥지도 않나?'하면서 시큰둥해서 이야기했지만 사실 그림 한 폭을 위한 열정만은 부러웠었다. 불현듯 나도 그 여자분만큼 열정과 소질이 있었으면 좋겠다는 생각이 들었다. 정말 멋있는 그림 한 폭을 만들어 낼 수 있을 터인데…

한동안 눈 덮인 원수산을 보고 있으니 갑자기 옛날 초등학교 시절 산토끼몰이를 하던 생각이 파노라마처럼 스쳐 지나갔다. 아! 그래 산토끼몰이를 하기엔 오늘이 최적이다. 그냥 흘려보내기엔 아까운 날씨다. 초등학교 시절 토끼몰이를 하던 산도 그리 높지 않았다. 어쩌면 원수산보다 좀 낮은 산이었는지도 모른다. 산 전체를 밑에서부터 포위한 후 소리를 지르며 산 위쪽으로 토끼를 몰아간다. 사실 토끼가 있는지 없는지도 모르고 선생님과 형들을 따라 열심히 소리를 지르며 올라가는 것이다. 잡히면 기분 좋고 잡히지 않아도 그만이다. 산 정상부엔 이미 올가미 망을 쳐놓고 선생님과 학생들 일부가 조용히 기다리고 있기 때문에 토끼를 정상 쪽으로 몰고 가기만 하면 된다. 토끼몰이를 하다 보면 돌부리, 나무뿌리에 걸려 넘어지고 심지어 작은 골짜기로 굴러떨어지기도 한다. 그래도 우리는 마냥 신나고 재미있기만 했다. 마치 자신이 금방이라도 산토끼를 잡기라도 할 것처럼 흥분되고 마음은 하늘 높은 줄 모르고 들떠 있었다. 과연 몇 마리나 잡힐 것인가? 어떤 녀석이 잡힐 것인가? 산 중간쯤 올라갔을 때 여기저기서 "토끼다! 토끼다!"하며 고함치는 소리가 들렸다. 그럴수록 우리는 더욱 힘이 나고 신이 났다. 오늘날 생각하면 학교와 선생님이 추운 겨울날 초등생을 토끼몰이에 동원했다고 난리가 날 것이며, 불법 동물포획이 되어 많은 비난을 받을 일이다. 지금도 산 정상에서 선생님이 잿빛이 선명한 토끼 두세 마리를 높이 들어 올리고 의기양양 서서 이야기하던 모습이 눈에 선하다. 선생님들은 산 정상에서 무슨 생각을 했을까? 학생들과 선생님들 모두 정상에서 "와! 와!"하고 목청껏 소리 질렀다.

토끼는 소리에 매우 민감한 동물이다. 토끼는 귀가 크고 조그만 소리에도 엄청나게 빠르게 반응한다. 《별주부전》에서 토끼는 용왕님과 별주부 그리고 대신 등 모든 용궁 관계자를 태연히 속이고 간 크게 행동해서 위기를 벗어났다. 토끼가 영민하게 행동했다는 데에는 수긍이 가나, 그렇다고 담대했다고까지 인정할 수 있을까? 토끼는 의외로 겁이 많기도 하다. 옛날에 어른들은 겁이 많은 사람을 간이 콩알만 한 사람이라고 했다. 그렇다면 진짜 토끼의 간은 어느 정도 크기일까? 그리고 토끼몰이 때 잡힌 토끼는 무엇을 하고 있다가 잡혔을까? 토끼가 진정 영민하긴 한 것일까? "교토삼굴(狡兎三窟)" 또는 "교토삼혈(狡兎三穴)"이란 말이 있다. 토끼 관련 이야기인데 전혀 맞지 않는 말이 아닌가? 괜히 만들어 낸 말일까? 토끼는 굴을 3개씩 파서 그때그때 위기를 극복해 나간다고 알려져 있다. 인간들에게 위기에 대비해 항상 플랜B, 플랜C를 준비하라는 의미에서 보면 그 나름 시사하는 바가 크다고 할 수 있겠다.

중국 춘추전국시대 유명한 4공자(四公子) 이야기가 있다. 4공자 중 한 명인 제나라 맹상군과 관련된 "교토삼굴(狡兎三窟)"이란 고사성어가 있다. 맹상군은 제나라 재상(宰相)으로 자신의 집에 많은 식객(食客)을 거느렸다. 그중 '풍환'이라는 사람은 전혀 도움이 되지 않자 한때 매우 미워한 적이 있다. 맹상군이 모함을 받아 제나라 재상에서 물러나자 식객들은 다 떠나갔지만 '풍환'만은 끝까지 남았다. '풍환'은 맹상군에게 토끼는 어려울 때를 대비해 굴을 3개씩 판다고 하면서 앞으로 맹상군의 명예 회복을 위해 충성을 다하겠다고 말한다. 그는 이미 맹상군이 백성들로부터 칭송을 받도록 만들어 놓았다고 설명한다(토끼굴 1). 이어서 앞으로 2개의 굴을 더 만드는데, 그중 하나는 다른 제후국들이 맹상군을 탐내도록 하여 제나라 '민 왕'으로 하여금 맹상군을 다시 불러들여 제상 자리에 복귀시키게끔 하겠다고 했다(토끼굴 2). 또 제나라 '민 왕'을 설득하여, 맹상군의 '영지'(領地)에 제나라 '종묘(宗廟)'를 설치토록 해서 '영지'를 난공불락의 요새로 만들겠다고 약속했다(토끼굴 3). 결국 맹상군은 은퇴 후에도 영지에서 여생을 잘 보냈다고 한다.

어쨌든 초등학교 시절 잡힌 산토끼는 매우 운이 나빴는지도 모른다. 토끼몰이 소리에 놀라서 이를 피하려고 토끼굴에서 나왔다가 피하지 못하고 잡힌 것인지, 토끼몰이를 하는 우리가 운이 좋았는지 둘 중에 하나라고 생각된다. 토끼몰이가 끝나고 집에 돌아가는 길에 우리는 자신이 직접 산토끼를 잡은 것처럼 우쭐해서 마치 큰 전투에서 대승이라도 거둔 군인들처럼 이런저런 말이 많았다. 초등학교 저학년 시절에 우리는 집에 금송아지가 몇 마리씩 있다는 등 거짓말을 해도 아주 세게 하고 놀았던 것 같다. 왜냐하면 어차피 검증이나 확인할 수 없는 이야기였기 때문이다. 그러니 산토끼 잡은 이야기는 뻥이 오죽했겠는가? 초등학교 시절 겨울 산토끼몰이는 이것이 처음이자 마지막이었다. 산토끼몰이는 끝났지만, 이후에도 나는 겨울이 올 때마다 산과 들을 누비며 꿩이나 청둥오리, 참새잡이 놀이를 하며 유년기를 보냈다.

토끼몰이가 끝나고 집으로 가던 중 토끼몰이 여운이 아직도 남아 있었는데, 동네 어귀 야산에서 노루 두 마리가 우리를 바라보고 있는 것을 발견했다. 친구 중 누군가 "노루다! 노루다!" 소리를 질렀다. 우리는 순간적으로 그쪽을 보고 노루를 향해 일제히 달렸다. 그러나 허사였다. 노루가 너무 빨랐는데도 우리들은 "아! 잡을 수 있었는데, 조금만 빨리 뛰었으면 잡을 수 있었는데."하면서 말도 안 되는 허풍을 왁자지껄하게 늘어놓은 적이 있다. 지금 생각해 보니 그때 진짜 노루였는지 고라니 가족이었는지는 확실치 않다.

얼마 전 세종시로 이사 온 후 농사짓던 텃밭을 향해 차를 몰아가는데 눈앞에서 산토끼 네 마리가 급히 야산 쪽으로 길을 건너갔다. 갈색 색깔의 토끼들이 너무도 귀여웠다. 차를 즉시 멈추고 토끼를 따라가 보려고 했으나 그야말로 눈 깜짝할 사이에 자취도 없이 사라졌다. 그러면서 다시 초등학교 때 산토끼몰이를 했던 시절이 불현듯 떠올랐다. 분명, 이 근처에 토끼굴이 있을 것이다. 교토삼굴이라고 했으니 그것도 3개는 있겠지 하고 중얼거렸다. 산토끼 가족들이 무럭무럭 자라 긴긴 겨울을 잘 견뎌내고 가족들이 더 많이 생겨나길 마음속으로 빌었다.

내가 산토끼와 처음 인연을 맺은 것은 초등학교에 들어가기 전이다. 형들이 밭에 갔다 오다 잿빛 산토끼 한 마리를 잡아 왔다. 우리 집에서 기르기가 여의치 않아 같은 동네에 살고 있던 외갓집 닭장 한 칸에 넣어두었다. 며칠 동안 열심히 콩잎 등 토끼가 좋아하는 풀잎을 베어다 주었더니 잘 먹고 잘 지냈다. 그런데 비가 오던 어느 날 아침 일찍 풀잎을 가지고 닭장에 갔더니 토끼가 없었다. 조그만 틈새를 이용해서 달아나 버린 것이다. 너무도 사랑스럽고 귀여웠는데 어디로 가버렸는지 흔적도 없었다. 애지중지하던 아주 귀중한 물건을 잃어버린 듯 정말 서운했다. 한동안 닭장을 이리저리 쳐다보다 망연자실하여 집에 돌아온 적이 있다.

산토끼에 얽힌 이런저런 이야기가 많지만 이젠 지나간 한 페이지의 추억일 따름이다. 닭장에서 달아난 산토끼, 텃밭을 가던 중 만난 산 토끼 가족들은 내가 자신들에게 더 이상 피해를 주지 않아 아마도 잘 살았고, 그 후손들도 번성했을 것이다. 이제 얼마 지나지 않으면 계묘년(2023년)이다. 행운을 가져다주는 '검은 토끼의 해'라고 한다. '검은 토끼의 해', 모든 이들에게 좋은 일들이 많이 많이 넘쳐나길 기원해 본다.

허무한
일출, 일몰 감상

 정월 초이튿날(음력 1월 2일) 가족들이 서해안 쪽에 일출과 일몰을 모두 볼 수 있는 좋은 장소가 있다면서 바람이나 쐬러 가자고 해 길을 나섰다. 일출이나 일몰은 공통점이 하나 있다. 둘 다 한번은 아주 아주 새빨간 색을 띤다. 태양은 번쩍하고 지평선에서 나오는 순간 엄청나게 붉게 타오르고, 서쪽 하늘에 넘어가는 순간 다시 한번 붉게 붉게 하늘을 장식한다. 처음과 시작이 똑같은 모습이다. 어쩌면 인간이 태어날 때 "앙!"하고 순간적으로 탄생의 축포를 터트리는 것처럼 갑자기 지평선에서 '방긋!'하고 확 나타난다. 그리고 사람들이 죽기 전 번쩍하고 정신이 돌아와 가족들과 인사할 때처럼 붉게 타올랐다가 순간적으로 운명하듯 지평선 너머로 퐁당! 사라져 버린다. 우리는 젊은 시절 친구들과 가끔 농담으로 "사나이가 죽을 때는 장렬하게 불태우며 죽어야지."라는 말을 자주 했다. 태양도 일몰 때는 정말 장렬하게 불태우며 순간적으로 사라진다.

　동해안의 일출은 어딘지 모르게 힘이 있고 박력이 넘치는 듯해서 남성적이라고 말할 수 있다. 동녘 하늘이 잠시 어슴푸레한가 싶은 순간 곧이어 수평선 너머 하늘과 바다를 동시에 벌겋게 달군 다음 제대로 감상할 틈도 주지 않고 하늘 높이 위치해 버린다. 그런데 남해안이나 서해안 일출은 비교적 여성적이다. 지리적 여건 탓일 수 있겠으나 대개는 산 너머에서 천천히 그리고 순간적으로 선홍색 붉은 모습으로 나타난다. 마치 한복을 곱게 차려입은 결혼적령기 소녀가 몸을 감추고 있다가 수줍어하며 얼굴을 내밀듯 조용히 그리고 슬며시 올라와 버린다. 사람들은 언제부터 태양에 관심을 가졌을까? 특히 일출·일몰 풍경에 대해 언제부터 매력을 느꼈을까? 일출·일몰은 매일 반복되고 있지만, 사람들은 정초만 되면 특별히 많은 의미를 부여하는 것 같다. 원시인들은 계절별로 때론 매일매일 시시각각 변화무쌍하게 다르게 나타나는 새로운 일출·일몰 풍경을 보고 어떤 생각을 했을까? 멋있다고 감탄했을까? 아니면 두려워했을까? 많은 생각이 교차하면서 머릿속을 지나갔다.

　금년(2023년) 1월 초 딸이 국립심포니오케스트라 공연이 있는데 갈 생각이 있는지 물었다. 공연 날 건물 관리단 회의도 있고 컨디션도 좀 좋지 않아서 별로 내키지 않았지만, 아내도 기분전환 삼아 가보자고 권유해서 함께했다. 그런데 오케스트라 공연이 너무 좋아 오랫동안 여운이 남았고 오길 정말 잘했다, 오지 않았으면 후회할 뻔했다는 생각이 들었다. 특히 '비제'의 '카르멘'은 음악이 익숙해서 그런지 좋았고, 동서양 악기가 신나게 어우러진 판소리 '춘향가' 중 '사랑가'는 아주 인상적이었다. 나는 공연 내내 심포니 음악 흐름에 양양 해변 백사장에서 구경했던 일출 모습과 구정 때 계획하고 있는 일출, 일몰 풍경을 대입하면서 재미있는 시간을 보냈다. 지금까지 내가 본 일출 광경 중 가장 기억에 남는 것은 10여 년 전 정초에 큰딸과 함께 양양에 갔을 때이다. 확 트인 양양 해변 백사장에서 본 일출은 수평선 너머로 이글이글 타오르는 정말 깨끗한 보기 드문 선홍색 태양으로 일품이었다. 우리 가족은 그때도 붉은 아침 태양을 보고 새해 새로운 기운을 받고 소원을 빌었다. '카르멘'은 후반으로 갈수록 뜨거운 축제 같은 장면 속에서 리듬이 점점 빨라진다. 그러다 끝 무렵으로 갈수록 플라밍고의 강렬한 리듬이 공연장을 뜨겁게 달군다. '투우사의 노래'와 '집시의 노래'로 흥을 한껏 돋운 음악은, 마치 푸른 동해에서 수평선과 동쪽 하늘을 한동안 붉게 붉게 달군 다음 갑자기 솟아오르는 태양과 같았다. 마치 먼 길을 달려와 일출 광경을 지켜보고 있는 사람들이 환호하고 기뻐하는 모습을 연상시켜 주었다. 판소리 '사랑가'의 경우 고수는 처음에 정겨운 중중모리 (조금 빠르게)장단으로 분위기를 유도한다. 역시 태양이 수평선 아래에서 솟아오르기 위해 예열하고 있는 것과 마찬가지다. 그러다가 자진모리(빠르게)장단으로 변하면서 신이 나고 흥이 고조된다. 동서양의 악기가 한데 어울려 놀라운 하모니를 연출하고 관객들은 공연장이 떠나갈 듯 크게 손뼉 치며 하나가 되어 환호한다. 마치 일출을 기다리던 관광객들이 이구동성으로 커다란 탄성과 함께 소리를 지른 후, 조용해지면서 새해 소원을 비는 모습과 너무도 닮았다. 나는 아직도 가끔 일출을 생각하면 중·고등학교 시절인지 언제인지 정확하게 기억하진 못하지만 언젠가 일출(해돋이) 풍경을 정말 잘 묘사한 작가의 글을 잊지 못하고 떠올리곤 한다. 동해안에서 떠오른 붉은 태양의 모습을 정말 예술적으로 현실감 있게 잘 묘사한 글이었다.

젊었을 때 나는 멋있는 일출 일몰 풍경을 보아도 "아! 멋있다.", "진짜 멋있다!" 등으로 감탄사를 연발한 후, 조금 지나면 '내가 언제 멋있는 일출 일몰을 구경했던가?' 하고 일상 속으로 매몰되어 버렸다. "금강산도 식후경(食後景)"이라고 했다. 배가 불러야 여유가 생기고 마음도 편해져 경치도 제대로 감상할 수 있다는 말이다. 현대인에겐 배부른 것도 중요하지만 무엇보다도 시간적인 여유, 편안한 마음을 빼놓을 수 없을 것 같다. 나도 일상생활에 쫓기다 보니 그동안엔 멋진 일출·일몰을 봐도 그 느낌이나 여운을 오래 간직하지 못했던 것 같다. 퇴직 후에는 삶의 여유가 생겨서 그런지 멋있는 일출·일몰을 보면 왠지 여운이 오래가고 경치도 새롭게 보이기 시작했다.

우리 가족은 서산 방조제를 지나 안면도를 거쳐 새로 뚫린 보령 해저터널을 경유, 대천에 여장을 풀었다. 방조제 옆쪽에 펼쳐진 간척 농지를 보면서 '아! 넓다. 정말 광활하다.'라는 생각이 가득했다. 당시엔 개펄 등 환경파괴 반대도 많았겠지만 지금 생각해 보면 식량안보 등 미래를 생각할 때 역시 현명한 결정이었구나 하는 생각이 들었다. 광활한 농지에서 철새들이 떼 지어 날기도 하면서 군무를 연출하여 삭막한 겨울 풍경치곤 그럴싸해 보기에도 좋았다. 보령 해저터널은 제일 깊은 곳이 7~80m 정도 된다고 하니 해저로 제법 깊게 파고 들어간 듯하다. 나는 한국대사관 근무 시절 동경에서 치바현(千葉縣)으로 놀러 갈 때 '아쿠아라인'이라는 해저터널을 많이 이용했다. 일본 당국은 완공된 직후 여러 가지로 선전을 많이 했다. 그래서 사람들은 비싼 통행료를 내고 '아쿠아라인'을 달려본 경험담을 이야기하곤 했었다. 나 자신도 길을 달리면서 해저터널이 붕괴되거나 물이 새는 사고가 나면 어떻게 되는가에 관심이 많았던 것 같다. 해저터널 중간지점에 해상 전망대 등 휴게시설을 해놓아 '아쿠아라인'은 그런대로 한때 동경의 명물로 자리 잡기도 했다. 보령 해저터널도 기왕 완공했으면 조망이 좋은 곳으로 관광객들이 좀 더 시간을 보낼 수 있는 시설이 있었으면 좋겠다는 생각이 들었다.

서산에 해가 한 발 정도 남아 있을 때 우리 가족은 대천에 도착했다. 정월 초인데도 대천은 호텔, 음식점, 백사장 등 어딜 가나 사람이 북적거렸다. 내가 대천 해수욕장을 찾은 것은 80년대 중반 여름으로 그 당시엔 숙박 등 각종 시설이 어설프고 좀 낙후된 느낌이었다. 내가 일본 유학을 마치고 귀국한 데다, 부모님도 생존해 계시고 해서 온 가족이 관광버스 1대를 임차해서 왔었다. 형제들과 온 가족이 모이니 30여 명이 넘었고 한마디로 왁자지껄하고 즐겁게 보냈었다. 잠시 해변을 바라보고 있으니 그동안 한 번도 생각나지 않았던 1980년대 당시 해변에서 놀던 모습이 갑자기 눈앞에 아른거렸다. 주위를 자세히 살펴보니 호텔도 여러 개 있고 참으로 많이 변했다는 느낌이 들었다. 물론 그동안에도 대천에는 여러 번 왔었다. 그러나 그때마다 잠시 들러 바닷가를 바라보고 생선회 식사를 하는 게 전부였다. 오늘은 숙박하면서 시간 여유도 충분하다. 썰물이 절정에 도달했는지 백사장도 상상 이상으로 넓고, 가는 모래로 가득하다. 겨울철이라 더욱 깨끗하고 아름답게 보였다. 모든 것이 만족스러운데 문제는 날씨였다. 날씨가 뿌옇게 변해 시야가 매우 나쁘고 워낙 추웠다. 바다에 햇빛이 반사되어 조그만 물결이 일면서 일자 형태로 길게 반짝반짝 빛나고 있으나, 마치 기분 나빠 시무룩한 사람처럼 서쪽 하늘은 영 깔끔하지 않다. 우선 햇빛이 위력이 없다. 왠지 일몰이 신통치 않을 것 같다는 예감이 계속 밀려왔다. TV에서는 올겨울 최고의 강추위가 시작되었다고 난리다. 어쨌든 나는 오늘은 일몰, 내일 아침은 일출만 보면 된다는 생각에 강추위 따윈 안중에도 없었다. 호텔 체크인이 끝난 후 가족들이 일몰까지는 아직 시간이 많이 남았으니 휴식을 취하자고 하여 나는 곧 보게 될 일몰 풍경과 내일 아침 일출을 생각하며 잠시 눈을 감았다. 그런데 눈을 떠

보니 '해'는 온데간데없고 하늘엔 먹구름만 가득했다. 그리고 강한 겨울바람에 파도 소리만 귀가 아플 정도로 따갑게 들려왔다. 설마설마하고 날씨가 좋아지길 기대했으나 나를 즐겁게 해줄 유쾌한 반전은 끝내 일어나지 않았다. 나의 일몰 감상은 물거품처럼 사라진 것이다. 다음 날 아침 눈보라가 휘몰아치고 백사장이 온통 하얗게 얼어붙었다. 올겨울 가장 강력한 한파가 몰아치면서 일출도 한바탕 꿈으로 끝나고 말았다.

나는 구정 얼마 전 내가 관여하고 있는 빌딩관리단 회의에 참석했다. 이때 관리소장이 구정 때 무슨 좋은 계획이라도 있느냐고 물어, 나는 자신 있게 서해안에 일출·일몰을 모두 볼 수 있는 명소가 있다고 해서 다녀올 예정이라고 설명했다. 그러자 관리소장은 그런 곳이 두어 군데 있다고 들었다고 했다. 그런데 결국 모든 것은 수포로 돌아가고 말았다. 이번 여행은 밤새도록 파도 소리를 듣는 것으로 끝났다. 기대가 크면 실망도 크다고 했다. 그저 허무하기만 했다. 2023년 무언가 새로운 기운을 받아 각오를 새롭게 다져보려 했던 계획은 이렇게 물거품처럼 사라지고 말았다. 겨울 혹한의 눈보라 속에 파도 소리가 나의 마음을 달래주고 귀를 즐겁게 해준 것이 그나마 소득이었다고 생각해야 할까?…

계묘년 새해를 맞이하며

며칠 동안 혹한이 계속되더니 추위도 슬그머니 꼬리를 내리는 듯하다. 다람쥐 쳇바퀴 돌듯 반복되는 일상인가 싶더니 2023년 계묘년 음력 새해가 드디어 밝아왔다. 같은 하루인데도 우주의 모든 기운과 삼라만상이 어쩐지 새로워지는 듯한 하루가 다가왔다. 지혜롭고 날쌘 행운의 검은 토끼의 해라고 한다. 올해도 세상은 거칠고 우리 삶은 힘들고 어렵겠지만 모든 것이 잘될 것이라는 희망과 기대만큼은 변함이 없다.

뉴스를 보니 영국 박물관이 한국 '설맞이'라는 제목으로 "전통 공연 등 여러 행사를 했다."고 홍보했는데(2023.1.20.), 중국 네티즌들이 이를 보고 자기네 고유 명절(춘절)이라고 표현해야 한다면서 무차별 공격을 가했다고 한다. 그래서 영국 박물관 측은 한국 '설'이란 단어를 버리고 즉시 '중국 설'로 수정했다. 이러한 현상은 미국 디즈니 행사에서도 있었다고 한다. 중국을 비롯한 유교권 국가인 한국이나 동남아 국가는 옛날부터 구정을 나름대로 고유의 이름을 붙여 '명절'로 지내왔다. 중국 네티즌들의 우리 문화에 대한 공격은 어쩌면 패권 국가를 지향하면서 일어나는 현상일 가능성이 높다. 중국은 아편전쟁 후 100여 년간 지속되어 온 서양 세력에 대한 굴욕의 역사를 버리고 새로운 비상, 대 전환을 준비했다. 그리고 중국인들의 자긍심을 살리려고 부단히 노력해 왔다. 특히 90년대 들어서부터 중국 민족 우월주의 사상, 즉 중화사상을 고취하고 애국심을 자극하는 국수주의 교육을 강화했다. 그래서 그런지 중국인들의 우리나라 문화에 대한 무시 또는 중국화(동북공정) 움직임은 더욱 노골화하고 있다. 중국인 14억 명 중 이런 활동을 하는 네티즌이나 강성 인물들이 얼마나 되는지는 알 수 없다.

스포츠센터에서 수영을 마친 후 커피숍에 들렀다. 커피 한 잔을 사이에 두고 아내와 이런저런 이야기를 하던 중 나도 모르게 한동안 창밖을 물끄러미 바라보았다. 아내가 나에게 무슨 생각을 하느냐고 물어 어릴 적 명절 지내던 생각이 떠올라 옛날을 생각하고 있었다고 대답했다. 당시 섣달그믐날이 되면 부모님들은 나쁜 묵은 때를 다 털어낸다면서 집 안 구석구석 청소를 하셨다. 그리고 가마솥에 물을 따뜻하게 데워 자식들 목욕을 시키셨다. 지금도 생각해 보면 설을 맞이하며 가장 하기 싫었던 것이 목욕이 었던 것 같다. 왜냐하면 아무리 물을 데웠다고 해도 한겨울 밤에 찬 바람 부는 집 뒤편에서 덜덜 떨면서 목욕한다는 것은 결코 하고 싶은 일은 아니었기 때문이다. 어머님은 자식들 목욕이 끝나면 팥시루떡을 쪄서 접시에 담아 여기저기 두기도 했다. 소위 말하는 나쁜 귀신을 쫓는 것이다. 그리고 섣달 그믐날 밤에는 계속해서 등불을 밝혀놓기도 했다. 그리고 친구들 사이에서는 설 전날 일찍 자면 눈썹이 하얗게 된다고 했다. 그래서 기를 쓰고 자지 않으려고 노력했지만 몰려오는 잠은 막을 수가 없었다. 불안한 나머지 아침 일찍 눈을 뜨면 거울에 얼굴을 보고 '눈썹이 잘 있는지' 확인하곤 했었다. 지금 생각해 보면 참으로 순진하기만 했던 것 같다.

지금도 명절만 되면 어김없이 대이동이 시작된다. 옛날이나 지금이나 사람들은 고향을 그리워하고, 또 타향에서 '설'을 맞이하는 것에 대해선 꽤 안타깝게 생각하고 그리워했던 것 같다. 중국 '송'나라 때 시인 소동파(蘇東坡)는 〈별세(別歲, 五言古詩)〉에서 관직에 있어 섣달 그믐날이 되어도 고향에 가지 못하는 마음을 다음과 같이 노래했다.

    故人適千里 臨別尙遲遲
    친구가 천 리 길을 떠나려 할 때 작별을 하려 하니 괜히 망설여진다

215

人行猶可復 歲行那可追
사람은 가더라도 다시 돌아올 수 있지만 세월 가는 것을 어찌 쫓아갈 수 있으랴

問歲安所之 遠在天一涯
세월에게 어디까지 가느냐고 물어보니 멀리하는 끝까지라고 하네

…

勿嗟舊歲別 行與新歲辭
묵은해 가는 것을 탄식하지 말라 머지않아 새해가 와도 이별해야 한다네

    명절 하면 아직도 가슴 아픈 추억이 하나 있다. 내가 고등학교 입학시험에 낙방한 후 고향에 내려갈 때이다. 나는 교통비가 저렴한 용산역에서 출발하는 완행열차를 이용했다. 완행열차는 좌석 티켓도 없고 먼저 자리에 올라타 자리를 차지하면 그게 자기 좌석이 된다. 그래서 티켓 개찰을 마치면 그때부터 사람들은 일제히 100m 달리기하듯 전속력으로 열차를 향해 뛰었다. 그리고 열차가 출발하면 그때부터 열차는 하세월 없이 모든 역에 정차하면서 급할 것도 없이 달려간다. 그러다가 급행이나 특급열차가 지나가면 역에서 정차한 뒤 특급이나 급행이 지나갈 때까지 기

다린다. 단선 철도였기 때문이다. 그렇게 하여 8~9시간 정도 달리면 전북 김제역에 도착한다. 조금 심하게 말하면 요즈음 TV에서 가끔 볼 수 있는 인도나 동남아 어느 나라의 시골을 달리는 열차 정도로 만원이고 정말 쉬엄쉬엄 달린다. 고향 집에 가기 위해선 열차 좌석에 오랫동안 엉덩이에 뿌리 날 정도로 앉아 있어야 했다. 열차 통로는 사람들로 꽉 차서 잘 움직일 수도 없었고, 야간열차의 경우 심지어 열차 내 짐을 얹어놓는 선반에서도 사람이 누워 잘 정도였다. 지금 생각하면 거의 상상도 할 수 없을 정도다. 그래서 한번 자리에 앉으면 정말 참을 수 없을 정도가 아닌 한 마냥 그대로 앉아 있을 수밖에 없는 고문 아닌 고문을 당해야만 했다. 힘들고 고생스럽긴 해도 고향 집, 부모님 계신 곳을 찾아간다는 것은 최고로 즐겁고 즐거운 일이었다.

그런데 고등학교 입학시험에 낙방해서 시골에 갈 때 그 완행열차는 슬프기만 한 존재였다. 고향에 가는 것이 창피하고 괴로운 일이었지만 그렇다고 마냥 서울에 머무를 수도 없는 형편이었다. 나는 고향에 내려가 뭔가 할 일을 찾아야 했다. 달리는 열차 차창 밖으로 흰 눈 쌓인 들판과 산 등 낭만적인 겨울 풍경이 가득히 눈에 들어왔으나 하나도 멋있다거나 아름답다는 생각은 없었다. "풍경전심만리(風景前心萬里)", 즉 좋은 경치를 두고도 나의 씁쓸한 심사는 만 리를 달리고 있었던 것이다. 부모님의 실망스러워할 표정이나 아쉬워하고 안타까워하는 표정만 눈앞에 어른거렸다. 열차 내 승객들 얼굴은 오랜만에 고향 집을 찾아간다고 해서 들떠 있는 분위기였지만 내 기분이 안 좋다 보니 모든 것이 마음에 들지 않았다.

젊은 시절 직장에 다닐 때는 매년 새해가 되면 잘 지켜지든 안 지켜지든 여러 가지 각오를 다지곤 했다. 퇴직 후엔 딱히 '다짐 또는 각오'란 것이 자연스레 없어졌던 것 같다. 금년도 '신정'이 다가왔을 때는 단지 세월이 가는 것이 싫어 '나는 이제부터 구정을 기준으로 모든 것을 생각할 거야.'하고 그냥 지나왔다. 드디어 구정 명절이 찾아왔다. 그런데 역시 아무런 생각이 없다. 긴장감이 사라진 것인지 매일 일상이 다람쥐 쳇바퀴 신세라서 그런지… 나와 가족의 건강 문제는 언제나 숙제이고 잘 지켜야 한다고 마음속으로 항상 다짐하는 일이고… 어쨌든 금년엔 무언가 새로운 각오를 다짐해야 할 터인데, 무엇을 결심하고 실행해야 할까? 선뜻 떠오르지 않았다. 중국 고대 상(商)나라 시대 성군으로 알려진 '탕' 왕은 청동으로 만든 대야에 글귀를 새겨놓고 아침마다 세수하면서 읽어보면서 다짐을 가슴에 담았다고 한다. 나도 무언가 금년(2023년)도 결심과 각오를 정해놓고 '탕' 왕과 같은 결기로 실천해 봐야 할 터인데 신통한 목표가 잘 떠오르지 않는다.

시인 안도현은 〈새해 아침의 기도〉라는 시(詩)에서 다음과 같이 다짐했다.

    두 손을 모으고 무릎을 조아리고
    새해에는 기도하는 마음으로 살아가게 하소서

나 자신과 내 가족의 행복만을 위해 기도하지 말고
한 번이라도 나 아닌 사람의 행복을 위해 꿇어앉아 기도하게 하소서
한 사람 한 사람의 기도가 시냇물처럼 모여들어
이 세상 전체가 아름다운 평화의 강이 되어 출렁이게 하소서

새해에는 뉘우치게 하소서
…

새해 새로운 다짐을 하는 기도로서는 최고의 마음 자세인 것 같다. 아무래도 나와는 거리가 있는 시(詩)처럼 보이지만 그래도 한 번 깊게 깊게 곱씹어 볼 만하고 실천해 보는 것도 좋지 않을까 하는 생각이 들었다. 완벽하게 실천하긴 어려울지라도 시도는 해보기로 했다. 오후에 아파트 헬스장에 갔다. 어떤 머리가 희끗희끗한 부부와 딸로 보이는 사람 3명이 등산지팡이를 하나씩 들고 아파트 뒤쪽 원수산 쪽에서 내려왔다. 순간 나는 정월 초하룻날 '저 할아버지 부부와 딸은 원수산에서 무슨 각오를 다졌을까?'하고 궁금해졌다. 그렇다. 나도 올해는 아직 잘 마무리되지 않은 기타도 개인 교습을 해서라도 좀 더 갈고 닦아야겠다. 마지막으로 원고를 정리해 연말에는 책을 출간해 목표 '3권 출간'을 완성해야겠다. 그렇다. 멀리서 큰 목표를 찾지 말고 내 주변에서 조그만 일이라도 찾아 실행하면 그것이 바로 금년도 '나의 목표'가 된다는 생각이 들었다.

새해 결심이 어긋나기 쉬운 것은 누군가 방해꾼이 있어서가 아니라고 한다. 물론 해가 바뀌었다고 특별히 쉬워지는 것도 아닌데 자신은 술술 잘 풀릴 것으로 생각하고, 반드시 실천하고야 말겠다고 다짐 또 다짐하는 것이다. 작심삼일이라는 말이 있다. 젊었을 때 많이 유행하던 말이다. 일본에 "삼일승려(三日僧侶)"라는 말이 있다. 어떤 사람이 승려가 되기 위해 출가했다가 엄한 불가의 수행을 견디지 못하고 사흘 만에 환속했다는 데서 유래했다고 한다. 우리는 주저앉고 쓰러지고 때론 뒷걸음질 칠지언정 계속 도전해 가야 한다. 그것이 인생이고 묘미인지 모른다. 독일 노벨상 수상 작가 토마스 만은 "권태가 시간을 훔쳐 간다. 하루하루가 똑같으면 아무리 긴 삶도 바람 한번 불면 사라져 버린다. 내가 시간을 함부로 쓰면 시간이 나를 함부로 쓴다."고 했다. 시간과 세월은 쓰는 사람에게 달려 있다.

행복한
사람

　오늘은 서울에 있는 병원엘 가는 날이다. 2개월 만의 서울 나들이다. 버스를 타고 가다 보니 제법 벼들이 누렇게 익어가고 농촌 풍경이 왠지 모르게 한가롭게만 느껴졌다. SR 수서역에서 내리자마자 택시를 탔다. 벌써 가을이 왔는지 하늘은 맑고 높다. 코끝을 스치는 바람도 제법 시원하다. 택시 운전기사가 상당히 나이 들어 보여 넌지시 나이가 많아 보인다고 말을 걸었다. 그러자 기사 아저씨는 78세이지만, 영원한 20대라면서 지금 생활이 너무너무 만족스럽고 행복하다고 했다. 지인이 85세에 운전을 그만두었는데 나는 그 이상까지 계속할 예정이라고 말했다. 나는 무엇이 운전기사를 그토록 즐겁고 행복하게 만드는지 궁금해서 다시 물었다. 그랬더니 "특별한 것은 없지만 하루하루 일하면서 즐겁고 무사하게 지낼 수 있으니 그냥 감사하다."고 말했다. 그러면서 자신은 아침에 일어나면 40분 정도 아침기도를 하는데 대통령과 우리나라, 남북통일, 주변 사람들, 가족들 그리고 마지막으로 자신의 무사고와 건강 등을 순서대로 기도한다고 했다.

나는 우리나라 정치 지도자들이 정치를 잘하고 있다고 생각하는지 넌지시 물었다. 그러자 운전기사는 마음에 안 들지만 어쩔 수 없는 것 아니냐고 대답했다. 그러면서 "국민이나 지도자라는 사람이나 한결같이 모두 '초심'을 잃어버리고 욕심에 눈이 멀었으며 자신들 주변만 챙기고 있다."고 강조했다. 운전기사는 "모두 먹고 싸고 버리고 갈 것인데 왜 그렇게 욕심을 부리는지 모르겠다."고 언성을 높였다. 2023년 10월 부산에서 국제영화제가 개최되었다. 기자가 세계적 배우 주윤발에게 거의 1조 원이 넘는 금액을 기부했는데 기분이 어떤지 물었다. 주윤발은 대답했다. 인생은 "공수래공수거(空手來 空手去)"라면서 "아침은 굶고 점심과 저녁에 먹을 쌀밥 두 공기만 있으면 만족한다."고 강조했다. 대부분 다 버리고 갈 것인데 쓸데없는 욕심에 너무 많은 시간과 정력을 소모하고 있는 것은 아닌지 수시로 우리 자신을 돌아봐야 하지 않을까? 그리스 철학자 아리스토텔레스는 "Happiness is the meaning and the purpose of life, the whole aim and end of human existence(행복이란 삶의 의미이자 목적이며, 인간 존재의 총체적 목표이자 끝이다)."라고 말했다. 사람은 자신만의 기준을 가지고 행복을 추구하면서 삶을 즐기고 그 의미와 존재 가치를 깨닫는지도 모른다.

지혜의 왕 솔로몬은 '시바' 부족 여왕의 유혹에 빠졌다. 그리고 하느님의 미움을 샀다. 얼마 지나지 않아 성전(교회)이 무너지고 사랑하는 여인을 잃었다. 그러자 솔로몬 왕은 "헛되도다. 헛되도다. 모든 것이 헛되도다."라고 하면서 세상사 덧없음을 이야기했다. 영락교회를 개척한 개신교 한경직 목사는 사람들로부터 많은 존경을 받았다. '한' 목사는 돌아가실 때 휠체어, 지팡이와 겨울 털모자를 유품으로 남겼다. 집도 통장도 아무것도 없었다. 한경직 목사의 아들도 목회자라고 한다. 그런데 '한' 목사의 후계자는 되지 않았다. 한 신도가 겨울에 한경직 목사에게 감기 걸릴 것을 걱정하여 오리털 잠바를 선물했는데, 한 신도가 어느 날 영락교회로 가는 길목에서 시각장애인이 그 잠바를 입고 있는 것을 발견했다고 한다. 조계종 종정을 지내신 성철 스님은 기운 누더기 가사 한 벌을 유품으로 남기셨다. 얼마나 검소하고 청빈하게 생활하셨는지를 잘 알 수 있는 일화다. 성철 스님은 신도들의 시주를 화살 맞는 것만큼 아프고 두렵게 생각했다고 하며 쌀 한 톨도 수챗구멍으로 흘러나가지 못하도록 가르쳤다고 한다. 그러면서 "중 벼슬은 닭의 볏만도 못하다."고 하고 조계종 종정 자리를 빨리 벗어나려고 애쓰셨다고 한다. 성철 스님이 돌아가신 후 불교계를 바라보는 세상의 눈이 달라졌다고 할 수 있다. 우리 시대 존경을 받는 종교지도자 중 김수환 추기경을 빼놓을 수 없다. 김수환 추기경은 돌아가시면서 각막을 기증하셨다. 그분이 남긴 유품은 신부복과 묵주뿐이다. 김수환 추기경 시절 가톨릭 신도 수가 가장 많이 증가했다고 한다. 모두 다 초심을 잃지 않으신 분들로 권력과 명예, 재물도 헛된 것이라는 것을 몸소 실천하신 분들이 아닐까 생각된다.

"복불가요 양희신 이위소복지본이이(福不可요 養喜神 以爲召福之本而已, 《채근담》)"라는 말이 있다. 행복은 억지로 구할 수가 없는 것이므로 스스로 즐거운 마음을 길러서 행복을 부르는 바탕으로 삼아야 한다고 했다. 어떤 왕과 신하들이 호화롭고 편안하게 생활하는데 갑자기 나라에 긴급한 일이 생겼다. 왕은 문제를 해결하려고 며칠 동안 고민했으나 방법을 찾지 못했다. 그래서 신하들을 불러 수일 내로 해결 방책을 내놓으라고 했다. 신하들은 아무리 생각해도 뾰족한 해결책을 찾지 못했다. 한마디로 왕도 신하들도 머리만 아플 따름이었다. 그때 어디선가 콧노래 소리가 들려왔다. 주위를 둘러보니 궁궐 한쪽에서 정원사가 나무를 다듬고 있었다. 정원사의 표정엔 어디에도 근심·걱정이 없어 보였다. 땀을 흘리고 있었지만 힘들어하지도 않았고, 표정이 너무도 즐겁고 편안해 보였다. 왕과 신하들은 "진정 행복한 사람은 자신의 위치에서 만족을 느끼면서 별다른 걱정 없이 살아가고 있는 바로 정원사였다."라는 것을 알았다. 나는 가끔 시간이 나면 참다운 행복, 진짜 행복을 느끼며 사는 사람들이 얼마나 될까 하고 생각하곤 한다. 그러면서 나는 지금 행복과 불행 중 어디에 해당할까? 아니면 나는 행복에 얼마나 가까이 근접해 있을까? 행복해지려고 노력하고 있는 중일까? 여러 가지 생각을 많이 하곤 한다. 그런데 나는 오늘 마냥 행복해하는 사람을 본 것이다. 마치 왕궁의 정원사와 같이 편안하게 말하고 행동하는 택시 운전기사를 보니 행복은 멀리 있는 것이 아니라는 생각이 들었다. 모든 것을 내려놓고 하루하루를 만족하게 생각하고 즐겁게 사는 것이 행복이었던 것이다.

일본 작가 '유키 소노마'는 "행복은 기다리는 것이 아니고 만드는 것이다."라고 말했다. 어쩌면 그 운전기사는 일상의 작은 일들을 통해 수많은 행복을 만들어 가고 있는지도 모른다. 나는 택시에서 내릴 때 나에게 새로운 생각을 가지고 살아갈 수 있는 '팁'을 준 것에 대해 고마운 생각이 들어 "오늘도 좋은 하루 보내세요. 좋은 말씀 많이 들었습니다."하고 인사를 했다. 세계적으로 유명한 '류보 머스키' 교수는 12가지 행복 습관으로 '작은 일에 감사', '낙관적인 태도', '남과 비교하지 않기', '과도하게 남을 비난하지 않기', '친절과 용서' 등을 들었는데 오늘 만난 택시 기사는 이 모든 것을 실천하고 있는 사람처럼 보였다. 택시 기사는 내가 그동안 만났던 사람 중에 행복한 사람이라고 인정한 두 번째 인물에 해당한다고 할 수 있다.

미국의 시인이자 작가인 제임스 오펜하임은 "어리석은 자는 멀리서 행복을 찾고 현명한 자는 자신의 발치에서 행복을 키워나간다."고 말했다. 영국의 유명한 미술평론가 존 러스킨은 "행복은 사소한 것에 있다."고 했다. 참다운 행복, 진정한 행복은 바로 내 곁에서 나의 발가락 끝에서 이루어지는 작은 일들에서 찾아야 하지 않을까? 어떻게 살아야 행복인지, 무엇이 행복인지 그리고 행복의 크기 등은 누구도 알 수 없다. 행복은 무게도 부피도 아무런 기준이 없다. 사고와 위험이 뒤얽히고 있는 오늘날, 어쩌면 아무일도 일어나지 않는 것이 얼마나 큰 행복이냐고 생각하는 사람도 많다. 사실 하루하루를 담담히 평범하게 무사하게 지나는 것만도 어려운 것이 현실이다. 무탈하게 지날 수 있다면 그게 바로 행복인지도 모른다. 그저 별일 아닌 것에 즐거워하고 감사를 느끼면서 살면 행복일지도 모른다.

행복은 멀리 있는 것이 아니고 바로 나의 일상, 즉 주변에 있다는 것이다. "이 세상 어떤 재물이든 명예와 권력이든 모두 쓰다가 버리고 갈 것뿐이다."라는 사실은 진리다. 한경직 목사, 김수환 추기경, 성철 종정 등은 모두 행복하게 사시다가 모든 사람의 환송을 받으며 행복하고 편안하게 눈을 감으셨다. 우리는 빈손으로 와서 잠시 있다가 빈손으로 돌아간다는 것을 잊지 말아야 한다. 우리는 일상에서 버리고 갈 이러한 것들에 너무 욕심부리거나 집착하지 말고 초심을 잃지 말아야 한다. 작은 일, 주변의 소소한 일에서 행복을 찾고 이를 더 큰 행복으로 키워나가기 위해 노력하면 된다. 행복이란 무엇인가에 대해 다시 한번 생각하게끔 해준 택시 운전기사에게 고마운 생각마저 들었다.

겨울 끝자락
추억 쌓기(1)

나는 봄기운이 느껴질 무렵, 일상에서 벗어나고 싶은 유혹을 못 이겨 금년 겨울 마지막 여행을 계획했다. 여행지는 고심 끝에 처음으로 군(郡) 단위로 좁히되 체력 등을 고려하여 일정 자체를 3박이나 4박이 가능하도록 여유 있게 잡았다. 이렇게 하여 선정된 곳이 전북 고창군이다. 고창은 나의 고향 부안군과도 가깝고 예전에는 선거구도 부안-고창으로 단일 선거구였다. 고창군은 인구수도 적고 발전도 좀 낙후된 탓인지 국회의원 자리는 대부분 부안군 출신 후보가 차지했다. 그러면서 본의 아니게 약간 소외당하기도 했다.

나는 중학교 졸업 직후 고향을 떠나왔고, 이후 직장생활 중 해외 생활이 많아, 우리나라 군 단위 지역은 많이 여행하지 못한 편이다. 더욱이 고창은 부안군과 지리적으로 가깝지만 고인돌 군락지가 있다는 정도 외에는 사실상 거의 모른다. 인터넷을 뒤적이다 보니 골프장, 파크골프장, 온천, 목장 농원, 편백 나무와 황토로 지어진 황토방, 시니어타운, 선운사, 그리고 내가 좋아하는 해변 등 충분히 우리 가족이 즐길 만한 조건을 갖추고 있었다. 또한 고창은 장인께서 처음 교장으로 부임한 지역이었기 때문에 과연 어떤 곳일까 하고 호기심도 발동하였다.

여행을 출발하려고 하니 갑자기 날씨가 시샘하면서 겨울 끝자락 강추위가 몰려왔다. 겨울은 그냥 물러설 수 없다면서 마지막 저항을 강하게 했다. 4~5년 전 청보리밭을 구경하고 유명한 풍천장어를 먹기 위해 고창엘 갔었다. 당일치기인 데다가 그때만 해도 아직은 60대 후반이어서 그런지 감회가 별로 깊지 않았는데 이번엔 달랐다. 일정이 상당히 여유가 있어서인지 어쩐지 정확히 알 수 없지만 마음이 한결 편안했다. 아파트 숲에 갇혀 답답하고 짓눌린 것 같은 일상에서 벗어난 해방감일까? 길을 달리는데 농가와 산천의 풍광이 너무 한가하고 여유롭게 보여 기분 좋게 만들어 주었다. 사람은 기분전환을 위해서도 여행한다고 했는데 그 말이 실감이 났다. 나는 퇴직 후부터 장시간 운전하며 여행하는 것을 별로 좋아하지 않았다. 그런데 휴식 없이 2시간 30분 이상 운전하는데도 이상스러울 정도로 전혀 거부감이 없고 즐겁기만 했다. 그야말로 '힐링 여행' 기분이 가득했다.

고창에 가기 전 백양사를 찾았다. 백양사는 봄 벚꽃 시즌에도 멋있지만 뭐니 뭐니 해도 가을 단풍과 겨울 설경이 일품인 곳이다. 그런데 내가 찾아가는 2월 말은 단풍이나 설경 그리고 벚꽃이 만발한 그런 시기가 아니다. 한마디로 어중간한 시기이다. 나는 지난해 에세이를 출간하면서 백양사 입구 비석에 새겨진 불경에 나오는 말씀이 떠올라 언젠가 시간을 내어 꼭 확인해 보아야겠다고 생각했었다. 나는 부모님 생전 가을철에 함께 백양사를 방문했었다. 그 당시 일주문 근처에서 휴식을 취하던 중 상당히 큰 노송 옆 비석에 새겨진 불경 구절을 발견하고 메모해서 한동안 지니고 다닌 적이 있다. 지금도 어렴풋이 생각나는데 아마도 '무욕(無慾)', '무소유(無所有)', '무상(無常)'을 강조했던 것 같기도 하다. 당시 나는 소나무 밑에서 소나무가 가지들이 만든 커다란 둥그런 원 속에 떠 있는 높고 파란 하늘을 수차례 올려다보았었다. 마치 병아리들이 물 한 모금 먹은 후 고개를 들어 하늘을 바라보듯 비석에 새겨진 불경 말씀을 생각하며 하늘을 쳐다보곤 한 적이 있다. 높고 푸른 하늘에 하얀 구름이 한두 점 떠다니고 있어 아주 아름답게 느껴졌었다. 그런데 이번에 가보니 너무도 많이 변해 열심히 찾았지만, 당시 노송과 비석은 흔적도 없었다.

백양사는 백제시대에 창건되어 깎아지른 듯 높이 솟아 있는 절벽 같은 백암산 백학봉이 배경을 이루고 있다. 암자가 39개나 몰려 있는데도 이번에 다시 보니 오히려 아기자기하고 편안하고 아늑했다. 경내에 350여 년 된 천연기념물 매화나무가 한 그루 있는데 3월 말이 되면 분홍색 매화꽃과 함께 그 향기가 주변을 가득 채워 명물이라고 한다. 3.1 독립운동에 참여하신 진산 스님과 고하 송진우 선생이 한때 어느 암자에서 지내시면서 독립운동을 했다는 설명을 읽고 마음이 아렸다.

암자가 밀집해 있는 경내 입구에 '쌍계루(雙溪樓)'라는 정자 같은 건물이 하나 있다. 산에서 내려오는 냇물을 막아 만든 연못이 있다. 자세히 보면 백학봉과 함께 주변 경치가 투영되어 있어 한 폭의 명화 감상이 가능하기도 하다. 겨울이라 그런지 물이 너무 맑고 깨끗해 연못 밑바닥까지 속속들이 보였는데 과연 명경지수(明鏡止水)다. 분명 경내 암자들이 몰려 있는 입구에 맑은 연못을 만들어 놓은 이유가 있을 터인데… 단순히 계곡물 관리와 경치, 풍광만을 고려한 것일까? 백양사를 방문하는 모든 사람과 수행하는 스님들에게 연못을 바라보며 무언가 깨달음을 가지라는 숨겨진 깊은 속뜻이 있는 것이 아닐까? 부처님의 무념무상(無念無想) 득도의 경지는 아니더라도 어쨌든 "깨달아라."는 이야기인지도 모른다는 생각이 들었다. 한참 동안 바라보고 있으니 부처님이 내 속마음을 전부 들여다보고 있는 것 같아 나도 모르게 시선을 다른 곳으로 돌리고 말았다. 행복도 불행도 모든 죄악도 모두 우리 자신이 스스로 짓는 것인데 탐욕과 애욕, 어리석음 때문에 눈을 감고 말아버리는 것은 아닐까? 부처님은 분명 우리 인간들에게 마음을 잘 다스리는 법, 나 자신을 다스리고 지혜롭게 사는 법 등을 가르쳐 주었는데… 왜? 세상은, 우리 사회는 갈수록 각박하고 험악해지고 어려워지는 것일까?

'쌍계루(雙溪樓)' 옆에 고려말 포은 정몽주가 백양사를 방문하여 어지러운 시기에 임금과 나라를 걱정하며 지은 한시(漢詩) 〈기제 쌍계루〉가 있다. 나라가 편안해지면 임금과 함께 쌍계루에 오르고 싶다는 의미라고 한다

구시금견백암승(求詩今見白巖僧)
지금 시를 써달라 청하는 백암사(現 백양사) 스님을 만나니

파필침음괴불능(把筆沈吟愧不能)
붓을 잡고 생각에 잠겨도 능히 읊지 못해 재주 없음이 부끄럽구나

청수기루명시중(淸搜起樓名始重)
청수 스님이 누각을 세우니 이름이 더욱 중후하고

목옹작기가환증(牧翁作記價還增)
목은 선생이 기문을 지으니 그 가치가 도리어 빛나도다

연광표묘산자(烟光縹묘暮山紫)
노을빛 아득하니 저무는 산이 붉고

월영배회추수징(月影排徊秋水澄)
달빛이 흘러 돌아 가을 물이 맑구나

구향인간번열뇌(久向人間煩熱惱)
오랫동안 인간 세상에 시달렸는데

불의하일공군등(拂衣何日共君登)
어느 날 옷을 떨치고 그대와 함께 올라보리

  경내 찻집에서 쌍화차로 겨울 마지막 찬바람에 시린 마음과 몸을 따뜻하게 하고 나니 한결 가벼워졌다. 돌아오는 길에 다시 연못을 바라보니 그냥 보기엔 아까울 정도로 정말 맑다. 옛날 추억의 장소를 잃어버렸다고 생각하니 여전히 가슴 한구석에 아쉬움이 자리 잡고 있었지만, 그래도 오늘 백양사 방문은 의미가 전혀 없지는 않았다는 생각에 마음의 위로로 삼았다. 예전 부모님을 모시고 왔을 때는 미처 알지 못했는데, 백양사 입구에서 경내까지 이어진 벚나무와 단풍나무 가로수길이 매우 인상적이었다. 봄 벚꽃이 바람에 날려 꽃비가 내리고, 가을 단풍이 한창인 모습을 상상하니 가로수길을 달리면 매우 아름다울 것 같은 생각이 들었다. 시간을 내어 백양사를 다시 찾아야겠다고 생각했다.

  숙소는 방장산(해발 약 780m)이 병풍처럼 둘러싸고 있는 분지 안에 있어 조용하고 편안했다. 체크인 후 우리는 서해안에서 일몰 관광지로 유명한 동호해수욕장을 찾았다. 해는 한 뼘 정도 남아 있고 해면에 길게 금빛 고속도로를 드리우고 있었다. 하늘은 맑고 쾌청한데 문제는 한겨울 같은 강하고 차가운 바람이었다. 마스크를 내리고 잠시만 있어도 얼얼하고 코끝과 귀 끝이 시리고, 호주머니에서 손을 꺼낼 수 없을 정도의 강추위였다. 수십 명의 청춘 남녀와 10여 명 남짓한 사진사들이 망원렌즈를 끼운 카메라를 들고 한 장의 명품 일몰 사진을 위해 열심히 셔터를 눌러대고 있었다. 청춘 남녀와 사람들은 일몰 풍경을 보면서 무슨 생각들을 하고 있을까? 동호해수욕장은 썰물 시간을 맞이해 개펄이 매우 넓고 단단했다. 갈매기들이 무리를 지어 나르다 앉기를 반복하면서 카메라맨들과 관광객들에게 좋은 사진 배경을 만들어 주었다.

해는 시간이 지나면서 지날수록 더욱 붉은 색깔로 변하면서 해면에 해가 반사되어 갑자기 2개로 늘어났다. 정말 어떻게 설명할 수 없을 정도로 아름다운 광경이다. 그런데 재미있는 것은 썰물로 바닷물이 빠져나가면 빠질수록 해와 가까워지기 위해 사람들은 한 발이라도 더 깊이 개펄 쪽으로 발길을 옮긴다는 것이다. 사실은 해에 한 발 더 다가가도, 다가가지 않아도, 사진은 별반 차이가 없을 터인데 부득불 썰물을 쫓아 열심히 깊은 곳으로 간다. 갈매기들은 인간의 이런 행동 모습을 보고 어떻게 받아들일까? 자신들의 먹이 사냥을 방해만 하고 있다고 생각하는지 사람이 다가가도 잘 날아가지 않는다. 해가 해수면에 걸치면서 더욱 붉은 빛을 띠기 시작한다. 해가 갑자기 풍덩 하고 해면으로 빠진 후에도 사진

작가들은 저녁노을을 카메라에 담기 위해 추위와 극심하고 격렬한 전투를 계속하고 있었다. 해가 해면 아래로 빠진 직후 어둠과 함께 나타나는 노을은 분위기도 묘하고 정말 말로 표현할 수 없는 광경이다. 아내가 갑자기 물었다. 갈매기는 해가 지고 어두워지면 어디로 갈까? 나는 갈매기에 신경 쓸 마음의 여유가 없었다. 왜냐하면 주변이 어두워지면서 해변 노을이 더욱 멋있게 보였기 때문이다. 나는 아내, 큰딸과 함께 해가 진 후에도 한동안 자리를 뜨지 못하고 그 자리에 머물렀다. 큰딸은 나에게 "왜 아빠는 일출, 일몰에 대해 관심이 많은지 모르겠다."면서 발걸음을 재촉했다.

나는 퇴직 후 일출·일몰을 특히 좋아하기 시작했는데 그 이유는 첫째는 일출과 일몰은 노을과 함께 풍광이 너무 아름답기 때문이고 둘째는 일출이나 일몰 때 활활, 이글이글 타오르는 태양 모습을 보면 나도 모르게 뭔지 모르게 힘이 치솟고 의욕이 생기기 때문이다. 나는 일출을 보며 내 인생에 딱 한 번뿐인 이 하루를 잘 보내야 한다고 다짐하고, 일몰을 보면 하루를 잘 보냈다는 생각에 새로운 내일을 잘 준비해야 한다고 각오를 다진다. 우리 인생은 재방송이 없이 모두 생방송이고 연습이 허용되지 않는다. 우리에게 다가오는 하루하루는 결코 똑같은 하루는 없다. 셋째로는 세상 만물의 변화가 일출·일몰에 따라 새롭게 변하고 나 자신도 이에 맞추어 새롭게 살아야 하기 때문이다. 일출과 일몰은 하루의 시작과 끝인지도 모른다. 이런 생각은 세월이 가면서 나만이 갖게 된 궤변인지도 모른다.

겨울 끝자락
추억 쌓기(2)

　고창에서 골프를 마친 후 우리 가족은 숙소 앞에 있는 스파(게르마늄 온천)에 갔다. 고창 인근 지역은 물론 멀리 전라남도에서도 고령자들이 많이 와서 그런지 실내는 물론 노천탕도 사람들로 북적거렸다. 우리나라의 고령화가 심각하게 진행되고 있음을 실감했다. 온천을 마친 후 친척이 거주하고 있는 시니어타운을 방문했다. 아파트지만 노후 생활에 알맞게 각종 설비가 잘 갖추어져 있었다. 그리고 주변에 골프장, 파크골프장, 온천 등 노후 생활에 편한 시설이 많아서 노후를 즐기는 데 별다른 애로사항은 없는 것처럼 보였다. 다만 시니어타운이 아파트 형식이고 단지 내 사람들을 위한 실외 스포츠 시설이나 약간의 가든 등이 갖추어져 있으면 더 좋을 것 같다는 생각이 들었다. 친척과는 결혼 후 지금까지 별도로 시간을 갖고 대화를 해본 적이 없었다. 부부 모두 교직 생활을 오래 해온 분들로 성격도 원만하고 넉넉하신 분이어서 그런지 대화하고 식사하는 내내 유쾌하고 재미있게 시간을 보냈다.

고창의 명물은 '풍천장어'이다. 대한민국 어딜 가도 장어요리점은 '풍천장어'라는 간판을 걸어놓고 영업하고 있는 집이 많다. 음식점에서 소비되고 있는 장어가 고창에서 잡은 장어인지는 알 수 없다. 그리고 우리나라에서 장어요리가 보양식으로 일반 국민들의 관심을 끌기 시작한 시기를 상세하게 알 수는 없지만, 옛날《동의보감》에도 나와 있는 것을 보면 꽤 오래된 것 같기도 하다. 내가 초등학교 시절 논농사 때는 제초제 등 농약을 전혀 사용하지 않았다. 그래서 장어, 참게, 메기 등 물고기를 많이 잡을 수 있었다. 장어를 잡아 격식을 갖추어 '구이'든 '덮밥'이든 정식으로 장어요리를 해서 먹은 적은 없다. 농촌이라서 그런지 시설이나 그렇게 해서 먹을 시간적인 여유도 없었던 것 같다. 당시 우리 집에서는 논에 물을 넣기 위해 1년에 한 번 정도 둠벙(깊은 연못) 물을 퍼냈다. 물을 퍼내고 나면 장어, 메기, 붕어 등이 많이 잡혔는데, 모두 삶아 국물은 가족들이 마시고, 고기는 전부 돼지 등 가축 먹이로 사용했었다. 지금 돌이켜 보면 정말 이해하기 어려운 행동이라 할 수 있다.

나는 수년 전 가족과 함께 고창 청보리밭을 구경한 후, 제일 유명하다는 '장어요리' 전문점을 찾았었다. 주인은 자신이 3대째 이

어온 가업을 하고 있다고 자랑스럽게 이야기했다. 물론 장어요리는 맛이 있었다. 나는 고창 장어를 왜 '풍천장어'라고 하는지 궁금했었다. 현직에 있을 때 일본 나고야 총영사관에 근무한 적이 있다. 나고야의 장어요리는 '히츠마부시'라고 하며 일본에서도 유명하다. '히츠마부시'를 주문하면 '히츠'라는 밥통에 덮밥 형태로 나오는데, 먹는 방법이 세 가지다. 하나는 조금씩 그대로 먹든가(덜어서 먹어도 됨), 아니면 자신의 입맛대로 쪽파, 시소, 김, 와사비 등 재료를 조금 추가해서 먹고 마지막으로 덮밥을 다른 밥그릇에 조금씩 옮겨 김과 와사비(겨자)를 조금씩 풀어 육수 물에 말아 먹는 등 세 가지로 맛을 즐기는 것이다. 나고야 장어는 인근 '토요가와(豊川)'에서 생산되는 것이 제일 맛있고 일품이다. 이른바 '풍천장어'다.

고창도 우연인지 뭔지 이유는 모르지만 '풍천장어'가 제일 유명하다. 친척에게 물었더니 고창에도 선운산 주변을 휘감고 흘러가는 조그만 강이 있는데 강의 하구 부근에 바닷물 등이 유입되면서 장어들이 많이 서식한다고 했다. 물론 요즈음엔 양식도 많다고 했다. 인터넷에서 확인해 보니 과연 선운산을 돌아가는 작은 하천 주진천(인천강)이 있었다. 그런데 일본에서 말하는 풍천장어와 고창의 풍천장어는 '한자(漢字)'가 달랐다. 고창에서는 바람(風)과 함께 바닷물(川)이 주진천으로 유입되면서 장어가 서식하기 좋은 지역으로 변해 맛 좋은 장어가 많이 잡히기 시작한 것이다. 결국 한국과 일본에서 사용하는 풍천장어의 '풍천'의 글자와 의미는 전혀 달랐던 것이다. 친척과 장어 이야기를 하던 중 나는 다음에 고창을 찾으면 예전에 들렀던 장어 맛집을 다시 한번 찾아가야겠다고 생각했다. 그리고 다음 달 일본 동경 여행 때는 정통 장어 덮밥을 한번은 먹어보기로 했다. 시간 가는 줄도 모르고 우리는 인생사와 노후 생활, 고창에 대해 이런저런 이야기를 많이 나누었다. 역시 고창은 볼거리, 먹거리, 그리고 놀거리가 잘 갖추어진 관광자원이 풍부한 지역이라는 사실을 다시 한번 느낄 수 있었다.

목장 농원 '파머스 빌리지'로 이동하기 전 우리 가족은 고창군 스포츠단지에서 파크골프를 즐겼다. 스포츠단지 시설은 모두 깔끔하고 정비가 잘되어 있어 많은 유소년 스포츠 단체가 전지훈련을 하고 있었다. 전반적으로 쌀쌀하고 추운 기운이 여전했지만, 방장산으로 둘러싸여 있어서 그런지 비교적 온화한 편이었다. 고창군이 새로운 스포츠 전지 훈련장으로 부상하고 있음을 느꼈다. 숙소인 '파머스 빌리지'는 서해안에서 일출과 일몰을 동시에 감상할 수 있는 몇 안 되는 곳 중 하나다. 목장에는 양, 염소, 소 등을 위한 방목장이 넓게 펼쳐져 있고, 띄엄띄엄 소시지, 치즈, 빵을 만드는 체험 공방 건물이 산재해 있었다. 숙박시설은 겉은 서양식, 내부는 섬세하게 되어 있는데 약간 일본식이 가미된 느낌을 받았다. 무엇보다 지붕을 개방할 수 있는 구조여서 밤에 자리에 누워 밤하늘을 감상할 수 있었다. 새싹이 돋고 녹음이 짙어지면 목장 풍경과 함께 멋있는 한 폭의 풍경화를 감상할 수 있겠다는 생각이 들었다. 저녁 무렵 숙소 언덕에 있는 해넘이 전망대에 올랐다. 일몰 광경이 동호해수욕장만큼은 멋있고 여운이 있지는 않았지만 그래도 여전히 아름답고 인상적이었다. 어쩌면 내 머릿속에는 내일 아침 해돋이 광경이 가득 차 있어, 해넘이 모습이 덜 감동적이었는지도 모른다.

저녁 식사 후 농장 부설 스파(大목욕탕)에 갔다. 평일에다 저녁 시간이 좀 지나서 그런지 욕장은 제법 큰데도 사람은 없었다. 일본식 스타일로 꽤 깔끔했다. 노천탕엘 갔다. 14~15평 남짓으로 맨 외곽은 소나무, 그다음은 대나무, 그리고 백일홍 나무 몇 그루가 욕탕을 둘러싸고 있다. 백일홍 나무꽃은 백일동안 꽃을 피운다고 알려져 있는데 꽃 피는 기간이 더 길 수도 있다. 그리고 백일홍 나무꽃은 붉은색, 분홍색, 흰색 등 다양하며 향기도 제법 있는 편이다. 백일홍 나무꽃이 어우러지면 노천탕 주변이 아름답고 분위기도 훨씬 달라질 것 같다는 생각이 들었다. 지금은 겨울이라 다소 삭막하지만, 함박눈이나 비가 와도 좋고, 또 녹음이 우거지고 꽃피는 시절이 되어도 좋을 것 같았다. 운치 만점, 정말 멋있는 노천탕이 될 것 같다는 생각이 들었다. 조용히 입수하여 앉아 있으니 대나무 잎사귀 흔들리는 소리가 들리고 맑고 높은 하늘에서는 온갖 별들이 금방이라도 쏟아질 듯 떠 있다. 저 별은 누구의 별일까? 나의 별은 어디에 있을까? 별 하나에 건강, 별 둘에도 건강, 그리고 별 셋에 가족의 행복… 계속 숫자를 세면서 소원을 담아본다. 그러나 별들은 하늘 가득 끝이 없다.

갑자기 학창 시절 열심히 암송했던 일제시대 윤동주 시인의 〈별 헤는 밤〉이라는 시가 생각났다.

　…
　별 하나에 추억과
　별 하나에 사랑과
　별 하나에 쓸쓸함과
　별 하나에 동경과
　별 하나에 시와
　별 하나에 어머니, 어머니
　…

나는 저 하늘에 떠 있는 별 하나하나에 어떤 의미를 부여할 수 있을까? 너무 조용해서 그런지 아니면 혼자 있어서 그런지 많은 생각이 머릿속을 스쳐 지나갔다. 온천탕에서는 수증기가 바람에 끊임없이 회오리를 일으키며 춤을 추듯 하늘로, 하늘로, 날아 올라간다. 운 좋게 사람이 없어 오늘은 노천탕이 나의 독탕이 되어 버렸다. 나는 한동안 눈을 감고 바람 소리, 대나무 잎사귀 떨리는 소리, 탕에서 뿜어져 나오는 물거품 소리를 들으며 조용한 저녁 시간을 즐겼다. 옛날 눈 덮인 북해도 노보리베츠 독탕 노천 온천탕에서 술잔을 띄워놓고 한 잔 한 잔 마시면서 눈 덮인 야외 설경을 구경하던 시절이 떠올랐다. 나는 노보리베츠 온천에서 나의 버킷리스트 중 하나를 성취했었다. 가끔 드라마나 영화에서 온천 목욕을 즐기면서 술을 마시는 장면이 나오면 나도 언젠가는 한번 해보아야지 하고 다짐했었는데 드디어 나는 그 한 장면을 직접 체험해 본 것이다. 파머스 빌리지 부설 스파(노천탕)에서 나는 정말 좋은 한때, 추억의 한 페이지를 만들 수 있었다.

밤에 자다가 눈을 떠, 천장을 올려다보니 유리창으로 별들이 보였다. 누군가는 어딘가에서, 나와 같은 별을 보고 있을 것이라는 생각이 들었다. 그러면서 그들은 무슨 생각을 하면서 나와 같은 별을 보고 있을까? 하고 궁금했다. 어릴 적 살았던 시골 우리 집 바로 앞에는 조그마한 동산이 하나 있었다. 묘지가 군데군데 산재해 있고 풀들이 많이 자라 4계절 언제나 마을 아이들이 몰려나와 뛰어놀았다. 묘지의 잔디가 망가진다고 하여 어른들에게 꾸지람을 많이도 들었다. 특히 여름에는 바람이 많이 불고 시원해서 밤늦도록 뛰어놀았다. 특별히 놀이기구도 없는데 마냥 즐거웠다. 아이들은 다른 친구들이 풀숲 곳곳에 만들어 놓은, 크게 자란 질경이 풀로 만들어 놓은 덫에 걸려 넘어지기도 하고 몇 바퀴 언덕 아래쪽으로 뒹굴기도 했다. 놀다가 지치면 풀 위에 벌렁 누워 하늘을 보며, 북두칠성 등 별자리 찾기 놀이도 많이 했다. 그 시절은 미세먼지도 공해도 없어 하늘이 참으로 깨끗하고 맑았다. 풀밭에 누워 있으면 은하수들이 보이고, 각종 별 들이 눈 안 가득 들어오는 '별빛 바다', 별빛 가득한 밤이었다. 요즈음에는 상상도 할 수 없는 일들이다.

별들을 바라보고 있으니 얼마 전 읽었던 천체 관측에 몰두한 갈릴레오 생각이 났다. 400여 년 전 갈릴레오는 천동설에 맞서 지동설을 주장하면서 당시 주류를 형성했던 아리스토텔레스 제자들과 맞섰고 특히 종교계, 심지어 교황에 맞서 자신의 정당함을 주장했다. 그리고 그 근거를 찾기 위해 별자리와 태양계 움직임을 열심히 관찰했다. 갈릴레오는 네덜란드 과학자가 망원경을 발명했다는 소식을 접하고 자신이 스스로 연구, 30배 이상 확대해 볼 수 있는 망원경을 만들었고, 이를 통해 수많은 새로운 천체의 움직임을 새로 알아냈다. 대단한 열정이다. 갈릴레오는 지동설을 고수하며 교황 등 종교지도자들에게 대항하다 결국 가택연금을 당한 채 쓸쓸하게 죽었다. 일설에 의하면 갈릴레오는 죽음을 명하는 판결을 받으면서도 "그래도 지구는 돈다."고 주장했다고 한다. 나는 한참 동안 하늘을 주시하다가 '나에게 갈릴레오 같은 열정은 없다. 내일은 운전을 장시간 해야 한다. 내일을 위해 잠이나 열심히 자보자. 오늘 밤은 정말 좋은 별 꿈이라도 꾸어보자.'고 자위하면서 잠을 다시 청했다.

아침에 해돋이를 보기 위해 숙소 앞쪽 언덕에 올랐다. 목장 풍경이 한눈에 들어왔고 조망이 트여 가슴이 확 뚫리고 상쾌했다. 저 멀리 산 너머로 붉은 기운이 솟구치는 것을 보니 해가 곧 솟아오를 모양이다. 바람은 차갑지만 맑은 날씨 덕택인지 공기도 깨끗하다. 하늘이 더욱 붉어지며 갑자기 산 위로 '빵긋'하고, 마치 반가운 사람이 어딘가에서 나타나듯 '쓰윽'하고 얼굴을 드러냈다. 그리곤 바빠서 별다른 말 없이 발걸음을 빨리 옮기듯 해는 금세 높이 떠올랐다. 이글이글 타오르는 빨간 색상의 조그만 동전 모양의 태양이 산 위로 솟아오르며 불과 10여 분 사이에 큰 주황색 원 모양으로 변했다. 어쨌든 우리는 오늘 새롭게 솟아오른, 힘차게 불타오르는 힘, 즉 태양의 이글이글 타오르는 기(氣)를 마음껏 받아들였다. 우리가 서해에 있는 점을 감안하여 태양은 산 위로 올라와 우리 시야에 잡히기 전에 이미 일출을 시작했을 것이다. 동해에서 볼 수 있는, 수면에서 떠오르는 모습부터 볼 수는 없었지만, 그래도 서해에서 일출을 볼 수 있다는 것은 매우 드문 일이다. 어쩌면 행운의 보너스를 받은 것이 아닐까?

해돋이를 구경한 후 방목장을 산책했는데 코스나 거리가 적당해서 아주 좋았다. 산책하면서 우리 가족이 고창까지 온 것이 우연일까? 아니면 전생에 어떤 인연이 있었던 것일까? 등 여러 가지 생각을 해보았다. 녹음이 짙어지면 좀 더 여유로운 일정으로 다시 한번 찾아와야겠다고 생각했다. 장인어른께서 초임 교장 시절 생활했던 탓인지 고창이 더욱 친근감 있게 다가왔다. 고창군 내 도로를 달릴 때마다 그 당시 장인어른은 무슨 생각을 하시면서 이 길을 지나가셨을까? 하숙하셨는데 어떻게 지내셨을까? 우리가 다녀온 동호해수욕장 일몰 광경을 보시고 어떤 생각을 하셨을까? 등 많은 생각이 떠올랐다.

여행을 끝내고 집으로 돌아간다고 생각하니 역시 아쉬움이 많이 남았다. 사실 나와 아내는 금년 들어 일상이 조금은 무료했다고 할 수 있다. 내심 이번 고창 여행을 많이 기다렸다고 할 수 있다. 그런데 여행이 다 끝나고 말았다. 우리 가족은 이번에 소중하게 간직할 추억을 또 한 페이지 쌓아 올렸다. 돌아오는 내내 아내와 큰딸은 3월에 계획된 일본(동경) 여행 이야기로 꽃을 피우고 있었다. 동경은 아내가 아이들과 고생하고, 큰딸이 초등학교를 다닌 지역으로 정말 많은 추억이 남아 있는 곳이다. 이번 동경 여행은 추억을 되살리는 시간여행이다. 우리 가족은 어떤 추억 여행을 할 것인가? 옛날에 살았던 마을, 거리는 어떻게 변해 있을까? 여러 가지로 궁금하고 기대된다.

벚꽃이
피던 날

끝까지 버티던 동장군의 위력이 점점 약해지는가 싶더니 엊그제 춘분이 지났다. 제법 쌀쌀하던 날씨가 온화해지고 여기저기서 꽃 소식이 전해진다. 한동안 매화가 자태를 뽐내자 뒤질세라 산수유가 샛노란 옷을 입고 나도 있다면서 꽃망울을 터트렸다. 산수유의 등장으로 독야청청 아름다움을 자랑하던 매화는 한순간 시큰둥해져 빛을 잃게 되었다. 그러나 나는 올해도 아내와 함께 만개한 예쁜 매화꽃 잎 네 장을 따서 우리 집에서 제일 폼 나는 찻잔에 두 장씩 띄워놓고 매화 향기 속에서 봄이 왔음을 즐겼다. 10여 일 전 일본 동경 여행 때도 5월 상순처럼 날씨가 요동을 치더니 우리나라도 3월 하순치고는 기온이 너무 오르며 덥기까지 하다. 지구 온난화로 이제 봄이 없어지고 여름이 바로 오려는 것인지…

오랫동안 지속되던 봄 가뭄을 해소하려는 듯 어젯밤 늦게부터 봄비가 내렸다. 양은 많지 않았으나 밤새도록 소리 없이 촉촉하게 대지를 적셨다. 남부지방에서는 50년 만의 가뭄이 계속돼 식수가 부족할 정도라고 한다. 농부들은 이번에도 비가 흡족하게 내리지 않으면 저수량이 턱없이 부족해 금년 농사가 위태롭다고 걱정이 태산이다. 전국적으로 밤새도록 단비가 내렸다 하니 그나마 다행이다. 봄비는 여름비나 가을비와는 다르게 너무도 조용하게 내린다. 바람도 별로 없고 주위를 시끄럽게 한다거나 그렇게 요란도 떨지 않는다. 그저 오는 듯 오지 않는 듯, 점잖고 다소곳이, 소리소문없이 조심스럽게 내린다. 그러나 식물들은 봄비를 흠뻑 흡수하면서 강력하고 힘찬 생명력을 얻고 파릇파릇 제법 활력을 되찾았다. 아침에 일어나 베란다에 나가 주변을 바라보니 수목과 풀잎들이 물기를 머금고 새로워진 것처럼 보인다. 집 앞 거리는 벌써 등교하는 학생들과 앞쪽 정부 청사로 출근하는 사람들로 뭔지 모르지만 바쁘게 흘러가고 있다. 사람들은 오늘 아침 어떤 희망과 설렘, 기쁨을 안고 걸어가고 있는 걸까? 아니면 긴장과 각오하에 오늘 할 일을 생각하며 발걸음을 옮기고 있을까? 물끄러미 거리 모습을 바라보다 '오늘도 하루는 이렇게 바삐 흘러가는 모양인가.' 하고 나는 아무런 생각 없이 다시 침대에 벌러덩 누웠다.

잠시 후 주방에서 아침 식사를 준비하던 아내가 다급하게 불렀다. 주방 창으로 보이는 바깥세상이 달라졌다는 것이다. 자세히 보니 벚꽃이 만발해 양지중·고등학교 방향으로 200~300m의 새로운 꽃길이 형성되어 있었다. 꽃으로 수놓은 듯한데 일부는 붉은 빛과 흰색이 뒤섞였고 일부는 하얀색으로 물든 길이 새로 만들어져 있었다. 봄비가 내리는 밤사이에 세상이 바뀐 것이다. 이 꽃길도 조금만 지나면 만개해서 분홍빛과 은백색이 섞인 실크로드로 바뀔 것이다. 부드러운 붉은빛이 도는 솜사탕 또는 푹신푹신한 하얀 솜 덩어리를 깔아 만든 새로운 길이 될 것이다. 나는 조망이 좋은 서재 방에서 창문을 열고 의자에 앉아 한동안 멍하니 '벚꽃멍(멍하니 꽃구경)'을 했다. 그러면서 '내가 가볍게 날 수만 있다면, 어릴 때 징검다리 건너듯 저 벚꽃 위를 사뿐사뿐 뛰어 양지중·고등학교 앞쪽까지 단숨에 갈 수 있을 터인데… 아! 얼마나 기분 좋은 일인가?'하고 엉뚱한 생각을 해보았다. 다시 거실로 나와 아래쪽 아파트 들어오는 입구를 바라보니 어! 여기도 일이 벌어졌다. 꽃망울을 터트린 벚나무, 이제 터트릴 준비를 하는 녀석, 나름 만개한 녀석들이 뒤엉켜 여기도 또한 붉은 듯 하얀 듯 벚꽃 양탄자 길이 조성되어 있지 않은가? 정말 멋진 자연의 조화요 명작이라고 감탄하지 않을 수 없었다. 비가 오는 사이에 세상은 이미 변해 있었던 것이다. 벚꽃은 맨 처음엔 파란색 봉우리가 맺히기 시작하여 조금 시간이 지나면 붉은색을 보이다가 만개할 때는 분홍색을 띤 흰색으로 변하는 것이 일반적이다. 꽃 중심에 여전히 분홍색이 남아 있기 때문인데 흰색과 함께 묘한 분위기를 연출한다.

나는 한때 벚꽃은 모두 일본에서 유래한 것으로만 알았다. 그래서 벚꽃에 대해 좋은 인상만 가질 수는 없었다. 81년 초 나는 아내와 함께 밤에 창경원(동물원도 존재) 벚꽃 관람을 한 적이 있다. 창경원은 일제 강점기에 개원해서 1983년 과천으로 이사했다. 창경원은 국민 누구에게나 일생 반드시 한번 가보아야 할 곳, 버킷리스트 1번, 꿈의 장소였다. 창경원은 동물원으로서 역할도 중요했지만 이사 가기 전까지는 많은 서울시민이 밤 벚꽃을 즐겼던 장소였으며, 뉴스 시간 첫 번째에 등장할 정도로 관심이 높았다. 그런데 사람들은 창경원 벚꽃이 아름답다고 생각하면서도 한편으론 '1922년 일본인들이 심었다.'라는 인식을 많이 가지고 있었다. 그래서 그런지 나도 벚꽃을 보면 무조건 항상 어딘지 기분이 조금 찜찜했다. 오늘날 일부에서 일고 있는 반일 감정과 비슷하다고나 할까? 그저 '일본'이라는 말조차 싫었다. 그런데 지금 생각해 보면 반드시 그렇게만 생각할 일도 아니었다. 벚꽃이 무슨 죄가 있다고? 원산지가 일본이지만 그동안 우리 땅에서 우리나라 사람들이 오랫동안 관리하고 아름답게 가꾸어 왔지 않은가? 수십 년이 지났는데, 이미 오래전에 우리나라 벚꽃이 된 것이다. 왜 '일본'이라는 고정관념에만 사로잡혀 그렇게 생각했는지, 지금 생각하면 참으로 속 좁은 생각이었고 행동이었다. 현재 우리나라에서 피는 벚꽃 중에는 원산지가 우리나라인 벚꽃이 절대적으로 많다고 한다. 우리나라에서 피는 벚꽃은 왕벚꽃(5겹, 토종)을 비롯하여 겹벚꽃(일본이 개량, 일본에 많이 존재, 우리나라 경주 등 일부 지역에도 존재, 개화는 토종에 비해 다소 늦음), 분홍색 벚꽃, 수양버들 벚꽃, 심지어 청벚꽃(파란색 벚꽃, 충남 서산 개심사)까지 종류가 의외로 다양하다. 60여 종이 넘는다고 한다. 재미있는 것은 벚꽃이 아름다운 모습을 보이면 보일수록 그동안 한껏 미모를 자랑해 왔던 매화꽃과 산수유꽃, 살구꽃 등은 점점 빛을 잃고 자취를 감추기 시작한다는 것이다.

어젯밤, 나는 날씨도 온화하고 밤공기가 너무 좋아 아내와 함께 모처럼 만에 우리 아파트와 옆 아파트 단지를 산책했다. 여름이면 모기와의 일전도 각오해야 하지만 지금은 모기도 벌레도 방해꾼이 하나도 없다. 밤에 산책하기엔 너무도 안성맞춤인 시즌이다. 여기저기 만개한 벚꽃들도 많이 눈에 띈다. 우리 주변에 봄이 왔음을 알리는 전령 노릇을 하는 꽃들은 꽤 많이 있다. 그런데 벚꽃이나 개나리꽃처럼 생활 주변 가까이서 한꺼번에 왕창, 그리고 확실하게 널리 우리에게 모습을 드러내는 꽃은 그리 많지 않다. 사람들은 '겨울'이라는 엄동 추위 속에서 한동안 잔뜩 몸을 움츠리고 지내왔다. 그러다 어느 날 갑자기 샛노란 개나리꽃 군락을 보고 잠시 마음을 추스르며 기쁨을 만끽한다. 또 잠시 참고 있으면 이번엔 온 세상을 환하게 밝혀주면서 모든 사람을 기쁘게 하고 어루만져 주는 벚꽃을 맞이한다. 온 세상이 기쁨과 환희에 넘쳐나는 듯 밝게 보이고 사람들 기분도 업 된다. 여기저기 카메라 셔터를 눌러대는 사람들을 많이 볼 수 있고, 벚꽃놀이 이야기도 자주 회자된다. 벚꽃이야말로 진정한 봄의 전령이다. 잠시 눈을 돌려 산을 바라보면 진달래도 뒤질세라 미모를 뽐내며 "나도 있는데."하고 말한다. 요즈음은 정말 여러 가지 꽃을 한 번에 다양하게 감상할 수 있는 정말 좋은 시기인 것 같다. 아내와 나는 산책을 하면서 단지 내 꽃을 찾아 벤치에 앉았다 쉬기를 반복하면서 2시간여 동안 여기저기를 돌아다녔다. 정말 기분 좋은 밤이고 아름다운 밤이었다. 어느 꽃이든 망울이 터지기 직전 꽃봉오리는 색깔도 오묘하지만, 손으로 만져보면 손에 전해지는 촉감도 희한하리만큼 부드럽다. 오전에 헬스장에서 운동하고 있는데 아파트 주민 한 분이 목련을 한참 바라보다 요리조리 사진 촬영을 열심히 하더니 급기야 손으로 봉오리를 감싸보고 있었다. 아파트 주민은 꽃봉오리가 너무 예쁘게 보여 자신도 모르는 사이에 손이 움직였을 것이다. 꽃봉오리가 주민을 유혹한 것이다. 목련 꽃봉오리는 사람의 손길을 어떻게 느꼈을까? 그렇다. 모든 꽃봉오리는 만지면 더 만지고 싶을 정도로 탐스럽고 예쁘다. 생명의 신비가 느껴지는 것이다. 사람도 누구나 꽃봉오리처럼 터지기 직전의 아름다움과 활력이 넘치는 청춘의 시기가 있다. 조물주의 조화로운 천지창조 결과라고 말할 수밖에 없다. 모든 꽃은 개화 직후가 가장 싱싱하고 향기가 넘치며 맑고 티가 없다. 꽃들은 자신의 최고 아름다운 모습을 바로 이때 마음껏 뽐낸다.

벚꽃 감상은 하루 중 시간별로 느낌이 모두 다르다. 황사나 미세먼지가 없는 날, 이른 아침 해가 뜬 직후 맑은 햇살에 비치는 벚꽃은 깨끗하고 산뜻하면서 참으로 찬란하다. 나는 하루 중 가장 감상하기 좋은 시간은 밤이라고 생각한다. 하루 중 가장 여유로운 시간에 가로등 불빛에 비치는 벚꽃 모습은 참으로 아름답다. 아내와 함께 맥주 두 캔과 간단한 안줏거리를 준비해 만개한 벚꽃 나무 아래 벤치에 앉았다. 맥주 한 모금 목에 넘기며 눈을 감고 있으니 봄 내음 가득한 봄바람과 함께 벚꽃 잎이 콧등과 얼굴을 어루만지며 날아간다.

밤 벚꽃놀이
임용재

벚꽃 비가 내리기 시작한 날
벚꽃이 우리를 보고 손짓하네
가로등 아래 찬란한 아름다움 남기고
세월의 흐름 이기지 못하고 떠나겠다 하네
그냥 보내기 아쉽고 그냥 보내기 마음이 아파
아내와 함께 벚나무 아래 자리를 잡았다

이쪽에 핀 탐스러운 벚꽃 한 송이
저쪽에 핀 솜사탕 같은 부드러운 벚꽃 한 송이
한 움큼씩 손안에 가득가득 넘치고
부드러운 꽃잎, 간지럼 태우는 꽃 수술
온 세상 숨죽이고 달빛만 고요한데
꽃잎은 하나둘 봄바람 타고 떠나려 하네

술 한 잔에 안주 하나 입에 물고
벚나무 한 번 올려다보고 달님 한 번 바라보고
훅 부는 봄바람에 꽃비가 날린다

한 잎 한 잎 아무 일도 없다는 듯 바람결에 떠가네
술 한 잔에 취하고 벚꽃에 취해보고
아쉬움 달래며 손 흔들며 이별의 아픔 전해본다

물어도 대답도 없고 잘 있으란 말도 없네
무정하게 무심하게 멀리멀리 떠나가네
바람결에 하늘하늘 춤추며 떠나는 벚꽃
다시 일 년 삼백육십오일 기다림도 힘들다
술잔을 기울이며 안주하나 입에 물고
아쉬움과 서러움 가득 담아 이별을 고해본다

(아내와 벚나무 아래에서 밤 벚꽃놀이를 마치고)

조용히 눈을 뜨고 멀리 앞쪽을 바라보자 고목 나무 끝자락에 만개한 벚꽃 한 송이가 보였다. 말라 죽은 벚나무 윗부분을 잘라내고 아랫부분만 남겨놓았는데 조그만 가지가 나와 벚꽃 한 송이가 핀 것이다. 마치 고지(高地) 탈환 전투에서 승리한 후, 그곳에 태극기를 꽂아 휘날리게 하는 것처럼, 보는 사람에게 강한 인상을 준다. 나는 물었다. "너는 어떻게 여기에서 꽃을 피운 거니?" 외로운 듯하면서도 장수처럼 의기양양 꿋꿋이 버티고 서 있는 모습, 병사들이 승리의 깃발을 높이 들고 함성을 지르는 듯한 모습, 한편으로 고고하면서도 아름답고 멋있다. 여기에서 카메라를 들이대지 않을 수 없다. 정말 흔치 않은 모습에 방향을 바꾸어 가며 셔터를 누른다. 바라보면 바라볼수록 더욱 멋있다. 자연이 만들어

낸 멋진 장면이다. 그런데 벚꽃 중 어떤 녀석은 긴 가지 중에 유독 자신만 한두 송이 꽃을 피우기도 하고, 또 벚나무 중간에 슬며시 꽃을 피우고 '뭐가 잘 났는지' 자신에게도 관심을 가져달라고 손짓하는 녀석도 있다. 아롱이다롱이 각양각색이다.

우리나라와 중국에서는 옛날 복숭아꽃 밑에서 대의(大義)를 외치고 중대한 결의를 다지기도 했지만, 일본의 경우 벚꽃 나무와 얽힌 이야기가 대단히 많다. 일본인들은 벚꽃을 거의 국화(國花)처럼 여기고 좋아한다. 일부 일본인들은 벚꽃이 화끈하게 일제히 피고 화끈하게 지는 것을 보고 일본인 성격을 닮았다고 말하지만 내가 보기엔 조금은 과장된 듯하다. 일본은 봄이 되면 나라 전체가 벚꽃 이야기로 들썩이며 광풍에 휩싸인다. 언론에서 화제는 단연 벚꽃이 제일 우선이다. 직장 내는 물론 친구, 연인 사이든 가족관계든 언제 어디서나 벚꽃 이야기가 대부분이다. 벚꽃이 언제 만개하는지, 꽃놀이(하나미까이)를 언제, 어디서 할 것인지 등 온통 꽃놀이 이야기다. 젊었을 때 일본 옛날 전국시대 사극을 매우 재미있게 본 적이 있다. 전쟁에서 패한 장수가 승자가 지켜보는 앞에서 하얀 복장을 하고 할복하는 장면이 있었다. 할복이 끝나면서 밖에 있던 벚나무 꽃잎이 하나둘씩 바람에 휘날리며 떨어지는데, 그중 몇 잎사귀가 물을 받아놓은 그릇에 떨어졌다. 그리고 승리한 장수가 이 장면을 물끄러미 바라보다 벚꽃에 대한 시(詩) 한 수를 읊었다. 너무도 처절하고 비정하기도 하고 아름다우면서도 숙연한 오묘한 분위기를 연출했다. 당시에 너무도 강렬하고 인상적이었는지 지금도 벚꽃만 보면 드라마 속 그 장면이 눈앞에 떠오른다. 벚꽃은 여전히 매력적이고 젊은 시절 나에게 많은 추억을 남긴 꽃이기도 하다. 그리고 봄이 되면 항상 기다려지는 꽃이기도 하다. 내년에도 아내와 함께 밤 벚꽃 놀이를 즐겨야 할 터인데…

나의
소확행(버킷리스트)

– 조용필 콘서트

오늘은 나의 '소확행(소소하지만 확실한 행복)'이 실현되는 날이다. 잠실종합운동장 주 경기장에서 조용필과 그의 밴드 위대한 탄생을 만나는 날이다. 내가 좋아하는 가수, 내가 불러보고 싶었던 노래를 마음껏 부르고 즐기기 위해 오랫동안 기다리고 기다렸던 공연이다. 점심을 먹자마자 서둘러 서울로 출발, 딸 집에서 휴식을 취한 후 잠실종합운동장으로 향했다. 공연장 부근은 지하철역과 야구장 주변으로 인파가 몰려 매우 혼잡했다. 공연장에 입장하자 스탠드와 플로어에는 사람들로 가득했다. 한마디로 인산인해다. 더욱 깜짝 놀란 것은 눈이 불편한 분은 물론 보호자의 손을 꼭 잡거나 휠체어에 의지해 공연을 보러온 사람들이 너무도 많았다는 것이다. 지하철에서 만난 어떤 할머니는 조용필 공연 참석이 벌써 3회째라고 자랑스럽게 이야기했다.

  공연은 위대한 탄생을 알리는 현란한 오프닝 3D 영상과 하늘 높이 솟아오른 불기둥, 불꽃, 사방팔방으로 사정없이 뻗어나가는 레이저빔, 귀를 때리는 강렬한 음악이 흐르면서 시작되었다. 한마디로 휘황찬란하다. 사람들의 응원봉 물결과 함성, 그리고 모두가 참가하는 떼창이 시작되었다. 인간은 참으로 묘하다. 이렇게 귀를 때리는 음악과 현란한 불빛 등이 어우러지면 모두가 싫다고 할 터인데도 오늘 공연장에 모인 사람들은 모두 환호와 탄성 일색이다. 중요한 것은 나 자신도 어느 사이에 그 분위기에 흠뻑 젖어버렸다는 것이다. 딸들은 오늘 공연이 야외라는 점을 고려하여 옷을 단단히 입어야 한다고 여러 번 주의를 환기시켜 주었다. 그래서 만일을 대비해 여러 가지 준비를 해 왔는데 잠실벌의 열기는 모든 염려를 불식시키고도 남았다. 춥지도 덥지도 않은 시원하고 상큼한 한강의 강바람이 잠실벌의 열기를 식혀준 다음 얼굴과 코끝을 스치며 지나간다. 아! 좋은 밤바람이다. 한바탕 놀이판이 거창하고 화려하게 벌어지면서 이 시대의 가왕 조용필과 위대한 탄생은 3만 5천 명의 청중과 함께 잠실벌 한가운데를 뜨겁게 뜨겁게 달구고 있다. 어떤 사람은 노래에 맞춰 흥에 겨워 앞사람 머리를 응원봉으로 두드리기도 한다. 그러나 때린 사람이나 맞은 사람이나 서로 바라보며 겸연쩍어할 뿐 고성이 오가거나 싸우지도, 아니 싸울 생각도 없다. 그저 즐겁고 흥겨울 뿐이다.

조용필은 1950년생이다. 70이 한참 지난 나이다. 조용필은 2시간여 동안 25곡을 혼자 불렀다. 중간에 휴식도 없고 찬조 가수 출연도 없었다. 대단한 정력이고 음악에 대한 열정이다. 신곡도 발표하고 주옥같은 많은 히트 송을 열창했다. 장르를 뛰어넘는 음악으로 3만 5천 명의 관중을 매료시켰다. 형형색색으로 변하는 응원봉이 물결을 이루고 파도처럼 출렁인다. 일부 팬은 흥에 겨워 순간적으로 자리에서 일어나 몸을 흔들어 댄다. 팬들의 떼창, 레이저빔과 불꽃으로 잠실벌이 들썩이고 휘청거린다. 팬의 힘은 이렇게 위대하고 강한 것인가? 가수에게 세월도 잊게 하고, 이렇게 큰 힘과 용기를 주는 것인가? 거의 한 몸이 되어 움직이는 청중을 바라보며 갑자기 엉뚱한 생각이 들었다. 집단의 무서운 힘, 그리고 열기에 전율을 느꼈다. 그렇다. 연예인에겐 팬이 존재하고, 연예인은 그 힘으로 살아간다.
　나는 젊었을 때 조용필을 좋아했다. 조용필의 음악과 노래에는 스토리가 있고 듣는 사람의 마음을 움직이는 호소력이 있다. 가슴속 깊은 곳에서 강하게 뿜어져 나오는 노래는 울림이 있고 메시지가 있다. 그의 노래에는 정치·사회적 색채가 없다. 오직 음악만을 생각하고 음악만을 위한 순수성이 있다. 그의 노래를 듣고 있으면 때론 삶의 의지를 새롭게 다지게 되고 용기를 얻기도 한다. 그런데 나는 지금까지 조용필 콘서트에 갈 기회가 없었다. 물론 다른 가수들의 소규모 콘서트에는 갈 기회가 종종 있었다. 나는 딸들에게 종종 다른 가수들은 필요 없지만, 조용필 콘서트에는 한번 가보고 싶다고 말했었다. 딸들은 아빠가 하던 말이 생각났는지 조용필 콘서트 예약 인터넷이 개시되자마자 둘이서 열심히 접속해서 겨우 티켓을 구했다고 했다.

그런데 나는 조용필 공연 때문에 아주 중요한 약속 하나를 지킬 수 없게 되었다. 정말 반드시 지켜야 할 중요한 약속이었는데… 하필 조용필 공연 날과 중복되었기 때문이다.

우리말에 "남아일언 중천금(男兒一言 重千金)", "일구이언 이부지자(一口異言 二父之子)"라는 말이 있다. 한마디로 말에 신중을 기하고, 입으로 뱉은 말은 반드시 지키라는 의미다. 식언(食言)이라는 말은 말을 먹어버린다는 뜻이다. 중국 고대 서경(書經)《탕서》에서 나온 말인데, '은'나라 탕 왕이 '하'나라 걸 왕을 정벌하기 위해 군사를 일으켰을 때, 신상필벌의 군의 규율을 강조하면서 "너희들은 내 말을 믿으라. 나는 말을 먹지 않는다."고 했다고 한다. 사람이 식언하기 시작하면 신용을 잃고 실없는 사람으로 인식되기 쉽다.

공자는《논어》의 〈위정편〉에서 "많이 듣고서 그중에서 의심하는 것은 제쳐놓고 그 나머지 것들에 대해서만 신중하게 이야기 한다면 말로 인한 허물이 적을 것이다."라고 언행의 신중함을 강조했다. 노자는 아예 희언(希言)을 강조했다. "말을 적게 드물게 하는 것이 말을 잘하는 것이다."라고 했다.《삼국지》적벽대전은《삼국지》의 압도적인 장면이다. 오(吳)의 대 도독으로 총사령관인 주유와 촉(蜀)의 제갈공명 간 대화에 "군중무희언(軍中無戲言)"이란 말이 나온다. 주유의 머릿속에는 어떻게 하든 제갈공명을 제거해야 한다는 생각만 가득했다. 주유는 제갈공명을 살려두면 조조 군을 물리친 다음 큰 화근이 될 것으로 생각했다. 그래서 주유는 제갈공명과 조조 군을 물리칠 방법을 협의하면서도 "생명이 오가는 군사적 사안에서 농담이나 실없는 말(戲言)은 통하지 않는다."고 제갈공명을 강하게 압박했다. 중국이나 우리나라 사극에서 보면 왕 앞에서 희언을 하여 죽음을 면치 못하는 경우가 많이 있다. 희언은 무서운 것이다. 물론 오늘날에도 식언이나 실언을 하면 신용을 잃게 되며, 때로는 망신을 당하는 등 혹독한 대가를 치른다.

나의 찜찜한 기분과는 관계없이, 나의 마음속 걱정을 힘차게 뺑! 하고 멀리 날려버리기라도 하듯 콘서트 분위기는 점점 열기를 더해갔다. 그런데 공연이 중반을 넘어가도 내가 좋아하는 노래 '킬리만자로의 표범'은 나오지 않았다. 나는 '킬리만자로의 표범'이라는 노래 리듬도 좋지만, 가사가 너무도 마음에 들어 특히 좋아한다.

> 먹이를 찾아 산기슭을 어슬렁거리는 하이에나를 본 일이 있는가
> …
> 나는 하이에나가 아니라 표범이고 싶다
> 산정 높이 올라가 굶어서 얼어 죽는

눈 덮인 킬리만자로의 그 표범이고 싶다
…
바람처럼 왔다가 이슬처럼 갈 순 없잖아
내가 산 흔적일랑 남겨 둬야지
한 줄기 연기처럼 가뭇없이 사라져도
빛나는 불꽃으로 타올라야지
…

 누구나 젊은 시절 야망이 있다. 꼭 성공해야 한다고 스스로 자신을 타이르고 격려하며 "엎어져 넘어져도 일어나! 일어나! 다시 일어서는 거야!"하고 격려한다. 나도 예외는 아니다. 그래서 한 번뿐인 인생 바람처럼 왔다가 이슬처럼 사라질 순 없는 것이다. 이것이 젊은이의 특권이고 청춘의 상징이다. 힘차게 불사르고 활활 타오르는 빛나는 불꽃이 되길 바라는 것이다. 직장의 한 선배가 나를 보면 언제나 하는 말이 있다. "남자라면 말이야, 일구이언 이부지자란 말이지, 죽어도 사나이, 썩어도 준치가 되어야 한다. 그것이 사나이란 말이지!" 수십 년이 흘렀는데도 아직도 귓가에 맴돈다.

 조금 지나고 나서 조용필은 내가 좋아하는 '친구여'를 열창했다. 노래를 듣는 순간 나는 열심히 흔들던 응원봉을 붙잡고 멈추었다. 그러면서 옛날 고등학교 시절 친구 3명이 갑자기 생각이 났다. 참으로 좋은 친구들인데 대학교 졸업 후 직장생활을 하다 2명은 캐나다와 미국으로 이민을 떠났다. 우리 4명은 고등학교 시절 거의 하루도 떨어지지 않고 3년을 함께했다. 그리고 꽤나 같이 먹고 마시고 뒹굴었다. 그런데 국내에 남아 있던 정말 나의 단짝이었고, 언제나 나를 진심으로 생각해 주었던 친구가 수년 전 암으로 하늘나라로 갔다. 나는 그 친구가 사업적으로 크게 성공하길 누구보다 원했고, 친구는 내가 공무원으로서 성공하길 바랐다. 그는 나를 만나면 언제나 말했다. "돈은 내가 많이 벌면 되니 너는 아무 생각 말고 성공만 해라…" 친구가 투병 중일 때 나도 심장부정맥으로 아주 힘든 시기를 보내고 있었다. 기분전환을 위해 산책을 나갔다가 길가에 주저앉기를 반복하고, 심지어는 벤치에 드러누워 심장이 진정되길 기다리는 세월을 한동안 반복했다. 그래서 마음은 그렇지 않았지만 잘 대해주지 못했다. 항상 아쉽고 잘했어야 했는데 하고 후회했다.

지금도 문득문득 하늘나라로 간 친구 생각으로 상념에 잠길 때가 있다. 오늘 조용필은 노래로 나에게 친구를 다시 생각나게 해 주었다.

꿈은 하늘에서 잠자고 추억은 구름 따라 흐르고
친구여 모습은 어딜 갔나 그리운 친구여
…
친구여 꿈속에서 만날까 조용히 눈을 감네

나는 노래가 울려 퍼지고 있는 내내 멍한 상태에서 잠실 운동장 저 너머 하늘만 바라보며 친구의 얼굴을 떠올렸다. 내가 가장 좋아하고 나를 가장 잘 이해해 줄 친구는 이제 어디에도 없다. 가슴이 '휑'하고 텅 비어 있다. 친구는 하늘나라 저 어딘가에서 나를 지켜보고 있을지도 모른다. 언젠가 저 하늘나라 어딘가에서 친구와 나는 만날 수 있을지도 모른다. 아! 친구, 다시 만날 수만 있다면… 나에겐 친구에게 해줄 말이 정말 많이 남아 있는데…

나는 조용필을 좋아하는 만큼 조용필의 노래를 많이 아는 편이다. 젊은 시절 친구들과 술 한잔하고 나면 노래방에 들러 실컷 미친 듯이 노래하고 놀았다. 나의 노래는 조용필과 김정호의 노래가 대부분이었다. 콘서트가 끝나갈 무렵이 되자 이번엔 젊은 시절이 되살아나 눈앞을 파노라마처럼 지나갔다. 아! 그 시절 정말 좋은 시절이었다. 정말 신나는 시절, 다시 돌아올 수 없는 시절이었다. 예전에 장관을 하셨던 분이 나를 보며 항상 쓰던 말이 있다. "지금이 제일 좋은 때다. 이 시절이 지나면 그때가 그리워질 것이다." 퇴직 후 생각해 보니 그분의 말씀이 정말 지당하고 진리였다. 콘서트가 끝나갈 무렵이 되자 나도 모르게 손목시계에 눈이 옮겨 가기 시작했다. 좀 더 오래 계속되길 바라는 심정이리라… 노래가 계속되면서 젊은 시절, 한때 잘 놀던 때가 오버랩되면서 아쉬움이 몰려왔다. 내 젊은 시절이 추억의 한 페이지로 남듯이, 오늘 가족과 함께 즐긴 이 순간도, 행복했던 시간도 언젠가는, 아니 수년 내에 다시 보고 싶은 추억으로 자리할 것이다.

조용필은 결국 기다리던 '킬리만자로의 표범'을 부르지 않고 콘서트를 끝냈다. 사실 오늘 나는 조용필의 어떤 히트송보다도 '킬리만자로의 표범'을 듣기 위해 왔다. 그런데 이대로 공연이 끝난다고 생각하니 너무도 아쉬웠다. 자리에서 일어나 퇴장하려고 하는데 청중들의 앙코르 요청이 잠실 운동장을 뒤흔들었다. 그러자 조용필이 무대에서 다시 나와 두 곡을 부르겠다고 말했다. 그중 한 곡은 '킬리만자로의 표범'이었다. 그 순간 움직임을 멈추고 다시 자리로 돌아와 앉았다. 정말 다행이었다. 로또 맞은 기분이었다. 끝까지 부르지 않았더라면 정말 크게 실망할 뻔했다. 이번 공연에서 관심이 가는 노래가 몇 곡 있었다. 'Feeling Of You'다. 'Feeling Of You' 영상은 애니메이션이 가미된 상당히 익살스럽기도 하고 리듬도 독특하다. 나이가 10년만 젊어진다면, 다시 젊은 날이 돌아온다면 이 노래들에 도전장을 내밀고 싶어졌다. 2시간여 동안 계속된 휘황찬란하고 현란했던 조명과 멋있는 3D 영상, 귀를 강하게 울리던 밴드 소리는 무대가 어둠에 싸이면서 막을 내렸다. 잠실벌 한가운데에서 5월의 시원한 밤을 찬란하게 수놓은 공연은 내 인생에 남을 화려한 한바탕의 축제, 추억으로 자리를 잡았다. 갑자기 허전해지고 아쉬움 속에 긴 여운만 남았다.

공연이 끝나고 수서 SRT 역으로 가는데 딸이 나에게 말했다. "아빠! 정신 차리세요. 조용필은 아빠보다 나이가 2살이나 더 많아. 그런데도 2시간 이상 노래하고 며칠 후엔 대구에서 또 공연을 한다는데… 그리고 신곡도 발표하고 새로운 앨범도 내는 등 이렇게 왕성하게 활동하는데…" 집에 돌아오는 내내 딸의 목소리가 귓가에 맴돌았다. '그래, 또 다른 좋은 공연을 보기 위해서라도 건강관리에 최선을 다해야지, 다시 일어서는 거야!'하고 마음속으로 다짐했다. 나의 화려한 봄나들이는 찐한 여운을 남기면서 이렇게 막을 내렸다. 금년 어버이날은 정말 기억에 오래 남을 것 같다. 화려하고 즐거운 기분 좋은 밤이었다. 이렇게 해서 나는 나의 버킷리스트이자 '소확행(소소하지만 확실한 행복)'을 또 하나 이루었다.

우리 집
화단

우리 집 베란다에는 아내가 가꾸는 조그만 화단이 있다. 여러 종류의 꽃들이 심어져 있는데 꽃들의 이름을 다 알 수는 없다. 그 중 몇 개는 작년에 심어놓았기 때문에 알고 있다. 아침 일찍 일어나 운동을 어느 정도 마친 후 세수를 한 다음 베란다를 바라보니 어제저녁 때 피었던 분꽃들이 꽃잎을 접고 있어 시무룩하게 보였다. 분꽃들은 너 나 할 것 없이 예쁜 자태를 감추어 버렸다. 어제저녁에는 아름답고 앙증맞을 정도로 깜찍했는데 아쉬운 느낌이었다. 어제 오후 아내가 물을 충분히 주었는지 전부 옆으로 쓰러져 있었다. 그에 대한 반감으로 꽃잎을 접어버린 것은 아닌지 하는 생각마저 들었다. 그래서 안쓰러운 생각이 불쑥 들어 분꽃들을 다시 일으켜 세워주었다.

수일 전 나에게 텃밭용으로 조금 땅을 빌려주었던 사장 집을 방문해 분꽃 이야기를 하였더니 그 집 아주머니가 나에게 "분꽃은 아침 먹을 때 꽃잎을 접고, 저녁이 될 때 꽃이 다시 피기 시작한다."고 했다. 분꽃은 왜 아침이면 힘없이 꽃잎을 다 접어버리는 것일까? 아침이 되면 우리 인간들은 새로운 출발을 하기 위해 힘을 내고 의욕이 넘치기 마련이다. 모든 생물체는 아침이 되면 활동을 개시한다. 그런데 분꽃은 왜 아침엔 힘이 없고 밤이 되면 아름다운 자태를 보여주고 향기를 뿜어내는 것일까? 분꽃에 얽힌 사연이 있는 것 같아 왠지 궁금해진다. 어쩌면 분꽃에 지워진 운명일지도 모르겠다.

분꽃의 기다림

임용재

해 질 무렵 분꽃들이 얼굴을 내민다
어둠이 짙어질수록 경쟁이라도 하듯 화려하다
아침이면 수줍은 듯 얼굴을 가리고
저녁이면 임을 본 듯 방긋방긋 웃는다
시원한 산들바람에 향기를 가득히 내뿜는다
화려하게 차려입고 누굴 기다리는 것일까

우리 집 분꽃은 붉은색만 있는데 노란색, 흰색 등 다양하다고 한다. 내년에는 다른 색의 분꽃을 심어 좀 더 다양한 재미를 즐겨야겠다고 생각했다. 어느 날 손녀가 텃밭에 분꽃 씨앗을 열심히 심었다. 그리고 다른 사람 텃밭까지 찾아다니며 열심히 꽃씨를 뿌렸다. 어쩌면 텃밭 여기저기에 분꽃들이 만발할지도 모른다. 분꽃의 꽃말은 '겁쟁이', '내성적', '소심함' 등이다. 분꽃이 아침에 꽃을 접고, 저녁 무렵에 피기 시작하는 것은 소심함, 내성적이기 때문인 것 같다. 누군가 꽃말을 잘 지었구나! 하고 생각했다. 인간도 소심하고 내성적이면 다른 사람들 앞에 나서길 꺼리는데 분꽃도 그런 것 같다. 창조주의 작품이다. 창조주는 정말 신통하다.

베란다 화단 분꽃은 사실 우리가 별로 기대하지 않았던 꽃이다. 처음 화단을 가꿀 땐 화원에서 몇 가지 꽃을 사서 갖다 놓았다. 어느 날, 아내가 작년에 받아놓았던 분꽃 씨앗을 대충 뿌려놓았다. 그것이 저녁이 되면 밝고 환하게 나를 반겨주었다. 분꽃은 처음엔 별다른 주목을 받지 못했으나 지금은 화단을 아주 풍성하게 만들어 놓았다. 저녁만 되면 분꽃 세상이다. 그야말로 화려한 꽃바다를 이룬다. 분꽃을 자세히 보니 예쁘긴 예쁘다. 꽃 색깔도 정말 예쁘다. 우리는 사회생활을 하면서 별로 눈에 띄지 못하던 사람이 어느 날부터 갑자기 점점 주위로부터 주목받게 되는 경우를 본다. 대기만성(大器晩成)이랄까? 분꽃도 어느 날부터인지 갑자기 화단 전체를 장악하고 마치 자신의 존재를 인정해 달라는 듯 능력을 발휘하기 시작했다.

나는 갑자기 꽃이란 우리 삶에서 어떤 존재일까? 하는 생각이 들었다. 우리 주변에서는 수많은 꽃이 피고 진다. 때가 되면 피고 때가 되면 어김없이 진다. 자신만 잘났다고 오래오래 남아 있겠다고 억지 부리지도 않고, 못났다고 빨리 지겠다면서 이러쿵저러쿵 핑계를 대거나 궤변을 늘어놓지도 않는다. 꽃을 피울 때는 아무리 보잘것없는 꽃이라도 항상 최선을 다해 아름다움을 한껏 뽐낸다. 자연의 이치에 순응하고 자연의 이치를 잘 지킨다. 우리 사회도 꽃처럼 정해진 원칙과 상식을 잘 지킨다면 얼마나 멋있고 밝은 사회가 될까? 그런데 자연계에 꽃이 없었다면 어떻게 되었을까? 생태계의 아름다움이나 멋있는 풍광은 존재할 수 없으며 분위기도 훨씬 삭막할 것이다. 어쩌면 꽃이 없는 세상은 상상하기조차 싫을지도 모른다. 또 아름다움이나 향기 등등 꽃과 관련된 온갖 아름다운 표현이나 작품은 없었을지도 모른다.

  매화가 만발한 어느 날, 아파트 주변을 산책하다 양지바른 잔디 위에 노란 민들레꽃이 납작 엎드려 옹기종기 피어 있는 모습을 발견했다. 꽃샘추위 때문인지, 아니면 수줍어서 그런지, 이유는 알 수 없지만 아주 낮은 자세로 거의 땅에 붙어 있었다. 겸손함의 극치, 아주 낮은 자세로 다가올 따뜻하고 화사한 봄날을 기다리고 있다. 그러나 짙은 노란색은 사람이 좀처럼 흉내 낼 수 없을 만큼 샛노란 색으로 앙증맞을 정도로 귀엽고 깜찍한 모습이었다. 나는 잠시 발걸음을 멈추고 민들레꽃을 바라보며 "무슨 급한 일이 있다고 이렇게 쌀쌀한 날씨에 꽃을 피웠느냐? 정말 귀엽고 예쁘다. 무럭무럭 잘 자라거라."라고 말해주었다. 아주 작은 민들레꽃이었지만 왠지 모르게 기분도 달라지고 내 몸에도 활력이 돋아

나는 것 같았다. 꽃은 참으로 희한한 존재이다. 아름다운 모습을 통해 마음에 위로를 주고 마음을 밝고 깨끗하게 해주기도 한다. 그리고 때에 따라서는 삶의 활력소로 작용하기도 한다. 꽃은 사람의 마음을 자유자재로 조절하는 마술사 같기도 하다.

  분꽃을 바라보고 있으니, 아침부터 저녁까지 24시간 묵묵히 나를 즐겁게 해주는 분꽃이 고맙다는 생각이 들기 시작했다. 시선집중, 대기만성, 분꽃은 드디어 우리 집에서 실력을 발휘하면서 주목받기 시작했다. 왠지 분꽃 옆에 있던 다른 꽃들의 시선이 곱지 않은 것 같다. 우리 부부가 갑자기 분꽃에 왜 집중적인 관심과 애정을 쏟느냐고 핀잔을 주는 것 같이 느껴진다. 다른 꽃들에게도 공평하게 해야 할 터인데 인간의 마음이 그렇지 못한 것 같다. 다른 꽃들도 빨리 꽃을 피워 우리 집 작은 화단이 좀 더 풍성해지길 기대해 본다. 분꽃도 만발하고 우리 집 화단의 다른 꽃들도 활짝 피어 우리 부부의 하루하루도 더욱 밝아지고 힘차고 즐거워지길 기대해 본다.

나의 작은 소망이
이루어진 날

사람들은 모두 저마다의 크고 작은 소중한 꿈들을 가지고 살아간다. 나는 젊었을 때부터 아이들이 자라면 가족끼리 테니스 게임을 하고 골프도 즐기고 인생을 좀 더 멋있고 여유 있게 살아보는 것이 작은 꿈이었다. 이러한 꿈이 더욱 강해진 것은 동경 대사관 근무 때 어느 날 밤 산책하다 집 뒤편에 있는 공원 운동장에서 환한 라이트 조명을 받으며 테니스 하는 가족 모임을 보면서부터 더욱 강해졌다. 운동하며 가족끼리 화기애애하게 웃고 즐기는 모습은 정말 여유롭고 행복하게 보였고 당시 나에게는 매우 인상적이었기 때문이다.

나의 외국 생활은 1985년부터다. 그 당시만 해도 한국에선 밤에 라이트를 켜놓고 테니스를 하고 야구를 하는 등 스포츠를 즐긴다는 것은 있을 수가 없는 일이었다. 동경에서 보니 많은 지역에서 직장인, 가족들이 야간에 운동장과 공원 스포츠 시설 등지에서 각종 스포츠를 즐기고 있었다. 나의 꿈은 이때부터 더 무르익기 시작했는지도 모른다. 특히 나는 대사관 근처 '아자부'라는 지역에 살게 되었다. 아자부는 일본 전국시대부터 영주가 살았던 지역으로 지금도 외국 대사관들이 밀집해서 그런지 외국인도 많다. 주택들도 부자 중심으로 이루어져 집 뒤편 운동장과 공원에서는 거의 매일 각종 스포츠 활동이 활발하게 이루어지고 있었다. 나는 테니스 라켓, 배드민턴 라켓 등을 가족 수만큼 준비했다. 나에겐 가족끼리 스포츠를 하는 것이 그만큼 부럽고 즐겁게만 보였던 모양이다.

그런데 드디어 나의 꿈을 실현할 그날이 다가온 것이다. 밤잠 설치게 한 여름밤 무더위도 한풀 꺾이고 따갑게만 느껴졌던 햇살도 다소 주춤해졌다. 8월 19일 아침 우리 가족은 드디어 골프장을 향해 출발했다. 그동안 잘 맞추어지지 않았던 퍼즐 조각이 드디어 완성되는 날이다. 날씨가 좋은 것을 보니 둘째 딸이 머리를 얹는 오늘 골프 행사가 순조롭게 진행될 것 같다는 예감이 들었다. 아내의 건강 상태도 좋지 않고 둘째도 18홀을 돌기에는 체력적으로 좀 부담이 될 것 같아 언제든 내가 대신 투입할 수 있도록 클럽을 점검해서 준비했다. 이제 즐기는 시간만 남았다. 갑자기 내가 머리를 얹을 때 기분이 생각났다. 상사인 공사님과 일본인 친구 등 셋이서 플레이를 하다 보니 사실 많이 불안하고 겁도 났었던 것 같다. 나는 그때 공이 이리저리 방향성이 일정치 않아 골프장을 꽤 많이 뛰어다닌 적이 있다.

프로골프선수도 첫 홀 티박스는 내심 상당히 긴장한다고 한다. 나는 30여 년 이상 골프를 했지만 지금도 첫 홀 티박스는 여전히 조금은 긴장된다. 김종필 전 총리는 골프공이 "백구"인 것처럼 티박스에 들어선 순간 100가지 생각도 더 든다고 했다. 산전수전 심지어 공중전까지 다 치른 인생의 대경험자도 골프공을 치기 전에는 과연 정확하게 잘 맞을 것인지 긴장하고 불안해하는 것이다. 그만큼 골프의 세계는 미묘하다. 프로골프 시합이 종료된 후 아나운서가 우승자 인터뷰를 하면서 골프황제 타이거 우즈에게 긴장되지 않았느냐고 묻자, 타이거 우즈가 대답했다. 자신도 첫 홀 티샷할 때부터 시합이 끝날 때까지 샷을 할 때마다 순간순간 긴장했다고 말했다. 다만 긴장을 긴장이라고 생각하지만 않고, 집중력으로 커버해 나간다고 했다.

둘째가 오늘 머리를 얹지만, 골프 실력은 좀 부족하다. 골프클럽을 전부 자유자재로 활용하기에는 모든 면에서 아직 미흡하다. 다만 큰아이의 휴가 일정 등을 고려하여 예약하다 보니 일정을 다소 무리하게 추진한 면도 있다. 둘째는 내색은 하지 않지만 어쩌면 골프공을 대할 때 누구나 느끼는 심적인 부담을 지금 많이 느끼고 있을 것이다. 가족 4명이 첫 홀 티박스 앞에 섰다. 기념

촬영을 마친 후, 큰아이가 먼저, 그리고 아내, 다음은 둘째다. 두 딸은 오늘 스커트 차림의 골프웨어를 입었다. 자매가 색상도 다르면서 디자인도 각각으로 코디가 잘된 차림이다. 조화롭고 예쁘다. 주변 사람들이 부러운 듯 바라보고 있다. 둘째가 티박스에 올라가는 순간 내가 손에 땀이 날 정도로 긴장된다. 잘 맞아야 할 터인데, 첫 타가 잘 맞아야 자신감을 잃지 않는데, 잠시 나의 숨이 멎는 듯하다. '딱!'하는 소리와 함께 백구가 날아갔다. 골프장 푸른 잔디 위를 백구가 높이 떠간다. 언니가 "미라클!"하고 외친다. 나도 입에서 저절로 "굿 샷!"이 나온다. 그리고 박수를 쳤다. 안도의 한숨이 저절로 나왔다. 둘째의 높이 날아가는 공을 가족 4명이 물끄러미 쳐다본 후 각자 자기 공 위치로 푸른 잔디 위를 힘차게 걸어간다. 제법 시원한 아침 바람이 가을 냄새를 풍기며 콧등을 스친다. 여전히 따갑게 느껴지는 아침 햇살, 푸른 잔디 위에 영롱한 이슬이 맺혀 반짝거린다. 그린 위에 아침이슬이 하얗게 내려앉아 있고 붉은 깃발이 홀컵에서 조용히 펄럭인다. 뒤에서 보니 그린을 향해 걸어가는 가족들, 멋있는 한 폭의 그림이다. 재빨리 핸드폰을 꺼내 셔터를 눌러댄다. 아! 멋있다. 아름다운 모습이다.

 골프의 매력은 뭐니 뭐니 해도 클럽을 힘껏 휘두른 후 높게 멀리멀리 떠나가는 자신의 공을 물끄러미 바라보는 여유, 뭔지 모르지만, 만족스럽고 뿌듯한 그런 기분이 아닐까 한다. 우리 식구들이 각자 자기 공을 친 후 만족해하면서 바라보는 모습이 나는 무엇보다도 기뻤다. 여기까지 오는데 꽤 많은 시간이 지났다는 느낌이 들었다. 딸들은 골프공이 왜 잘 맞지 않느냐, 소질이 있느니 없느니 등 불만을 토하면서 그만둘까 말까를 여러 번 고민해 왔다. 연습장에서 힘든 시간을 묵묵히 견뎌내 준 딸들에게 고맙다는 생각이 들었다. 이제 아빠로서의 역할은 다 했다는 느낌이 들었다.

나는 1980년대 말 동경에서 근무할 때 처음으로 야간 골프를 했다. 지금도 저녁에 잠이 오지 않거나 하면 즐거웠던 그 시절을 가끔 떠올리곤 한다. 당시 한국에서는 상상도 못 할 일이었지만 선진국인 일본에서는 골프장 전체를 환하게 밝혀놓고 골프를 즐기던 시절이었다. 불빛이 쏟아지고 있는 창공을 하얀 백구가 가로질러 멀리멀리 날아간다. 여름은 녹음이 우거져 양옆은 삼나무 숲이 담벼락을 형성하고 있고 백구는 푸른 잔디 위를 날아간다. 야간 골프는 장관이고 일품이다. 아내와 큰딸, 그리고 사위는 작년 델피노에서 야간 골프를 했다. 그러나 델피노의 조명시설이 여의치 않고 어두워 야간 골프의 맛과 멋을 제대로 느끼지는 못했다. 그것도 끝날 즈음 3~4홀 정도여서 한마디로 신통치가 않았다. 아쉬움이 많이 남는 골프였다. 언제일지 모르지만 전 홀 야간 조명시설이 되어 있는 곳에서 가족끼리 야간 골프를 즐기고 싶다. 그때 나의 기분은 어떨까?

나는 체격은 왜소한 편이지만 어딜 가나 장타자 경쟁에 참여한다. 모임에서 하는 친선게임에서도 가끔 장타상(드래곤)을 타는 경우가 있다. 요즈음도 잠이 잘 오지 않을 때는 멀리 높이높이 날아가는 공의 궤적을 쫓아가는 모습을 떠올린다. 현직에 있을 때 장관과 후지산 밑에서 골프를 한 적이 있다. 골프장이 명문이라 그런지 홀마다 연못이 있어 후지산의 모든 모습이 연못에 떠 있다. 후지산의 모든 경치를 골프를 즐기며 동시에 감상할 수 있다. 나에겐 지난날의 골프가 상상만 해도 힐링이 되고 즐겁다. 좋은 추억이다. 아내도 딸들도 사위도 모두 살아가면서 가족이 함께 골프할 때의 추억을 되살리면서 웃음도 지어보고 마음의 위안도 삼으면서 즐겁게 생활했으면 좋겠다. 나의 소박한 소망일지도 모르지만…

　딸이 머리를 얹은 전반 9홀은 홀마다, 아니 공을 칠 때가 되면 매번 나도 긴장되고 신경이 많이 쓰였다. 그래서 그런지 매우 빠르게 지나갔다. 큰애는 골프 실력이 많이 향상된 듯했다. 8번 샷홀에서는 홀컵 3~4m에 붙였다. 장족의 발전이다. 그리고 전반 3번 홀은 언덕 위로 올려 치는 그린이 잘 보이지 않는 곳인데도 모두 원온에 가깝게 올렸다. 모두 다 경쟁이라도 하듯 실력을 뽐냈다. 대만족이다. 전반 9홀 내내 긴장된 탓인지 주변을 잘 살펴보지 못했다. 골프장에 가면 골프를 즐기는 것도 좋지만 주변 경치를 감상하는 것도 빼놓을 수 없다. 둘째도 아내도 건강에 크게 문제가 없는 듯 보여 안도했다. 후반 9홀은 좀 더 여유가 생겼다. 뒤따라오는 팀도 보이지 않고 앞 팀과도 적당한 간격이 유지되었다. 한마디로 후반 9홀은 조금 즐길 수가 있었고, 가족들 모두 얼굴에 긴장감도 없어져서 대단히 좋았다. 기다리고 기다렸던 가족

골프가 무사히, 그것도 성공리에 끝났다. 끝나고 나니 너무 빨리 끝났다는 생각에 어쩐지 아쉽고 서운한 느낌이 가득했다. 모두 다 들뜨고 기분이 좋았던지 점심도 맛있다고 이구동성이다. 역시 운동은 좋은가 보다. 귀가하면서 주변을 보니 벌써 가을이 성큼 다가온 듯하다. 밤나무, 감나무가 알알이 영글어 가고 있고 논에 있는 벼도 제법 황금색을 띠고 있다. 마음에 여유가 생겨서 그런지 아침에 갈 때는 잘 보이지 않던 주변 경치가 한눈에 가득하게 들어왔다. 햇살은 아직도 따갑지만 매우 기분이 좋았다.

오늘은 내 인생에 있어 어쩌면 성공한 하루로 기록될 것 같았다. 손녀가 자주 이야기하고 있는 '소확행(소소하지만 확실한 행복)'이 이루어진 날이다. 큰아이도 이젠 골프의 묘미와 즐거움을 아는 것 같다. 둘째도 골프의 재미를 빨리 느껴 사위와 함께, 나중에는 손녀도 함께 가족 골프를 즐기면서 살아가길 소망해 보았다. 우리 식구끼리 진지하게 게임을 하면서 즐길 수 있는 날이 가까워지고 있다. 언젠가는 가족끼리 서로 편을 먹고 가벼운 게임을 하면 더욱 신나고 좋을 것 같다. 꿈은 실현된다고 했다. 아니, 꿈은 실현되기 위해 존재하는지도 모른다. 꿈이 이루어질 그날을 다시 한번 기대해 본다.

내장산
단풍 구경

 나는 가을 단풍이 무르익을 무렵 기분전환을 위해 가족들과 함께 내장산 단풍 구경을 하기로 했다. 평일이긴 하지만 단풍 절정기인 점을 고려하여 아침 일찍 출발했다. 내장산에 가까이 갈수록 예상과는 달리 점차 차량 행렬이 많아지더니 입구에서부터 가다 서기를 반복하며 앞으로 제대로 달리지 못했다. 나는 발목과 무릎이 안 좋은 데다 부정맥도 있고 해서인지 갑자기 몸을 너무 피곤하게 하면 안 되는데 하는 생각이 들며 가슴이 덜컥했다. 그리고 이제부터 고난의 행군 시간인가 생각하니 기분이 일시적으로 급전직하 다운되었다. 주차 후 매표소 근처로 가는 셔틀버스를 탔다. 그다음은 다시 1km 이상을 걸어서 매표소에 도착했다. 벌써 길은 인파로 덮였다. 평일인데도 사람이 왜 이렇게 많은지

놀랄 지경이다. 매표소에 도착하니 체력은 벌써 바닥이 난 느낌이다. 여기서부터 다시 셔틀을 타고 이동해야 한다. 2.2km 정도 내소사 일주문까지 다시 걸어가기엔 무리다.

단풍 구경하다 잘못하면 사람 잡겠다는 생각이 들었다. 건강에 대해 이미 나 자신이 너무 무기력해진 것 같아 서글퍼지기도 했으나 세월 탓을 어떻게 하겠는가? 받아들이고 현명하게 행동하는 수밖에 없다. 아내와 딸들이 연신 나의 행동을 주시하고 염려하는 것 같아 더욱 신경이 쓰였다. 단풍 이야기를 하면 사람들은 대체로 설악산과 내장산 단풍을 말한다. 설악산도 여러 번 가보았지만 사실 아무런 생각도 나지 않고 가물거리기만 했다. 내장산을 절정기에 방문하는 것은 이번이 처음이다. 과연 아름답다. 기계로 수없이 찍어낸 각종 색종이처럼 때론 붉게 타오르는 정열적인 색이기도 하고 때론 누런색, 그리고 파란색, 녹색 등 너무너무 다양하다. 주차장에 들어서기 전부터 아기단풍 가로수는 물론이고 내장산 봉우리마다 단풍이 절정을 이루며 한 폭의 그림을 연출하고 있다. 봉우리는 총 9개로 부처님이 출현했다는 불출봉을 비롯하여 서래봉 등 대체로 해발 580m에서 600m 중반이다. 그런데도 무료 주차장 쪽 내장산 뒤편에서 보니 상당히 높다는 생각이 들었다.

내장산이라는 이름은 산 안에 각종 보물을 무궁무진하게 갖고 있다는 데서 유래했다고 한다. 주차장에서 출발하여 셔틀버스에서 내린 후, 매표소까지는 유유자적하면서 쉬엄쉬엄 형형색색 주변 단풍을 만끽하면서 걸었다. 손녀도 딸들도 모두 만족한 표정이다. 다른 지역과는 달리 매표소부터 곳곳에 단풍 터널이 널려 있다. 어느 단풍 터널을 이용하든 단풍 구경은 충분히 즐길 수 있을 정도다. 아름답고 예쁜 단풍이 너무 많아서 그런지 오히려 '내장산 단풍도 별로네.'라는 생각이 들 정도였다. 그리고 약간은 그동안 내가 내장산 단풍에 대해 너무 많은 기대 또는 환상을 가졌던 것은 아닌가 하고 생각하기도 했다.

큰아이가 갑자기 말했다. "내장산 단풍이 좋다고 해서 주변과 온산이 불이 붉게 타오르듯 멋있을 거라고 기대했는데 그렇지 않다."며 약간 실망한 듯한 표정을 지었다. 그래서 내가 "그런 표현은 글 쓰는 사람이나 책에서 또는 언론 보도상 표현에 불과하다면서 너무 순진한 생각"이라고 말했다. 그러나 국내 제일의 단풍을 자랑하는 곳인데 다른 곳에 비해 어디가 달라도 다를 것이라고 기대감은 여전했다. 물론 내장산 단풍은 나름대로 멋을 가지고 있음에 틀림이 없다. 일주문에서 내장사 경내로 들어가는 길 양편에 오래된 단풍나무 108주가 심어져 있어 길 다란 단풍 터널을 이루고 있었다. 단풍나무 108주를 심어놓은 이유는 불교의 108번뇌를 의미하는 것이라 한다. 일주문에서 내장사 경내까지 걸으면서 많은 생각이 들었다. 스님들은 108주의 단풍나무 길을 걸으며 무슨 생각을 할까? 중생들의 복잡한 세상사를 다 잊어버리고 일주문부터는 마음을 수양하고 득도의 경지를 향해 매진할 수 있도록 결의를 다지고 있을까?

　일주문부터 이어지는 단풍 터널 길은 내장산 단풍의 극치라 할 수 있다. 입이 귀에 걸릴 정도로 아름답고 눈을 호강하게 해주는 데 모자람이 없었다. 바람에 단풍이 한 잎 두 잎 떨어지면서 봄부터 고락을 함께해 온 단풍나무에 이별을 고한다. 단풍이 떨어져 낙엽이 되면 이 아름다운 가을도 낙엽과 함께 떠나갈 것이다. 내장산 경내에 들어가니 왠지 쓸쓸하고 황량한 기운이 감돌았다. 웬일일까? 생각해서 주변을 살펴보니 대웅전이 보이지 않는다. 어느 사찰이든 사찰 중앙에 대웅전이 정중앙에 좌정하고 있어야 하는데, 없다. 지난 3월 화재로 전소되었다고 한다. 나는 불교 신자는 아니지만 어쩐지 아쉽고 서운한 마음이 가득했다.

　돌아올 때는 108주 단풍나무 길을 포기하고 그 옆에 있는 우드칩 황톳길(무장애 탐방로)을 이용했다. 여기도 단풍나무와 온갖 나무들로 터널을 이루고 있어 천천히 산책하기엔 안성맞춤이다. 아내와 함께 단풍을 구경하며 쉬엄쉬엄 탐방안내소까지 걸었다. 내장사 경내까지 오기가 만만치 않은 것을 생각하면 단풍을 구경하며 한없이 걷고 싶은 좋은 산책길이었다. 벌써 수년이 지났지만, 퇴직 후 나는 단풍시즌이 약간 지나 아내와 함께 내장산에 온 적이 있다. 내장산, 지리산 일대 단풍 구경을 위한 것인데 그때만 해도 나는 내장산 초입부터 용감하게 걸어서 전부 구경했었다.

탐방소에서 버스를 탔는데 차창 밖으로 우화정이 눈에 들어왔다. 왜 우화정에 들르지 않고 그냥 지나느냐고 한마디 하는 것 같다. 수년 전 내장산에 왔을 때 아내와 함께 연못에 떠 있는 듯한 정자(우화정)의 모습이 멋있다고 셔터를 계속 눌렀었는데 이번엔 속된 말로 곁눈질도 제대로 하지 않은 채 그대로 지나친다. 그것도 셔틀버스 안에서 순식간에 지나쳤다. 예전엔 한마디로 나의 건강 상태가 씽씽했었는데 불과 4~5년 만에 이제는 아니라는 생각이 머리를 스친다. 내년에, 아니 다음에 다시 여기 이 길을 걸어갈 수 있을 것인가? 우화정에 눈인사라도 할 수 있을 것인가? 생각하니 내장산 단풍 구경이 왠지 아쉬움만 가득했다. 단풍길을 걸어 내려오면서 앞으로 언제 다시 올지 기약이 없는 만큼 더 많이 눈과 가슴에 담아 가야겠다고 생각해서 열심히 주변을 바라보았다. 뭐니 뭐니 해도 단풍은 역시 내장산이었다.

담양 죽녹원을
다녀와서

오늘은 담양 죽녹원에 가는 날이다. 어제 내장산에서 많이 걸어서 그런지 꽤 피곤했다. 그냥 세종시로 돌아갔으면 하는데 둘째가 여기까지 왔으니 담양 죽녹원엘 가면 좋겠다고 하여 당초 계획에 없었던 일정이 새로 추가되었다. 이전에도 반드시 구경을 한번 해야겠다고 생각했으나 선뜻 나서질 못해 망설였던 곳이다. 나는 대나무에 대한 향수랄까, 무언가 미련 또는 아쉬움을 많이 가지고 있다. 대나무 하면 어쩐지 기분이 좋을 것만 같고, 무엇보다도 대나무 숲에서 느끼는 바람 부는 소리가 더욱 좋다. 내가 어릴 땐 대나무로 연을 만들기도 하고 눈이 올 때는 스케이트나 썰매를 만들어 타기도 했다. 그런데 우리 집엔 대나무 숲이 없어 이웃집 뒤편에 있는 대나무 숲에 몰래 숨어들어 가서 대나무를 베어다 놀이기구를 만들어 놀았다.

이웃집에 몰래 가서 대나무를 베어 올 때마다 우리 집에도 대나무가 있었으면 했고 그 당시에는 나의 "간절한 소망"이기도 했다. 한번은 밭에 대나무 몇 그루와 뿌리가 있었는데 아버지가 말씀하시길 "밭에 대나무가 있으면 밭을 망친다."고 하시면서 사정없이 뿌리를 파내셨다. 좀 서운한 생각이 들기도 했다. 나는 어릴 때 추억 때문인지 아직도 대나무 숲을 좋아한다. 그런 연유도 있지만. 또 하나는 일본 생활을 오래 해서 그런지도 모른다. 일본 대통 밥은 우리나라 음식점에서 파는 것처럼 형편없지는 않다. 아주 깔끔하고 맛이 있으며 대나무 향이 살아 있다. 대통 밥에서 대통의 향기 여부는 매우 중요하다. 그리고 죽순은 고급 식재료로 다양하게 요리에 활용된다.

일본에서 대나무를 활용한 음식 중 즐길 수 있는, 낭만적인 것 중 하나가 "나가시 우동"이다. 여름철 긴 대나무에 물을 흘려보내면서 우동을 띄우면 물과 함께 흘러내리는데 젓가락으로 집어서 간장을 찍어 먹는 것이다. 옛날 신라 시대 안압지에서 왕과 귀족들이 술잔을 띄워놓고 자기 앞에 오는 것을 붙잡아 마셨다고 하는데 정말 멋진 풍류다. "나가시 우동"도 음식 맛과 멋을 함께 즐길 수 있는 방법 중 하나다. 변산에서 아침을 먹고 붉게 물든 산과 들의 단풍을 구경하며 죽녹원에 도착했다. 내장산 단풍이 절정이라서 그런지 죽녹원 가는 길도 막히고 정체되어 난리다. 어제 내장산에 갔다 오길 잘했다는 생각이 들었다.

　죽녹원, 조그만 야산에 조성된 대나무 숲이다. 약 5만 평이다. 주변 담양 천 둑 위에는 300년이 넘는 나무들이 길 양편에 줄지어 서 있는 산책로가 있다. 또한, 담양 천 양쪽에는 단풍나무가 길게 늘어서 자라고 있다. 둑 위와 담양 천 양쪽 나무들이 모두 단풍이 들어 절정을 이루고 있다. 오랜만에 관광지다운 멋진 명소다. 죽녹원 전망대 봉황루에서 바라보니 담양 천의 단풍과 제방 둑길 단풍이 나지막하게 전개되고 있다. 그리고 단풍에 물든 산들이 어우러져 울긋불긋 황홀할 지경이다. 오길 잘했다는 생각이 들었다. 죽녹원 입구가 다소 언덕이라서 처음엔 좀 힘들 것 같다는 생각이 들었으나 이내 거의 평탄한 길로 이어졌다. '사색의 길', '운수대통의 길', '죽마고우 길' 등 주제별로 8개 코스가 있는데 어느 길이든 대나무들이 하늘 높은 줄 모르고 높게 높게 힘차게 쭉쭉 뻗어 있다. 기분도 좋고, 보기에도 일품이다.

　길마다 대나무 숲이 터널을 이루고 있다. 너무나도 멋지고 아름답게 잘 가꾸어진 산책길이다. 마치 일본의 어떤 관광지에 온 것처럼 깔끔하게 관리가 잘되어 있다. 대나무 숲은 그 자체로 힐링 숲이다. 소위 죽림욕 길이다. 대나무의 이산화탄소 흡수량은 소나무의 네 배로 흡수 효과가 빠르다고 한다. 스트레스 해소, 신체이완 등 심신 안정 효과가 발군이란다. 외부 온도와 4도 이상 차이가 날 정도로 시원하고 쾌적한 느낌을 준다. 정말 편안하고 좋은 숲이다. 한 가지 흠은 전망대인 봉황루 앞에서부터 일부 관광객들이 남녀가 뒤엉켜 춤을 추고 시끌벅적하게 놀고 있었던 것이다. 도대체 공중도덕과 질서라는 개념은 어디에 버리고 왔는지 모르겠다. 손녀가 나에게 "할아버지, 왜 저 사람들은 저렇게 떠들며 춤추고 놀고 있냐."고 질문을 했다. 답변이 궁색해서 얼버무리고 빨리 발길을 옮겼다.

죽녹원의 대나무 숲은 한마디로 울창하다. 빼곡하게 들어선 대나무들이 마치 경쟁이라도 하듯 하늘을 찌르고 있다. 눈을 들어 올려다보니 높고 푸른 가을 하늘과 너무도 잘 어울린다. 죽녹원은 하루에도 여러 차례 얼굴을 바꿀 것 같다. 맑을 때는 맑은 햇살이 대나무 사이로 비치고, 흐릴 때는 흐린 대로 좀 어둑해지고 차분한 맛을, 비 올 때는 대나무에 부닥치는 빗소리, 눈이 올 때는 푸른 대나무 숲에 하얀 솜사탕이 가득히 그리고 아침에는 청량하고 깨끗한 햇살, 석양 녘에 비치는 햇살 등 너무너무 다양할 것 같다는 생각이 들었다.

대나무는 선비들의 품격이 나타나는 사군자 중 하나이다. 조선 시대에는 지조 있고 절개 있는 선비, 청렴, 정절을 상징했다. 고대 중국에선 대나무 속이 비어 있는 모습을 보고 "득도"를 상징하기도 했다. 재미있는 것은 대나무 꿈은 길몽이라는 것이다. 가업이 번창하고, 다른 사람들로부터 존경받기도 하고, 기쁜 일이 많이 있으며 장수하기도 한다고 했다. 《삼국유사》에 〈임금님 귀는 당나귀 귀〉라는 설화(說話)가 나온다. 신라 경문왕이 귀가 큰데, 한 신라 관리가 다른 사람에게 대나무 숲에서 "임금님 귀는 당나귀 귀다."라고 귓속말로 속삭였다고 한다. 그래서 그런지 죽녹원 산책로 중간쯤에 인형이 하나 서 있는데 관광객들은 여기서 "임금님 귀는 당나귀 귀" 놀이를 할 수 있다.

대나무 중 종(種)이 다른 것은 굵기가 직경 20cm가 되는 것도 있으며 죽순은 하루에 1m도 자란다고 한다. 죽녹원 대나무는 어떤 종(種)인지 알 수 없으나 상당히 큰 나무들인 것 같다. 직접 대나무를 만져보니 촉감이 좋고 상당히 두께가 있었다. 또 한 번도 직접 본 적은 없으나 대나무도 꽃이 피고 열매를 맺는다고 한다. 대나무 수명은 대체로 100년 정도인데 50~100년 사이에 1회 꽃을 피우고 열매도 맺는다고 한다. 대나무는 꽃을 피우면 죽는다고 한다. 그야말로 화려하게 꽃을 피우고 장렬하게, 기개 있게 죽는다. 장수의 기품이 보인다. 열매는 밀알과 보리알을 닮았다고 한다.

중국 스촨성(泗川省) 아빈 시에는 우리나라 한라산보다 큰 대나무숲으로 이루어진 산이 있다고 한다. 촉남죽해(蜀南竹海)이다. 천지가 대나무 바다라고 하며 중국 정부가 인정하는 A급 관광지라고 한다. 중국이 가장 아끼는 보물 판다의 고향이다. 중국엔 봉황새와 대나무의 관계를 이야기한 한시(李行)가 있다. 원래 봉황새는 앞으로 나타날 훌륭한 성인을 위해서 나타나고, 대나무는 꽃을 피우고 열매를 맺어 봉황새를 맞이할 준비를 한다는 것이다.

봉황은 오동나무 아니면 앉질 않고, 심령한 샘물이 아니면 마시질 않고, 대나무 열매가 아니면 먹질 않는다고 한다.

죽녹원은 각종 드라마, 영화, 예능프로 촬영장소로도 유명하다. 그 정도로 멋있는 장면, 소위 말하는 화면발이 잘 받는 곳이라는 의미다. 몸에도 좋고 눈에도 좋고 즐기기에도 부족함이 없는 대나무 숲이다. 중국 고전에 죽림 관련 이야기가 많이 나온다. 당대 석학, 현인, 재사 등은 주로 죽림과 관련된 곳에 살았다. 무술영화에도 검술을 연마하고 각종 무예를 연마하는 곳으로 죽림을 택했다. 각종 죽세공품은 예전부터 우리 실생활에 밀접한 관계를 맺으면서 친근감을 느끼게 하고 있다. 죽녹원 대나무 숲길을 전부 산책하는 데 1시간 30분~2시간(약 2.2km) 정도 걸린다고 한다. 산책길 어느 길을 걸어도 맑은 공기에 취할 수 있고 머리도 깨끗해진다. 산책하다 잠시 정자에서 휴식을 취하며 눈을 감고 있었더니 대나무 잎사귀를 스치는 바람 소리가 들린다. 관광객들이 적은 시기에 언젠가 다시 찾아와 잠시라도 조용히 명상을 해보아야겠다.

일본 교토 근교 "아라시야마(嵐山)"에 유명한 대나무 숲 "치쿠린(竹林)"이 있다. 교토는 고도(古都)로 가을 단풍으로도 유명하지만 "아라시야마"도 유명하다. 잘 관리되고 다듬어진 깔끔한 대나무 숲인데 관광명소로 유명하다. 코로나19가 안정되고 일본에 가게 되면 "아라시야마"에 가서 대나무 숲도 보고 온천욕도 하면서 관광하고 싶다. 우리나라에도 부산에 유명한 대나무 숲이 있다고 한다. 나는 지금까지 가보지 못했으나 자연미 넘치는 명소라고 한다. 기장군 철마면 아홉산(해발 361m) "철마 대나무 숲"으로 한 집안에서 약 400여 년간 관리해 왔다고 한다. 기장군 아홉산 숲은 소나무 등 다른 나무도 잘 관리되어 있다고 한다. 우리 가족의 가을 단풍여행은 죽녹원 방문으로 무사히 끝났다. 둘째가 시종일관 운전을 담당해 조금은 염려가 되었으나 안전하게 잘 끝났다. 무엇보다도 다행이다. 그리고 손녀는 체험학습이라는 명목하에 학교도 쉬고 같이 다녔는데 어른들 사이에서 매우 유쾌하고 기분 좋게 다녀서 기분이 좋았다. 식구 모두 만족한 가을 여행은 이렇게 끝이 났다. 돌아오는 승용차 안에서 가족들은 다음 여행지를 두고 의견이 분분하다. 나의 눈꺼풀은 점점 무겁게 내려앉고 있다.

어머님을
생각하며

 7월, 땡볕이 사정없이 내려쪼이던 어느 여름날, 나의 어머니는 돌아가셨다. 나와 아내는 강원도 양양에 갔다 오던 중 고속도로 휴게소에서 어머니가 돌아가셨다는 소식을 접했다. 뭐지, 돌아가셨다고, 그동안 정정하셨는데, 말도 안 되지! 순간 아무 생각도 나지 않고 그저 사실이 아닐 것이라는 생각만 들었다. 나는 계속 돌아가셨다는 사실을 받아들이지 않으려고 했다. 그러나 돌아가신 것은 움직일 수 없는 사실이다. 머릿속이 하얗고 가슴속이 멍해지다 갑자기 허전해졌다. 중국 《한시외전(漢詩外傳)》에 "수욕정이풍불지(樹慾靜而風不止), 자욕양이친부대(子慾養而親不待)"라는 말이 전해져 내려온다. "나무는 잠잠이 있으려고 하나 바람이 멈추지 않고, 자식은 모시고자 하나 어버이가 기다려 주지 않는다."라는 뜻이다. 효도는 부모님 살아 계실 때 하는 것으로 평소 최선을 다하라는 평범한 진리다. 조선시대 송강 정철은 백성들에게 부모님에 대한 효도를 강조하면서 시조를 지었다.

      어버이 살아실 제 섬기기를 다하여라
      지나간 후면 애달다 어이하리
      평생에 고쳐 못 할 일은 이뿐인가 하노라

아! 살아 계실 때 좀 더 자주 어머님을 찾아뵀어야 했는데, 좀 더 즐겁게 해드려야 했었는데 하는 아쉬움과 함께 자신이 얄미워지기까지 했다. 둘째 형은 어머니가 점심 잘 드시고 쉬고 계시다 갑자기 돌아가셨다고 했다. 어머니는 연세도 많으시고 둘째 형 입장도 있고 해서 사망 전후 사정을 자세하게 물어볼 수가 없었다. 그리고 빨리 가서 뵈어야 한다는 생각으로 가득했다. 그리고 인간의 삶이 너무 허무하다는 생각만 가득했다. 생전에 어머니는 선산에 있는 텃밭 쉼터에 계시다가 옆 신작로에 흰 승용차가 나타나면 내가 온 줄 알고 기다렸다고 했다. 그러면서 내가 나타나면 "그동안 보고 싶었다. 왜 이제 오느냐."라고 말씀하셨다. 어머니는 언제나 다른 자식에 비해 나에 대해 더 많이 신경을 써주셨다. 나는 학창시절 대부분도 어머니와 떨어져 지냈고 직장생활 대부분도 해외에서 근무했다. 그런 탓에 다른 형제들에 비해 부모님과 함께한 생활을 한 시간이 비교적 짧다. 집안에 무슨 일이 있어도 행정절차 상 쉽게 귀국하지 못한 적이 많았다.

나는 해외 근무를 마치고 귀국해서 퇴직한 후, 가능한 한 어머니를 자주 찾아뵈려고 노력했다. 그런데 1주일에 2회씩 찾아가던 것이 집안 사정이 복잡하게 얽히면서 점차 1주일 1회, 2주일에 1회 정도로 줄어들었다. 이유 불문 자주 찾아뵀어야 했는데 많이 후회된다. 어머니도 아버지가 돌아가신 후엔 충격인지 뭔지 정확한 이유는 모르겠으나 한때 매우 힘든 시기를 보내셨다. 그때는 정말 안타깝고 가슴이 아팠다. 그러나 세월은 어쩔 수 없는 모양인지 찾아뵐 때마다 연약해지셨다. 애틋한 마음과 안타까움은 가득했으나 다른 방법이 없었다. 내가 어렸을 때 빨랫줄 밑으로 지나가면 찰지게 꾸짖으시면서 결국 빨래를 걷어 모두 다시 빨아 건조하셨다. 그런 활력 넘치던 어머니의 모습은 찾아볼 수 없었다.

중국에서 있었던 일이다. 74세 아들이 세상에서 가장 높은 곳을 보고 싶다며 티베트에 가길 바라는 어머니의 소원을 들어주기 위해 수레를 자전거에 매달고 여행을 출발했다. 아들은 수레를 개조해 사방으로 창을 내어 어머니가 수레 안에서 세상 구경을 마음껏 할 수 있도록 만들었다. 그런데 어머니는 티베트에 도착하기 전 여행 도중 102세 생일을 앞두고 돌아가셨다. 어머니는 돌아가시기 직전 아들에게 "너와 세상 구경하는 동안이 내 인생에서 가장 행복한 순간이었어!"라고 말했다 한다. 아들은 어머니의 꿈을 이루어 주기 위해 유골을 안고 여행을 계속해 티베트에 도착해 유해를 뿌렸다고 한다. 그리고 아들은 "어머니! 안녕히 가십시오. 저도 이 세상 소풍을 마치고 어머니께 돌아가면, '어머니와 마주 보며 웃었던 그 순간들이 제 인생에서 가장 빛나던 날들이었습니다.'라고 말할게요."라고 말했다고 한다. 칠순이 넘었는데도 어머니를 생각하는 마음이 정말 지극정성임을 잘 보여주고 있다. 공자의 사상을 이어받은 사람으로 당나라 시대 주자(朱子)라는 사람이 있다. 그는 《주자 10訓》에서 "불효부모사후회(不孝父母死後悔)"라고 제일 먼저 거론했다. 과연 나는 어머니 생전에 어머니를 위해 얼마나 관심을 갖고, 얼마나 노력했을까? 정말 후회 없이, 여한 없이 행동했을까?

자식들을 위해 물불을 가리지 않던 모습, 가족을 위한 불타는 헌신과 희생정신, 잘살아 보겠다는 일념에 새벽부터 밤늦게까지 논밭을 달리시던 모습, 참으로 어머님의 가족 사랑, 자식 사랑은 끝이 없고 하늘같이 높았다. 지금 생각해 보면 그야말로 초 슈퍼맨이었다. 물론 다른 집 부모님들도 모두 마찬가지였으리라.
불교계 어른이었던 법정 스님은 생전에 〈어머님〉이라는 글에서 다음과 같이 어머니를 회상했다.

> 나는 가출할 때 어머니에게 출가라는 말을 하지 못하고 "친구 집에 갔다 오겠다."고 하고 집을 나섰다. 싸락눈이 내리던 어느 겨울날 집을 나섰다. 나를 낳아 길러주신 어머니는 수호천사처럼 나를 받쳐주고 있다. 또 어머니가 용돈 하라고 주신 꼬깃꼬깃 접힌 돈을 잊지 못한다.

법정 스님은 어머니에게 받은 돈을 어머니 이름으로 불사에 시주했다고 한다. 그리고 어머니가 돌아가셨다는 소식을 듣고 아! 이제 내 생명의 뿌리가 꺾이었구나, 하고 생각했다고 한다. 어머니가 돌아가신 후에도 나이가 들었는데도 문득문득 인자하고 슬기로운 모성 앞에 반쯤 기대고 싶은 생각이 들 때가 많다고 했다. 그렇다. 어른이나 아이나 우리 모두는 어려울 때, 슬플 때일수록 어머니를 자주 찾는다. 어머니는 우리 생명의 언덕이고 뿌리이기 때문이다. 어머니에 대한 그리움은 누구나 끝이 없다.

'사모곡'은 동서고금 많이 있으나 '사부곡'은 흔치 않다. 왜 아버지에 대한 평가가 그렇게 부정적이었는지 아이러니하다. 《고려사》에도 〈사모곡〉이 나온다. 심지어 어머니와 아버지의 사랑을 비교하는 구절이 있는데 어머니 사랑을 더 높게 평가했다. 고대 사회는 분명 남성 중심의 가부장제가 강한 시대인데도 오히려 어머니를 더 중요하게 생각했다.

호미도 날이 있지마는
낫처럼 들을 까닭이 없습니다
아버지도 어버이시지마는
어머님같이 나를 사랑하실 분이 없도다
더 말씀은 하지 마시오, 사람들이여
어머님같이 사랑하실 분이 없도다

동양에서만 그런 것 아니다. 내가 좋아하는 시중에 하나인데 독일 시인이자 극작가인 '브레히트'는 지금부터 100년 전인 1920년, 〈나의 어머니〉라는 시에서 어머니를 잃고 나서 애틋한 심정을 이렇게 노래했다.

    그녀가 죽었을 때 사람들은 그녀를 땅속에 묻었다
    꽃이 자라고 나비가 그 위로 날아간다
    체중이 가벼운 그녀는 땅을 거의 누르지도 않았다
    그녀가 이처럼 가볍게 되기까지 얼마나 많은 고통을 겪었을까

그렇다. 돌아가신 어머니의 모습은 세상에서 가장 아름답고 예쁜 선녀 같은 모습이었다. 평생을 자식과 가족을 위해 자신의 모든 것을 불태우고 녹여내, 몸은 가벼울 대로 가볍게 변해 있었다. 어머니는 모든 것을 훌훌 털어버리고 꽃신을 신고 민들레꽃처럼 훨훨 가볍게 가볍게 날아가셨다. 나에게 잘 있으라고 하시면서 다시는 볼 수 없는 머나먼 하늘나라로 가셨다.

돌아가신 어머니에 대한 그리움과 감성을 일깨워 주는 노래가 있다. 아일랜드 컨트리 가수 겸 작곡가인 이슬라 그랜트(Isla Grant)의 'Mother'라는 노래다. 이슬라 그랜트는 스코틀랜드에서 태어나 아일랜드에서 활동했다.

If only I could see again

내가 다시 볼 수만 있다면

The twinkle in my mother's eyes

어머니의 별처럼 반짝이던 두 눈을

To hear again her gentle voice

어머니의 다정한 목소리를 다시 들을 수 있다면

And hold me when I cried

내가 울고 있을 때 나를 잡아줄 수만 있다면, 안아줄 수만 있다면

If only she could be here now

어머니가 지금 나와 함께 계신다면

To help me free my troubled mind

힘들어하는 나의 마음을 풀어주시고 어루만져 주실 터인데

…

Oh, how I'd love to hold your hand

오, 얼마나 어머니 손을 잡아보고 싶은지

Your loving smile I'd love to see

어머니의 사랑스러운 미소를 보고 싶어요

But in my heart you're still alive

내 마음속에 어머니는 언제나 살아 있어요

I think about you everyday

나는 매일 어머니를 생각하고 있어요

Oh! mother dear, Why did you die

오! 사랑하는 어머니 왜 돌아가셨나요
And leave me here so far away
여기 이렇게 멀리 나를 남겨두고서

돌아가신 어머니에 대한 사랑과 애틋함이 마음속으로 절절하게 전해지는 노래이다. 동서양을 막론하고 어머니에 대한 인간의 느낌은 같은 모양이다.

어쩌면 나는 불효자다. 아버지가 돌아가셨을 때 나는 해외 근무 중이었다. 임종을 지키지 못했다. 그래서 어머니만큼은 반드시 임종을 지켜보아야겠다고 다짐했었다. 그런데 이번에도 임종을 보지 못했다. 불효막심하다고밖에 더 할 말이 없게 되었다. 어머니까지 돌아가시고 나니 아! 나는 이제 고아가 되었구나! 우리 집의 기둥이 무너져 내렸구나! 하고 가슴이 철렁해졌다. 그리고 우리 가족의 중심축이 없어지고 말았다는 생각에 허전하고 공허하기만 했다. 불러봐도 불러봐도 못 오실 어머니를… 나는 겨울철만 되면 어머니를 더욱 생각하는 버릇이 있다. 특히 눈발이 많이 휘날리는 날은 어김없이 어머니 모습을 떠올린다. 1967년 말, 그해 겨울은 유난히도 눈이 많이 내렸다. 그해 12월 나는 고등학교 진학 시험을 보기 위해 큰형을 따라 서울로 향했다. 함박눈으로 앞이 보이지 않을 정도로 눈이 많이 오던 날, 길거리는 텅텅 비고 읍내로 다니던 버스도 중단되었다. 형과 나, 그리고 어머니는 읍내를 향해 눈보라 속을 뚫고 신작로 길을 걸었다. 어머니는 뭔지 모르겠지만 머리에 짐을 이고 걸으셨다. 걸으면서 나에게 "서울 가면 형 말 잘 들어야 한다."라는 이야기를 여러 번 하시고 묵묵히 걸으시다가 다시 안심되지 않은 듯 "형 말 잘 들어야 한다."고 힘주어 말씀하셨다. 함박눈이 너무 많이 내리고 주위도 빠르게 어두워졌다. 어머니는 내가 다녔던 초등학교 고개를 넘어서자 너무 어두워져 중간에 집으로 가셨다. 그러면서도 계속 뒤를 돌아보시며 끊임없이 "어서 가! 어서 가!"라고 하시면서 손을 흔들어 주셨다. 어머니가 머리에 이고 있었던 보따리엔 야간 완행열차를 타고 가면서 먹으라는 삶은 달걀이 들어 있었다. 객차를 많이 연결하다 보니 기차는 길게 꼬리를 달고 있는 힘 없는 힘을 다 쏟아내며 힘겨워할 정도였다. 때때로 기적을 울리면서 밤을 새워 서울을 향해 달렸다. 서울행 승객은 많은데 기차는 하루에 한두 번 있다 보니 절대적으로 부족한 실정이었다. 객실 안은 만원으로 발 디딜 틈조차 없었다. 아버님은 돌아가시기 전 당신의 묘(가묘)와 어머니 묘(가묘)를 나란히 2개 만들어 놓으신 후 매우 만족해하셨다. 당신이 들어가 편안히 쉴 집을 마련해 놓으셨다고 좋아하셨다. 그러나 어머니는 돌아가시기 전 절대 가묘에 묻히기 싫다고 하셨다. 한마디로 아버님과 결혼하신 후 젊은 시절 특히 한반도 격변기(식민지, 해방, 6.25 전쟁 등) 어렵게 살아온 것이 너무 힘드셨던 모양이다. 요샛말로 지긋지긋하여 생각하기도 싫다는 것이다. 결국 어머니는 가묘에 가시지 않고 아버님 묘소 옆 가족 납골당에 모셨다.

나는 69살 때 심장부정맥이 발생하여 적절한 치료 방법도 복용할 약도 찾지 못해 7~8개월 애태우며 고생을 정말 많이 했다. 아무리 내 의지로 컨트롤하려고 노력해도 안 되고, 때론 길을 걷다 주저앉기도 하고 급기야 벤치에 드러눕기도 자주 했다. 심장부정맥 발생 이래 나의 장거리 여행, 운전은 사실상 불가능해졌다. 서울 병원을 가더라도 중간 어디선가 휴식을 취해야만 했다. 나는 가끔 산책하던 중 벤치에 앉아 스마트폰으로 생전에 찍어 저장해 놓은 어머님의 사진을 보았다. 어머님은 인자한 모습으로 "웬일이냐?"고 나에게 물으시는 것 같았다. 나는 무심코 "어머님, 제가 몸이 아픕니다."라는 말이 흘러나왔다. 위로를 받고 싶은데 나에겐 아내 외엔 특별히 아무도 없다는 생각이 들었다. 그러자 어머니에게 따뜻하게 위로받고 하소연도 하고 싶은 생각이 더욱 간절해졌다. 하지만 어머니가 계신, 아니 어머니의 흔적이 남아 있는 경기도 시흥 산소까지 갈 자신이 없다. 부정맥이 극성을 부려 중간에 누워서 쉬지 않으면 견디기 힘들기 때문이다. 어머니, 아버지는 언제든 불러보고 싶고 불러도 불러도 또다시 불러보고 싶은 이름이라는 것을 새삼 깨달았다.

한 소년이 이 세상에서 가장 위대한 사람을 찾기 위해 집을 나섰다. 하지만 여러 날을 헤매며 찾아다녀도 그런 사람을 만날 수가 없었다. 어느 날 소년은 산중을 헤매다가 지친 몸을 잠시 쉬려고 나무 그늘에 앉았다. 소년이 잠시 졸다가 눈을 떠보니 웬 노인이 소년 앞에 서 있었다. 소년은 노인이 자신이 찾던 사람이 아닐까 하는 생각이 들었다. 노인이 물었다. "왜 이런 산중에서 졸고 있느냐?", "예, 저는 세상에서 가장 위대한 분을 찾아다니고 있는 중입니다." 소년의 이야기를 들은 노인이 말했다. "지금까지 쓸데없는 고생을 했구나. 네가 찾고 있는 사람을 내가 가르쳐 주마. 지금 당장 네 집으로 돌아가라. 그러면 네가 찾고 있는 사람이 신발도 신지 않고 달려 나올 것이다." 그런 일이 있은 후 노인은 사라졌다. 소년은 집으로 돌아왔다. 그러자 누군가 맨발로 뛰어나와 소년을 반겨 맞았다. 그 사람은 바로 소년의 어머니였다. 그렇다. 어머니는 자식을 가장 사랑하는 가정에 있는, 가장 위대한 집안에 모신 참다운 부처님 같은 분이신 것이다.

춘추전국시대 '진'나라 '소양 왕'은 형제간 치열한 왕권싸움에서 승리한 후 천하통일의 초석을 놓았다. 그런데 모(母)인 '선' 태후가 죽기 전 '소양 왕'에게 "형제간 왕권 다툼을 회상하면서 다시 태어나도 왕이 되고 싶냐."고 묻는다. 그러자 왕은 "한 번이면 됩니다."고 대답한다. '선' 태후는 그 후 얼마 지나지 않아 곡기를 끊고 사망(75세)한다. 그러자 '소양 왕'은 어머니의 사랑, 자중자애하심에 감복하여 "다시 태어나도 나는 어머니의 아들로 태어나고 싶다."고 울부짖는다. 자식 된 사람은 누구나 소양 왕 같은 느낌으로 살 것이라고 생각한다. 어떤 자식이든 부모님에 대한 사랑, 자식에 대한 부모님의 사랑은 끝이 없을 것이다. 특히 부모님들이 보시기엔 나이가 60이든 70이든 모두 물가에 내어놓은 어린애 같은 존재일 뿐이다. 밥상머리에 앉아서 70이 된 자식이 식사하던 모습을 지켜보던 어머니가 아들 입술 주위에 밥풀이 묻어 있자 이를 떼어 내면서 "애비야, 체할라, 천천히 먹어라."고 걱정했다고 한다.

어머니는 모든 사랑의 시작이고 끝이다. 유대인 속담에 "신은 모든 곳에 있을 수 없기에 어머니를 만들었다(God could not be everywhere and therefore he made mothers)."라는 말이 있다고 한다. 세상의 모든 어머니는 자식 사랑으로 하루를 열고 자식 걱정으로 하루를 닫는다고 한다. 어머니는 세상이 아무리 험하고 아무리 무심해도 우리가 돌아가 기댈 수 있는 곳이고, 그 품에 안길 수 있는 곳이다. 어머님은 항상 우리 자식들에게 헌신적이다. 언제 어디서나 무슨 일이 있든 내가 의지하고 비벼댈 언덕이다. 나는 나이가 들어가면서, 몸이 여기저기 불편해지면서 마음도 여리어져 가고, 그전에는 잘 느끼지도, 보이지도 않았던 많은 것들이 보이기 시작했다. 부모님 특히 어머니에 대해서도 생각이 많이 달라졌다. 점점 더 한없이 기대고 싶어지고 또 자주자주 불러보고 싶어진다.

어머니가 평생 나를 생각하며 사신 것을 나는 어느 정도나 이해할 수 있을까? 나의 어머니는 생전에 자식들이 건강하고 출세하고 복되게 잘 살라고 기도할 때면 으레 부처님, 조상님 그리고 무슨 신 등 당신이 알고 있는 모든 신들을 불러내셨다. 지금도 경기도 산소(납골당)에서 자손들 건강하고 무탈하게 잘 살게 해달라고 빌고 계실지도 모른다. 어떤 모습을 하고 계실까? 다시 스마트폰을 꺼내 어머니 사진을 본다. 그리고 말했다. "어머니, 어머니 계신 산소에 자주 찾아뵙지 못해 죄송합니다. 그리고 잘 계십시오. 가까운 시일 내 인사드리러 가겠습니다. 저는 이제 잘 지내고 있습니다." 어머니의 얼굴이 한없이 다정다감해 보인다. 다시 보고 싶은 어머니, 불러보고 싶은 어머니, 이제 어디에서 다시 불러볼 수 있을까?

가을꽃
구경

어느 날 베란다를 손질하던 아내가 제라늄이 때도 아닌데 이 가을에 꽃망울을 맺었다면서 기뻐했다. 제라늄은 거름이 부족한 것인지, 아니면 그동안 천대를 받아서 그런지 볼품이 조금 없어 보였다. 그동안 제라늄에게 관심도, 눈길도 주지 않은 것 같아 왠지 미안한 느낌이 들었다. 제라늄 꽃을 요리조리 자세히 살펴보니, 보면 볼수록 예쁘고 아름답게 보였다. 나는 잠시 창밖을 바라보다 '그래 이번에 아내와 함께 가을꽃 구경을 한번 해보아야겠다.' 하고 생각했다. 추석 장기 연휴가 끝날 즈음 우리 가족은 가을 분위기를 맛볼 겸 고창 지역으로 여행을 떠났다. 고창에서는 선운사에 들러 상사화를 보고 부근에서 핑크뮬리를 구경, 그리고 내장산 CC에서 가족 골프를 하는 일정으로 했다.

나는 금년 5월 나뭇잎들이 연두색에서 녹색으로 옷을 갈아입기 시작할 때 파크골프 동호회 회원들과 함께 선운사를 찾았었다. 일주문에서 선운사 사찰로 이어지는 길을 천천히 산책했는데 너무도 인상이 좋았다. 그래서 가을이 되면 다시 와서 단풍을 봐야겠다고 생각했었다. 그런 일이 있어서 그런지 선운사는 어쩐지 친근한 느낌이 들었다. 이번에도 선운사 사찰이 있는 곳까지는 천천히 걸어봐야겠다고 생각했다. 선운사 주차장에 주차한 후 상사화를 찾아 걸었다. 상사화는 어떤 모습을 하고 있을까? 오랜만에 꽃구경할 생각을 하니 왠지 마음이 급해지고 발걸음도 빨라졌다. 입구부터 이곳저곳을 둘러보며 걸었지만, 꽃들이 잘 보이지 않았다. 한참 후 시들어 버린 꽃들을 발견했다. 9월 중하순이 개화 절정기로 이미 시간이 지나가 버린 것이다. 여기저기 군데군데 아직 시들지 않은 꽃들이 있었으나 큰 의미는 없었다. 한참 후, 우리 가족은 일주문 입구 쪽에서 아직 시들지 않은 군락지를 발견하고 한동안 꽃들을 감상하면서 사진을 찍고 즐겼다. 꽃잎들이 정말 붉고 아름답게 보였다. 정말 인간이 만들어 낼 수 없는 선홍색이다. 잎사귀는 한 장도 없이 껑충 자란 줄기 끝에 왕관처럼 얹혀 있는 화려한 모습인데 꽃술들이 희한하게도 어디선가 많이 본 듯한 형상을 하고 있다. 여자들이 화장할 때 마스카라를 사용해 속 눈썹을 크게 잘 치켜올린 듯하다. 그런데 나중에 이동하는 차 속에서 우리가 본 꽃은 상사화가 아니고 꽃무릇인 것을 알았다.

선운사에는 꽃무릇과 관련한 전설이 전해온다고 한다. 선운사 스님을 짝사랑했던 여인이 상사병에 걸려 죽은 후 무덤에서 피어났다는 이야기도 있고, 절을 찾은 예쁜 처녀에게 반했던 젊은 스님이 상사병으로 피를 토하고 죽은 무덤에서 피어난 꽃이라는 등 여러 전설이 전해온다고 한다. 둘째 딸과 아내는 상사화와 꽃무릇을 착각했던 것 같다. 하긴 꽃무릇을 붉은 상사화라고 부르기도 한다고 하니 아내와 딸의 전적인 잘못은 아닌 듯도 하다. 꽃무릇은 꽃이 다 떨어진 후 잎이 돋아나고, 상사화는 잎이 지고 난 다음 꽃이 핀다고 한다. 꽃무릇과 상사화는 정반대로 행동한다. 꽃무릇은 9월 중순 개화하고 상사화는 7월 말경 개화한다. 그런데 상사화는 꽃 색깔이 연분홍 누런색이다. 꽃무릇이나 상사화나 잎과 꽃이 동시에 존재하지는 않는다. 꽃과 꽃잎이 서로 만날 수 없는 기구한 운명이다. 둘의 관계는 이룰 수 없는 사랑이고 인연이다. 어쨌든 선운사에서의 꽃 구경은 큰 감응을 얻지 못한 채 아쉬움만 남기고 끝났다. 선운사 경내를 걸어서 산책하는 것은 다음 핑크뮬리 구경 일정을 고려해서 취소했다.

　핑크뮬리(일명 분홍갈대)는 절정기라서 그런지 이미 사람들로 인산인해였다. 꽤 큰 면적에 핑크뮬리가 조성되어 있어 제법 장관을 이루고 있었다. 바람결에 흔들거리는 핑크뮬리를 쓰다듬다가 무심코 한 움큼 움켜쥐었다. 촉감이 그만이다. 물억새처럼 부드러운 듯하면서도 다소 까칠한 것 같기도 하다. 꽃도 아닌 것이 꽃처럼 예쁘고 제법 감동적인 모양을 하고 있었다. 하느님의 창조 능력은 어디까지일까? 정말 감동이다. 가느다란 식물에 어떻게 이런 색깔로 예쁘게 옷을 입혀놓았단 말인가? 장소가 협소하지 않은데도 입장객이 너무 많아서 그런지 제대로 쉴 공간도 없었다. 포토존에서 사진 촬영하는 사람도 많아 순번을 기다릴 정도였다. 고창 지역에 누가 이렇게 큰 핑크뮬리 단지를 조성하려고 했을까? 관광상품으로 참으로 좋은 아이디어라는 생각이 들었다. 우리 가족들은 선운사에서 느끼지 못했던 아쉬움을 핑크뮬리를 통해 마음껏 발산했다.

고창 여행을 끝마치고 세종시에 돌아왔지만 뭔지 모르지만 좀 부족하단 느낌이 많이 들었다. 그러던 차에 날씨도 좋고 바람도 좋아 아내와 함께 공주 쪽으로 드라이브를 나갔다. 한참을 달리다 예전에 한번 가보고 싶었던 금강 변 커피숍에 갔다. 커피숍 2층에서 금강을 바라보다 둔치에 사람들이 많이 몰려 있는 것이 보였다. 그리고 물억새, 갈대와 함께 코스모스꽃들이 눈에 들어왔다. 나와 아내는 커피를 서둘러 마신 후 금강 둔치로 향했다. 둔치 입구에 물억새가 우리를 맞이했다. 하얀 은백색을 반짝이며 불어오는 바람을 견디지 못하고 한 방향으로 머리를 향하고 있다. 물억새는 태양 빛을 받아 더욱 은백색으로 물들며 빛나고 있다. 금방이라도 억새의 하얀 꽃이 바람을 타고 하늘로 날아 올라갈 듯이 보였다. 억새꽃은 왜 이렇게 가볍고 순백처럼 하얗게 피는 것일까? 입구에서 조금 안쪽으로 걸어 들어가자 일순 앞이 환해졌다. 코스모스꽃들로 가득한 것을 보고 깜짝 놀랐다. 코스모스꽃과 구절초 등 가을꽃들로 바다를 이루고 있었다. 온 천지가 화사하고 환하다. 사람들이 기념사진을 촬영하느라 정신이 없었다. 드디어 아내와 나는 전혀 예상치 못한 꽃구경을 실컷 하게 되었다. 아니! 여기에 이런 꽃들의 천국이 있다니 대박이다! 대박! 무언가 크게 횡재한 기분이 들었다. 코스모스와 구절초 등은 공주시에서 석장리 고분군과 함께 계절별로 별도 관리하는 곳으로, 1만 평이 넘었으며 별도로 산책길이 조성되어 있었다. 주변에는 자연 그대로 물억새와 갈대, 각종 가을꽃이 어우러져 있었다.

 화장품을 코스메틱이라고 하는데, 코스모스에서 유래한 말이다. 우리는 일상에서 코스모스의 아름다움에 대해 깊게 생각하지 않고 생활하고 있지만, 화장품의 유래를 보면 얼마나 아름다운 꽃인지를 알 수 있다. 가을이 되면 코스모스는 집안 모퉁이에서부터 산사는 물론 전국 산책길과 둘레길, 하이킹 코스 등 어딜 가나 존재하며 우리들의 삭막한 감정을 어루만져 주고 기쁘게 해 준다. 만약 코스모스가 우리나라에 들어오지 않았다면 이 가을은 너무도 쓸쓸했을는지 모른다. 코스모스는 약한 바람 앞에 하늘하늘, 흔들흔들 가여운 여인처럼 연약하게 보이지만 태풍 앞에 쓰러져도 다시 일어나 꽃을 피우고 씨앗을 퍼트린다. 아주 메마르고 척박한 땅이나 황무지여도, 심지어 한 뼘의 땅만 있으면 어디에서든 꽃을 피우는 강인함이 있다.

 눈앞에 한 바닥 가득한 코스모스를 보자마자 다소 우울했던 마음도 어느 사이에 사라졌다. 장관이다! 조금은 흥분되고 기쁨이 솟아났다. 꽃이란 참으로 묘하다. 인간의 마음을 이렇게도 흔들

수 있단 말인가? 애써 따로 포토존을 찾을 필요도 없다. 사람들이 이미 포토존을 충분히 만들어 놓았지만, 거기에 얽매일 필요가 없다. 어디서 어떻게 카메라를 들이대도 배경도 사진도 멋지다. 그중에도 갓 피어난 정말 해맑은 꽃들이 있었다. 자세히 보니 볼수록 깔끔하다. 오늘 아침에 만개한 것일까? 생선도 갓 잡아 올린 생선은 팔딱팔딱 정말 살아 있음을 느낄 수 있다. 코스모스꽃도 너무너무 싱싱하다. 팔딱팔딱 살아 있다. 코스모스 바다 안으로 더욱 깊은 곳으로 발을 들여놓았다. 꽃들이 모두 다 대환영하듯 바람에 흔들흔들 춤을 춘다. 좌우로 앞뒤로 코스모스에게 정중하게 인사를 했다. 반갑다! 금년 가을꽃 구경은 이것으로 대만족! 갑자기 어릴 적 집 앞에 있던 코스모스꽃을 꺾어 여러 가지 놀이를 하던 생각이 떠올랐다. 그리고 집 앞 잔디 동산에서 뒹굴고 놀던 시절이 생각났다.

코스모스

임용재

코스모스가 환하게 웃으며 반갑다고 손짓한다
붉은색, 하얀색, 핑크 그리고 노랑, 형형색색 색동 옷을 차려입었다
바람 따라 흔들흔들 한들한들 온몸을 흔들어 대며 애교를 부린다
사랑하는 애인을 본 것일까 헤어졌던 임이 돌아온 것일까
얼굴 가득 환한 미소로 두 손 높이 들고 인사를 한다

공중에 날린 코스모스꽃이 바람결에 춤추며 날아간다
아름다운 자태를 뽐내며 떠간다, 내 마음도 꽃을 따라 떠간다
물 위에 코스모스꽃이 다소곳이 자리를 잡고 떠 있다
불어오는 바람결에 빙그르 빙그르 천천히 움직이기 시작한다
인생이 세월을 이겨내지 못하듯 바람에 하염없이 떠내려 간다

아내와 나는 코스모스 바닷속에서 실컷 가을꽃 구경을 했다. 아내는 "이걸로 가을 꽃구경은 끝났다! 만족이야! 만족!"하고 말했다. 아내와 나는 정말 뜻하지 않게 가을꽃 구경을 마음껏 한 셈이다. 며칠 후 아내와 나는 부강면 파크골프장에서 파크골프를 하고 돌아가는 길에 야생 코스모스 군락지를 발견했다. 아내와 나는 1km 정도가 넘는 군락지에 정말 코스모스밭이 넓게 분포해 있는 것을 보고, 다시 한번 놀랐다. 물억새와 갈대도 나름 장관을 이루고 있었다. 석장리 코스모스꽃 단지는 인공적인 냄새가 많이 나지만 부강면 코스모스는 그야말로 야생이다. 크고, 작고, 넘어지고, 깔려 있고, 뒤섞여서 엉망인 것처럼 보이지만 그런 가운데 아름답게 조화를 이루며 꽃 피우고 자태를 뽐내고 있었다. 사람이 관리하고 가꾼 석장리 코스모스는 보기에는 좋으나, 지루하다. 그러나 야생은 자연미가 가득해서 살아 있음을 느낄 수 있어 더 좋았다. 집에 돌아오는 길가의 은행나무가 노란색으로 변하고 먼 산의 정상부에 있는 수목들이 제법 단풍 모습으로 옷을 갈아

입고 있었다. 금년 가을 단풍은 얼마나 아름답고 화려할 것인가? 작년에는 내장산 가을 단풍 구경을 실컷 했는데 올해는 어떻게 해야 할지…

눈을 크게 뜨고
멀리 보자

　나는 젊은 시절 한때 청춘을 불살랐던 동경 지역이 어떻게 변했는지, 일본의 지향점이 무엇인지, 그리고 과거 어렵고 힘들었던 시절을 회상해 보고 싶어 추억 여행을 떠났다. 추억 여행인 만큼 '슬로우 슬로우, 그리고 가볍게'가 이번 여행의 대원칙이다. 천천히 이곳저곳 걷기도 하고, 지하철도 타고 돌아보며 세월의 변화를 느껴보는 것이다. 특히 나의 체력적 한계도 고려하여 여행 일정도 1주일로 충분히 잡았다. 16년 만의 동경 지역 여행이고, 나의 유학 시절을 고려하면 거의 40여 년이다. 16년 만이라서 그런지 거리가 다소 낯선 듯 낯설지 않은 듯 미묘했다. 예전에 살던 아파트, 긴자와 신주쿠, 시부야 거리 등을 열심히 돌아봤다. 신주쿠의 '교엔'이라는 공원은 외국인과 일본인이 뒤엉켜 발 디딜 틈도 없었다. 어딜 가나 사람의 물결로 가득했고, 활기가 넘쳐났다. 음식점도 사람들로 붐벼서 예약은 필수였다.

사람들은 일본이 경기침체가 장기간 지속되어 활기를 잃었으며 미래가 불투명하다고 혹평한다. 또 고령화가 급속하게 진행돼 나라 전체가 어려움을 겪고 있다고 한다. 심지어 일부 우리나라 사람들은 더 이상 배우거나 얻을 것도 별로 없다고까지 말한다. 분명 과거엔 우리나라가 일본을 어떻게 하든 따라잡을 것인가 하면서 일본 것을 모방하고 부러워했다. 그리고 이제 어느 정도 우리 나름의 목표를 달성하고 경제적으로도 선진국 대열에 올라섰다. 그러나 과연 일본은 현재 침체의 늪에서 벗어나지 못하고 침몰하고 있는 것일까? 그러나 내가 돌아본 일본은 우리나라 사람들이 생각하는 것과는 너무도 많이 달랐다. 세계 경제가 어렵고 국내 상황도 좋지 않지만, 일본은 아직도 여전히 살아 움직이고 있었다. 무슨 근거로 일본을 혹평하고, 우리가 일본보다 앞서거나 경제력이 좋은 것처럼 말하는지 이해할 수 없다.

일본은 국제적으로 인정받는 세계 경제 대국이다. 일본의 소부장(소재, 부품, 장비) 산업은 막강하다. 세계시장에서 점유율 1위를 자랑하는 기업이 수없이 많다. 우리나라가 반도체를 비롯해 일부 제품에서 일본을 앞지르고 있으나 그것도 속을 깊숙이 들여다보면 소재, 부품, 장비의 대부분은 역시 일본제품에 의존하는 경우가 많다. 일본의 토요타 자동차는 여전히 세계 자동차 업계 1위다. 한

때 고전했던 전자 기업 소니도, 한국이 우위를 차지하고 있는 반도체 분야에서 파운드리 절대적인 세계 최강자 대만 TSMC와 손잡고 일본 정부의 전폭적인 지원을 받으며 부활을 예고하고 있다. 또한 일본은 어느 정도 자급자족이 가능할 정도의 국내 소비 시장과 자원을 가지고 있다. 결코 만만하게 볼 나라가 아니다. 우리나라는 아직도 세계 10위권을 못 벗어나고 있으며, 국제적인 환경이나 국내적으로 일본보다 훨씬 더 많은 위험 요소에 노출되어 있다. 우리나라의 경제적, 국제외교, 안보 환경은 너무도 취약하다.

　나는 은퇴한 후 십수 년간 일본에 대해 별로 관심을 갖지 않고 살아왔다. 그래서 일본의 정확한 실상은 잘 알지 못한다. 다만 내가 1주일 동안 체류하면서 돌아본 느낌은 '아직도 일본은 살아 있다, 우리가 결코 무시할 상대가 아니다.'라는 사실이다. 나는 동경에서도 꽤 유명한 호텔에 투숙했다. 투숙한 사람 중에는 한국인도 많이 눈에 띄었으나, 외국인들이 훨씬 많았다. 왜 미국과 유럽 관광객들은 이렇게 일본을 많이 찾아오는 것일까? TV에서는 벚꽃 시즌이 되면 동경 시내가 관광객들로 넘쳐날 것이라고 기대감을 나타냈다. 물론 지금도 한국을 방문하는 일본인보다 일본을 방문하는 한국인들이 세 배는 더 많다. 심지어 일부 대도시는 물론 중소도시에도 한국 관광객들이 발에 밟힐 정도로 많다고 한다. 왜 일본에는 한국은 물론 다른 나라 관광객들이 몰려오는 것일까? 그 이유는 간단하다. 먹거리, 볼거리, 놀거리, 숙박시설 그리고 친절, 안전, 청결 등등 모두가 관광객을 흡족하게 하고 마음을 사로잡기 때문이다. 관광산업 한 가지만 보아도 우리는 일본에 많이 뒤떨어져 있다. 일본에 오는 관광객을 반드시 한국으로 오도록 하는 방법, 아니 한국을 먼저 방문한 후 일본을 가도록 연구하고 노력해야 한다.

일본은 세계 2차대전을 일으킨 주축 국이고, 미국과 전쟁을 벌인 국가다. 세계 최초로 미국을 침략한 나라이다. 우리나라와 중국, 그리고 아시아를 넘어 인도 동부까지 식민지로 지배한 나라다. 일본 본토가 침략받은 것은 2차대전 시 미국으로부터가 유일하다. 그런데 일본은 역사적으로 중국과 우리나라를 끊임없이 침략하고 약탈하며 괴롭혔다. 일본의 저력을 무시하면 절대 안 된다. 일본은 우리가 항상 경계하고 주시해야 할, 그것도 한시라도 허점을 보여서는 안 될 나라이다. 우리나라는 언젠가부터 일본 문제, 특히 한일관계와 관련한 이야기가 나오면 과거사 문제와 얽히면서 친일, 반일로 나뉘어 격렬하게 대립한다. 한마디로 나라 전체가 시끄럽고 요란해진다.

나는 한일관계에 있어 과거 역사 문제는 양국 어느 쪽도 절대 풀 수 없는 문제라고 생각한다. 어느 한쪽이 고개를 숙이는 순간 그 지도자는 자국민들로부터 역적으로 매도될 것이기 때문이다. 과연 어느 정치인이 자국민으로부터 매도당하면서까지 모험을 하겠는가? 해결책 없는 한일 과거사 문제를 양국 정치권이 너무 정치적으로 이용하지 말았으면 좋겠다. 그렇게 하면 자연히 잊혀

가면서 적대 감정도 사그라질 것이다. 문재인 대통령 때 한일관계는 회복 불능상태로 한층 악화되었다. 일본상품 불매운동, 일본방문 자제 등 NO JAPAN, 반일 운동이 다양하게 일어나고 다시는 일본을 상대하지 않을 것처럼 보였다. 그런데 임기 말이 되자 문재인 대통령은 한마디로 대일관계 개선을 위해 무던히도 애썼다.

요즈음, 경주에서는 일본식당 등이 번창하고 있으며, 주요 도시에 일본식당이 속속 들어서고 있다. 또 일본방문 관광객의 3분의 2는 한국인이다. 일본의 만화영화가 우리나라 극장가 개봉관에서 인기를 얻고 있으며 심지어 초등학생조차 일본 만화영화에 빠져 있다. 편의점이나 마트 등에서는 일본 맥주 등 일본상품이 불티나게 팔리고, 유니클로는 2022년도 동종업계 매출 1위 기업이 되었다고 한다. 언론에서는 그동안 수없이 많이 보도했었던 NO JAPAN 움직임은 완전히 사라졌다고 하면서, 이제는 우리 국민들이 정치와 경제, 문화, 관광을 완전히 분리해서 인식하기 시작했다고 평가한다. 나는 이런 흐름에 대해 언론의 평가와는 다르게 생각한다. 어떤 정치적 구호나 선전, 분위기로 일시적으로 어떤 현상을 막을 수는 있을지 모르나, 그것이 결코 오랫동안 지속되지 않는다는 것이다. 결국 사람들은 좋으면 좋은 방향으로, 편리하면 편리한 방향으로 다시 방향을 수정하여 따라가게 되어 있다는 것이다. 중국과 일본이 영토(센카쿠 열도) 문제로 첨예하게 대립하던 시절 중국인들은 일본의 자동차를 불사르고 중국 내 일본 상점을 방화하는 등 격렬한 반일 시위를 했다. 그런데 수년이 흐르자 중국인들은 언제 그런 일이 있었느냐는 듯 일본상품을 구매하고, 일본기업은 중국에서 별일 없이 잘 지내고 있다. 왜냐하면 중국인들이 보아도 일본상품이 자신들의 물건보다 질이 좋고 생활에 편리하기 때문이다. 한마디로 일본인들이 중국에서 좋은 상품, 좋은 서비스 등 실력으로 중국에서 경쟁하자 중국인들도 별 수가 없는 것이다.

조선시대 세조를 옹립하는 데 앞장섰던 신숙주가 죽게 되었다. 성종은 승지를 신숙주 집에 보내 "경이 나에게 마지막으로 남길 말이 무엇이오."라고 물었다고 한다. 그랬더니 신숙주는 "바라건대 조선은 일본과 등지고 살아서는 안 됩니다(願國家無與日本失和)."라는 말을 남기고 숨을 거두었다고 한다. 연려실기술 선조조 고사본말에 나온 말인데, 한일관계를 어떻게 해야 할 것인지 잘 알려주는 말이기도 하다. 물론 과거사와 관련하여 일본으로부터 사과를 받아야 하는 것은 당연하다. 그러나 상대가 사과할 생각이 많지 않다면 어떻게 해야 할 것인지? 우회 공격 방법 등 여러 가지 전략을 진지하게 생각해 보아야 하지 않을까? 특히 세계질서가 경제와 안보가 일치되는 새로운 냉전 구조로 재편되는 상황이라면 더더욱 그렇지 않을까?

조계종 종정인 통도사 '성파' 스님은 2023년 5월, 부처님 오신 날을 앞두고 한 언론과의 인터뷰에서 "정치권과 국민이 한 치의 양보도 없이 자기만 옳다고 우기며 싸우고 있다. 맹수들이 사방에서 노리는 지금 정신을 바짝 차려도 모자라는데 갈수록 분열만 깊어져 걱정이다. 한일관계에 대해서도 언제까지 과거에 매달려 친일, 친일만 말할 것인가? 그때 왜 우리는 나라를 빼앗겼는지 처절하게 돌아보고 이를 거울삼아 힘을 키워나가야 한다."고 말했다. '성파' 스님은 지금까지 자신은 국내 정치나 시국에 관해선 아는 것이 없다며 말을 삼가오신 대표적 선승(禪僧)이기도 하다. 그런 분이 얼마나 답답하고 걱정이 되면 이렇게 말했을까?

우리나라 야구선수로 일본 프로야구계에서 전무후무한 실력으로 전설로 남아 있는 사람이 있다. 장훈(1940년생) 선수다. 그는 7회 일본 프로야구 수위타자였으며 통산 안타 3,087개를 기록했다. 장훈이 활동했던 시절은 지금보다 프로야구게임 수가 훨씬 적었다. 그는 한국인으로 당당히 일본 프로야구 명예의 전당에 헌액된 인물이다. 그런 장훈 선수가 2023년 5월 12일 《조선일보》와의 인터뷰에서 말했다. "나는 내 조국이니까 말할 수 있다. 일본에 사과하라, 돈 내라, 언제까지 할 것인가? 재일한국인들은 얼마나 더 피눈물을 흘려야 한단 말인가?" 이제는 반일 선동 그만 우려먹으라는 것이다. 장훈은 우리나라에서도 유명하지만, 재일교포 사회에서는 더더욱 유명하고 지도자급 인물이다. 그는 내가 아는 한 진정한 한국인이고 애국자이며 민족주의자이다. 나는 현직에 있을 때 우연히 장훈(당시는 일본야구 해설자로 활동)을 만나 술잔을 함께 기울인 적이 있다. 그는 그릇이 큰 인물이었고 너무도 소탈한 성격이었다.

장훈은 일본인들의 수많은 일본귀화 유혹을 물리치고 끝까지 한국인으로서 당당하게 살고 있다. 그는 "국적은 종이 한 장으로 바꿀 수 있어도 민족의 피는 바꿀 수 없다."고 했다. 장훈이 재일 교포 전체를 대변하는 사람은 아니지만, 그래도 지금까지 우리나라를 끔찍하게 생각하는 해외 유력지도자급의 발언인 만큼, 반일을 소리 높여 외쳐온 사람, 특히 정치인들은 앞으로 장훈의 말을 한 번쯤은 생각해 보면 어떨까? 그들이 던지는 작은 돌멩이 하나하나가 한일관계 특히 일본인 사회에서 살아가는 재일교포들에게 어떤 영향으로 돌아가는지를… 한때 우리나라 야구는 2008년 북경 하계올림픽과 WBC 세계야구대회 등에서 일본에 승리했다. 그러자 국내 일부 언론과 야구인들은 "한국이 일본야구를 눌렀다. 일본은 당분간 한국팀에 이길 수 없다."고 호언했다. 한국 국가대표는 분명 일본 국가대표를 이겼다. 그러나 절대 호언장담할 상태는 아니었다. 일본에는 우리 국가대표팀과 유사한 실력을 갖춘 팀이 12개(일본프로야구팀)나 있다는 것이다. 우리나라 국가대표팀이 12개나 있는 셈이다. 그런데 우리나라에는 국가대표팀이 한 팀밖에 없다. 2023 WBC 세계대회에서 일본은 미국 프로야구 대표팀을 누르고 우승했다. 한국팀은 연패를 거듭하다 예선에서 탈락했다. 일본프로야구팀에 선수를 공급하는 고교야구팀은 4,000여 개가 넘는다. 한국의 고교야구팀은 전부 80여 개다.

사람들은 대체로 자기가 보고 싶은 대로만 보려고 하고, 그것으로 전체를 판단하려고 한다. 우리나라 사람들은 대체로 일본을 싫어하고 무조건 일본을 이겨야겠다는 심리가 너무 강하다. 어떤 일을 하든 과유불급이고 더욱이 무조건적이면 안 된다. 조선 시대에는 일본인을 '왜인', '왜놈'하면서 경멸하고 무시하고 과소평가했다. 그러다 결국 임진왜란 정유재란으로 7년 전쟁에 국토가 유린당했고, 조선말에는 결국 나라를 통째로 내주고 말았다. 우리가 강해지고 잘살면, 일본보다 강한 힘을 가지면 일본이 아무리 과거 역사를 부인하고 싶어도, 독도를 자기들의 영토라고 우겨도 국제사회에서 통용되지 않는다. 국력과 국제적 우위를 확보할 때까지 우리에게는 단결과 인내가 필요하다. 사람이나 국가나, 과거에 너무 얽매이면 앞으로 나아갈 수가 없다. 일부 정치인들의 '반일 몰이'에 대해서도 이제는 냉정하고 진지하게 생각해서, 우리가 더 잘살아갈 길을 찾아야 하지 않을까?

일본의 눈, 관심은 세계로 향하고 있다. 과거 2차대전 추축국으로서의 향수를 버리지 못하고 있다. 언제나 미국, 중국, 러시아 및 유럽과의 관계, 아시아에서의 패권 회복 등 우리나라와는 시각과 관심 측면에서 차원이 다소 다르다. 영어속담에 "지혜로운 사람은 누구에게서나 배운다(A wise man learns from everyman)."고 했다. 일본이 과거사를 반성하지 않고 사과하지 않는다고 해서 무조건 NO JAPAN, 반일 프레임을 씌워 적대시하려고만 할 필요는 없다. 마음의 문을 크게 열고 좋은 점은 일본 것이라도 과감하게 인정하고 받아들여 우리 것으로 화하면 된다. 눈을 둥그렇게 크게 뜨고 멀리 길게 보면 어떨까? 중국의 등소평이 주장한 도광양회(韜光養晦, 드러내지 않고 때를 기다리며 실력을 기른다) 정신을 가지고 일본이라는 나라에 대해서 긴장감을 가지고 정확하게 보려고 노력해 보자.

　동서고금 역사는 항상 승리하는 자 편에서 승리자 위주로 기술되며, 공정과 정의도 언제나 힘 있는 자 중심이다. 특히 국제무대에 있어서는 더욱이 그렇다. 반일, 반일하고 말만을 앞세웠던 주장은 임진왜란 때나 조선 말에도 많았다. 그러나 우리는 말만 하다가 모두 실패했다. 우리가 진정으로 일본을 이기는 극일(克日), 승일(勝日) 하는 방법, 일본보다 강한 나라가 될 수 있는 방법을 진지하게 생각해 볼 때이다.

품격 있는 승부,
WBC 야구 한일전

동경 추억 여행 숙소는 ○○○○호텔이다. 우리가 있을 때 WBC 세계야구 선수권 대회 참가국 선수단도 투숙했다. 내가 체크인한 후 호텔 내부를 잠시 돌아보고 있는데 어떤 일본인 노신사 한 분이 WBC 일본 대표팀 주장 오타니 선수도 여기에 묵고 있다고 하는데 아느냐고 물었다. 내가 동경에 체류하고 있는 동안 일본 매스컴은 연일 일본 대표팀 활동 내용, 특히 오타니 선수의 일거수일투족을 빠짐없이 보도했다. 오타니 선수는 훤칠한 키에 미남형 타입으로 매너도 좋다. 예전 메이저리그에서 활약했던 타격왕 이치로와는 격이 다른 매너와 피지컬을 갖추고 있다. 무엇보다도 미국 메이저리그 성적이 대단하다. 투수(10승 이상) 겸 타자(홈런왕 경쟁)로 손색없는 활동을 했으며 2022년 MVP다.

체류 2일째 아침 식사를 마친 후 호텔 정원을 산책하는데 인공폭포 옆에 조생종 벚꽃이 피어 있었다. 경치가 너무 좋아 사진을 찍으려 하고 있는데 60대 남자 3명이 우리에게 다가와 "같은 한국 사람인 것 같은데 우리가 찍어주겠다."고 했다. 그리고 자신들은 ○○○ 감독과 함께 WBC 경기를 참관하러 왔으며, 어제 캐나다에 아깝게 패해 술만 마셨다면서 술기운을 없애기 위해 지금 산책 중이라고 했다. 그리고 우리에게 한일전 한국팀 응원을 부탁한다면서 파이팅을 외쳤다. 나는 동경 체류 중 교통수단이 여의치 않고 체력을 아끼기 위해 가능한 짧은 거리는 택시, 좀 거리가 있으면 지하철을 이용했다. 그런데 택시를 타면 내가 한국인인 것을 알아보고 운전기사가 야구 한일전 이야기를 많이 꺼냈다. 특히 한일전은 일본 총리가 시구하게 되어 있고, 한일 양국 간 경쟁의식 등으로 예선전 최고 빅카드였다.

야구 한일전 관련 언론에서는 매시간 분위기를 띄웠다. WBC 주관방송은 한일전 순간 시청률이 40~50%에 달할 것이라고 예측하면서, 다른 방송에 대해 미안한 일이 될 것이라고 허풍을 떨었다. 나와 아내, 그리고 나중에 합류한 큰딸 등 3명은 저녁 식사를 일찍 마친 후 맥주와 간단한 안주를 준비해서 호텔로 일찍 돌아와 응원 준비를 했다. 아침에 만난 야구관계자를 의식하면서 열심히 응원했다. 일본 방송은 중계 중간중간에 한국에서 한국 팬들의 응원 장면, 환호와 아쉬워하는 표정 등을 계속 실시간으로 전했다. 한국팀은 야구 점수라고 생각하기 어려운 4:13, 너무도 무기력하게 대패하고 말았다. 이번 게임은 국내 야구팀 간의 대결이 아니라, 국가대표팀 간, 그것도 한일 양국 국민의 관심이 매우 고조된 시합이다. 그런데 결과는 아마추어와 프로팀 같은 실력 차이를 보였다. 게임에서 이기고 지는 것은 언제든지 있을 수 있다. 그러나 패해도 이렇게 힘없이 대패할 수는 없다. 객관적으로 납득할 수 있어야 하는데 우리 선수들의 태도는 그렇지 못했다. 우리나라 대표팀의 게임운영과 스코어는 어떻게 해도 설명할 수가 없었다.

 사람은 무슨 일을 하든 그에 맞는 명예와 품격을 유지해야 한다. 누군가는 "게임에 패해도 원칙이 있어야 하고, 이겨도 원칙이 있어야 한다."고 말했다. 원칙, 즉 품격과 명예를 잃지 않는 승부를 해야 한다. 하물며 국가를 대표하는 사람은 더더욱 말할 필요도 없다. 국민과 사회에 미치는 영향이 너무도 크기 때문이다. 국가대표팀 선수 중 이번에 최초로 선발된 선수나 여타 젊은 선수들이 입은 마음의 상처, 패배감은 어떻게 치유할 것인가? 또한 윤석열 대통령은 앞으로 1주일이면 일본을 방문한다. 일본방문을 계기로 일본인들에게 한국에 대한 이미지를 조금이라도 좋게 하려고 했는데 여기에도 찬물을 끼얹은 셈이 되었다. 도대체 우리 국가대표팀 감독 등 지도자들과 선수들은 자신들이 지금 무슨 일을 했는지 알기나 하는 것일까? 허무하면서도 화가 나면서 비참한 생각까지 들었다. 그런데 나처럼 일시적으로 일본에 온 사람은 귀국하면 그만이지만 일본에 거주하는 재일교포나 교민들의 마음은 어쩌나 하는 생각이 들었다. 일본에 거주하는 우리나라 사람들은 당장 내일 날이 밝으면 어디에선가 일본인들과 부딪히게 되어 있다. 이때 한일전 야구 이야기는 필연적으로 거론될 것이다. 마음이 아팠다. 나 자신부터 내일 아침 식사하러 갔을 때 일본인들의 시선과 표정이 두려워졌다.

다음 날 아침 조식을 먹기 위해 호텔 라운지에 있는 식당에 갔다. 식당엔 WBC 선수단 등으로 거의 만석이었다. 직원의 안내를 받아 자리를 잡았는데, 하필이면 어제 아침 만났던 야구관계자들과 가까운 자리였다. 가만히 이야기를 들어보니 역시 야구 이야기였다. 나는 그 사람들에게 "밤새 열심히 응원했는데 지고 말았네요."하고 말을 건넸다. 그러자 그중 한 사람이 "우리는 이번 야구팀과 관계가 없어요.", 또 한 사람은 "야구와 관계없어요."하고 말했다. 옆에는 유명한 ○○○ 감독도 앉아 있었다. 그러나 너무 침통했는지 별다른 말은 없었다. 조금 지나서 그들은 식사를 마치고 나갔다. 그래서 나는 ○○○ 감독에게 "힘내세요."하고 말했다. 그러자 "감사합니다."하고 나갔다. 나가는 감독의 뒷모습이 어쩐지 서글프게 느껴졌다. 야구관계자의 모습이 시야에서 사라지자 갑자기 성경에 나오는 예수님의 수제자인 베드로가 예수님을 "모른다."고 부인하는 장면이 떠올랐다. 베드로는 예수님이 잡혀 가 죽임을 당하기 전 관계자들이 "예수님을 알지 않느냐."고 세 번 물었는데, 세 번 모두 "모르는 사람이다."라고 부인했다. 일찍이 예수님은 베드로가 목숨을 걸고 예수님을 따르겠다고 말하자 "너는 새벽닭이 울기 전 나를 모른다고 세 번 부인할 것이다."라고 말했었다. 베드로는 예수님께 절대 그런 일이 없을 것이라고 했지만 결국 부인하고 말았다. 어제 아침 산책하면서 "자신들은 야구 때문에 왔으며, ○○○ 감독도 같이 왔다."고 자랑했다. 그리고 우리에게 "열심히 응원하라."고 요청해 놓고, 이제는 "우리는 이번 야구와 관계가 없다."고 부인하다니 조금은 어이가 없었다.

  일본팀에 패해도 애석하게 패했거나, 한국팀이 승리했다면 그들은 오늘 아침 우리에게 무어라고 이야기했을까? 2021년 동경에서 개최된 하계올림픽에서 우리나라 여자 배구팀은 한일전을 열심히 뛰었으나 패했다. 국민 모두는 우리 여자배구팀에게 큰 박수를 보내고 열렬히 환영했다. 한마디로 열심히 최선을 다했다고 평가한 것이다. 우리나라 축구대표팀은 카타르 도하에서 개최된 16강전에서 최선을 다했다. 역시 국민은 일제히 축구대표팀을 열렬히 응원했다. 국민은 축구대표팀의 꺾이지 않는 불굴의 투지를 높게 평가했다. 여자 배구대표팀도 축구대표팀도 모두 최선을 다하고 국민이 받아들일 만한 패배를 당한 것이다. 한마디로 국가대표팀으로서의 품격을 유지한 것이다. 한국 야구팀이 품격을 유지하지 못한 책임은 그들은 물론 국내 모든 야구인의 책임이다. 식사 후 커피를 마시는 내내 "우리는 이번 야구와 관계가 없다."는 말이 성경에서 나오는 예수님의 수제자 베드로가 '예수님을 부인하는 말'과 오버랩되면서 머릿속을 떠나지 않았다. 동경 여행 중 우연히 잊지 못할 색다른 경험을 했다.

맺는말

　지구 온난화 탓인지, 요 며칠 늦겨울 비가 마치 여름철 비 오듯 계속되었다. 일기예보에 의하면 비가 그치고 나면 다시 반짝 추위가 찾아올 것이라고 한다. 빗속을 뚫고 아파트 주변을 돌아보니 매화나무는 벌써 꽃망울을 터뜨릴 준비를 하고 있었다. 올해도 세월은 어김없이 성큼성큼 봄의 발걸음을 재촉하고 있었다.

　손녀는 방학 동안 잠시 우리 집에 머물면서 학원엘 다녔다. 손녀는 어릴 때부터 우리 부부와 함께 생활을 많이 했다. 그래서 나는 손녀에게 전용 방을 하나 내주었었다. 어느 날 우연히 손녀가 사용하는 방을 바라보니 책상 위에 나의 수필집 1권, 《달콤한 인생 나를 살리는 한마디》가 놓여 있었다. 나는 순간 누가 책을 여기에다 갖다 놓았을까? 아내가 놓아둔 것일까? 하고 지나쳤다. 그런데 갑자기 학원 숙제를 하던 손녀가 일어나더니 자신의 방에 가서 나의 수필집 1권을 가지고 나왔다. 방학 동안 독서를 하지 못했는데, 이 책을 읽기로 하고 집에서부터 일부러 가져왔다고 했다. 손녀는 5학년 여름 무렵 나에게 "학교에서 독후감을 쓰는 시간이 있어 할아버지 책을 읽어보았는데 너무 좋은 말이 많아 무엇을 인용해야 할지 모르겠다."고 했었다. 그래서 나는 손녀에게 "왜 학교에 할아버지 책을 가지고 갔는데, 좀 읽기가 어려울 터인데, 그런데 알아두면 좋은 말들이 많이 있지."하고 대수롭지 않게 생각하고 그냥 흘려보냈었다. 사실 나의 수필 1권과 2권은 초등생이 읽기에는 좀 어려울지 모른다. 그런데 손녀가 다시 나의 수필집을 읽겠다고 한다. 귀엽고 기특하다는 생각이 들었다. 손녀는 나에게 물었다. 할아버지 책에는 중국 책(《삼국지》,《수호지》,《초한지》,《열국지》등)에 대한 이야기와 공자, 맹자, 노자 등 중국 사람 이야기가 많은지 물었다. 참 어려운 질문이었으나 잘 설명해서 이해를 시켰다. 그러자 지금 쓰고 있는 책은 제목이 무엇이냐고 물었다. "바람이 그물망을 빠져나가듯"이라고 했다. 그러자 책 제목이 너무 맘에 든다면서 "기대되는데 무슨 뜻이냐."하고 물었다. 나는 또 열심히 설명한 후, 손녀가 글을 써주면 포함해 주겠다고 약속했다.

언젠가 파크골프 동호인 모임에서 회원 한 분이 나에게 다가와 수필집 1권을 서점에서 구매해 재미있게 읽었다면서 '시간은 얼마나 걸렸는지', '어떻게 그 많은 자료를 모았는지' 등등을 물었다. 나는 그 동호인과 그다지 친분은 없지만 내 책을 일부러 구매해 읽어 준 것이 고맙고 기분이 좋아 감사 인사를 전한 적이 있다. 생각지도 않았는데 나를 알아주다니, 사람은 역시 누군가에게 인정받고 사는 기쁨이 최고인 모양이다. 그런데 이번에는 손녀가 나를 인정해 준 것 아닌가? 누가 시키지도 않았는데 내가 쓴 책을 읽기로 했다니 정말 기쁨이 넘쳐났다. 나는 수필집을 출간한 보람을 두 배, 세 배로 느꼈다. 그리고 힘이 나고 행복했다. 손녀에게 할아버지라는 존재가 어떻게 각인되었을는지 궁금해졌다. 손녀는 하늘이 주신 마지막 선물이라는 말이 있는데 나에겐 볼수록 빛나는 보석 같다. 그날은 뜻밖에 손녀 때문에 내심 종일 기분이 좋고 기쁘고 즐거웠다.

 수필집 3권을 쓰게 된 이유는 여러 가지가 있지만 그리고 수필집을 완성할 때 건강이 좋지 않아 많이 고생했지만, 인생에서 가장 보람 있는 일을 한 것 같은 생각이 들어 스스로를 격려해 주었다. 나의 수필집 3권은 이제 세상 밖으로 나오게 된다. 완성된 수필집이 나오면 손녀는 나에게 또 무슨 말을 할는지? 1권과 2권 때는 지쳐서 제대로 관심을 쓰지 못했는데 이번에는 책 표지와 내용 배치도 신경을 쓰고 마지막 작품을 잘 만들어 보아야겠다고 다짐했다. 수필집 3권 완성품은 어떤 모습일지 은근히 기다려진다.